THE LONG TAIL

Why the Future of Business is Selling Less of More

长尾理论

为什么商业的未来是小众市场

［美］克里斯·安德森（Chris Anderson）◎著
乔江涛 石晓燕◎译

中信出版集团 · CHINACITICPRESS · 北京

图书在版编目（CIP）数据

长尾理论：为什么商业的未来是小众市场 /（美）安德森著；乔江涛，石晓燕译．—4版．—北京：中信出版社，2015.8（2025.1重印）
书名原文：The Long Tail: Why the Future of Business is Selling Less of More
ISBN 978-7-5086-5219-1

I. 长… II. ①安… ②乔… ③石… III. 企业管理－销售管理 IV. F274

中国版本图书馆 CIP 数据核字（2015）第 112144 号

长尾理论：为什么商业的未来是小众市场

著　　者：[美] 克里斯·安德森
译　　者：乔江涛　石晓燕
出版发行：中信出版集团股份有限公司
（北京市朝阳区东三环北路 27 号嘉铭中心　邮编　100020）
承 印 者：北京通州皇家印刷厂

开　　本：880mm × 1230mm　1/32　　印　　张：10.5　　字　　数：200 千字
版　　次：2015 年 8 月第 4 版　　印　　次：2025 年 1 月第 37 次印刷
京权图字：01-2013-6557
书　　号：ISBN 978-7-5086-5219-1
定　　价：59.00 元

纳西姆·尼古拉斯·塔勒布
《黑天鹅》的作者

这是一个里程碑，这本书体现了信息革命带来的最翻天覆地的变化：曾经被我们忽视的一方天地，汇集在一起其影响却剧烈地震撼着我们的生活和经济，长尾蕴涵着丰富的理念和商机，将彻底地颠覆现存企业的运作方式。安德森的洞见是富有原创性的，且组织得井井有条。

里德·黑斯廷斯
Netflix 首席执行官

《长尾理论》令人兴奋，独具见解。它敏锐地洞察到了下一个时代的互联网革命和机遇。

罗布·格拉泽
RealNetworks 首席执行官

自 50 年前的电视商业化潮流以来，媒体从未发生过像今天这样巨大的变革，互联网的长尾就是变革的驱动力。克里斯·安德森精彩地阐释了长尾理论和长尾的重要性。任何关心媒体的人都应该读读这本书——实际上，任何关心社会和社会发展方向的人都应该读读这本书。

特里·塞梅尔

雅虎前首席执行官

技术和互联网正在把世界变得更小、更通达。《长尾理论》第一次告诉我们，接触小众市场的能力也能创造大机会。

詹姆斯·索罗维基

《群众的智慧》的作者

《长尾理论》是个罕见的成就：它让我们以全新的方式思考了看似熟悉的消费领域。这是一部睿智的著作，也是对世界新法则的一种令人振奋的乐观主义认识，因为在这个世界中，每一个人都会得到某种与众不同的享受。

王超

《IT 经理世界》创始人，北京族米科技有限公司董事长

在我看来，“长尾理论”提供了一个新的视角，使我们得以更全面地观察整个商业。很长时间里，“80/20 法则”占据着我们的头脑，决定着我们的商业思维，那么今天我们既要懂得“80/20”，也不能忽略“20/80”的存在。以前我们头脑中的商业图景可能是若干棵大树占满了整个画面；今天我们头脑中的图景应该不仅有大树，还有荆棘和杂草。显然，后者更像一个完整的生态圈。

《中国企业家》杂志

20 世纪 60 年代席卷全世界的革命是“想象力夺权”，如今的经济全球化时代则是“消费者夺权”。Google（谷歌）广告、“山寨精神”、“长尾理论”对此是最好的证明。克里斯·安德森这个空想社会主义者，试图对资本主义发起一场“人民消费革命”，他的《长尾理论》将像彗星飞过太空一样光芒四射。

世界经理人网站

营销的核心是满足消费者需求，“长尾理论”既抓住了营销的核心，又在方式上进行了与时俱进的创新。

《21 世纪经济报道》

正如在销售产品时，厂商关注的是少数几个所谓“VIP”客户，“无暇”顾及在人数上居于大多数的普通消费者，结果关注“尾部”产生的总体效益甚至会超过“头部”。而奥巴马的策略正是由互联网兴起的“长尾理论”在政治竞争中的一种延伸。

CCTV.COM

近年来，“长尾理论”风靡全球。在中国的营销传播领域，“长尾理论”也正引起越来越大的关注。在中国市场，常听到一些中国企业老总说：“我用某种媒体的时候，首先是凭自己的感觉，结果很管用。”这话听上去不科学，但说这些话的，多是一些成功企业家。原因何在？假设，媒介策略对市场策略的反作用存在，则媒体溢价反过来对市场产生强大的需求刺激，极大地促进企业销售，这就是中国企业家仅仅“凭自己的感觉使用媒体”、企业获得高速成长的秘诀。

凤凰网

在经济形势极其严峻的情况下，怎么样才能获得大量的运作资金？又如何把自己推销给更多的潜在客户？一切的一切，互联网领域的长尾理论或许都能给你提供帮助。

《光明日报》

在网络时代，当我们用“长尾理论”的观点重新审视每一个领域时，几乎都能发现在过去被忽视的“长尾”。在最适宜通过互联网表现和传播的文化领域，“长尾”更是随处可见，网络歌曲、手机短信等的流行和市场上的成功，靠的就是网络聚沙成塔的巨大作用。随着信息化的深入和互联网、手机的继续普及，“长尾理论”的影响还在进一步发展，在先进网络文化建设和管理中，应该下大力气认真研究“长尾理论”。

《互联网周刊》

长尾经济，可以是内部范围经济（学习经济和创意经济）和外部范围经济（集群经济和网络经济）的结合。作为产业集群意义上的范围经济，长尾经济无疑可以成为一个国家、一个地区竞争力的主要来源。对中国来说，可能有三种因素造就长尾经济，一是地域集群的经济性，二是数字网络的机会，三是劳动力对成本的节约。如果加上学习和创新，长尾经济就可以成为变制造大国为制造强国的推动力量。而长尾经济最擅长的领域，则是满足不断增长的、多样化的文化需求。

《中外管理》

把非热门的多样化商品组合在一起，它在信息社会就是一个大市场。《长尾理论》给您提供了新时代的新经营法则，它是在"蓝海战略"之后最震撼人心的理论。这本书打开了一扇窗，一扇观察新世界、新时代的窗户。它告诉您新时代企业运作的九大法则，让您在辞旧迎新中享受企业人生。

长尾理论是对实践的深度总结，是信息时代的“隆中对”。

长尾理论对 80/20 法则的突破，看似偶然，实际是必然的。长尾理论在美国市场上观察到这样一个统计规律性：

在以物理为基础的“短头”经济中，20% 的热门产品，带来 80% 的收入，并且带来 100% 的利润；而在以知识为基础的“长尾”经济中，20% 的热门产品，将集中为 10% 的热门产品，其进一步分化为 2% 的大热门产品和 8% 的次热门产品。2% 的大热门产品，带来 50% 的收入和 33% 的利润；8% 的次热门产品，带来 25% 的收入和 33% 的利润。剩下的 90% 长尾产品，将带来 25% 的收入和 33% 的利润。从利润上看，出现了平分天下的 3 个 33%！

这里最重要的看点在于：大热门产品的总利润，竟然同冷门产品——长尾产品——的利润总和相等！这不是主观臆造，而是大样本统计得出的结论。

这意味着，如果将长尾上的小批量多品种生意集合为一个生意——而这种机会是无限的——这个生意可以同大热门生意分享同样的利润。长尾理论由此认为，将冷门集合在一起经营，与经营热门在利润上可以是一样的。大热门、次热门和冷门集合，可以像魏、蜀、吴那样三分天下。

今天，几乎所有大规模生产出来的同质化产品，都在打价格战，然而利润却越来越薄。有没有一种可能，可以深入财富的本质，像诸葛亮发现蜀国的价值那样发现财富新大陆？《长尾理论》就是这样一个“隆中对”，长尾就是那个等待人们发现的财富新大陆。

安德森的《长尾理论》谈的是工业资本主义的原动力问题，思考的是财富的新钱眼在哪里的问题。

研究经济学的人会发现，安德森的《长尾理论》中，“短头”就是规模经济，长尾就是范围经济。通俗地说，规模经济，就是品种越少，成本越低；范围经济，就是品种越多，成本越低。规模经济通向单一品种大规模生产，范围经济通向小批量多品种。长尾理论实际讲的就是如何从单纯依靠规模经济，逐步转向依靠范围经济。

《长尾理论》自始至终谈的都是品种多样化问题。品种多样化，会带来更多用户选择，更好地满足用户的个性化需求，是一种可以有效回避价格战的增值之道。有人担心，品种多了，用户的选择多了，固然会增加用户价值，但也会让用户挑花眼。安德森的回答是：“给顾客丰富的选择，但也要帮助他们搜索。”意思是一方面要通过长尾针对小众提供更多品种上的选择，另一方面要通过发展信息增值服务业——比如帮助人们万里挑一的搜索服务、购物咨询、口碑营销——降低选择成本。

《长尾理论》中所说的长尾，不是一般的品种多样化，而是品种多样化中品种越多、成本越低这种特定的潮流。经济学中除了新增长理论，很少谈及品种多样化，而新增长理论谈品种多样化，仍然局限于品种越多、成本越高的预设结论。《长尾理论》发现，在资源共享条件下，品种越多，成本越低。这对经济理论具有重要突破意义，是对实践发展的及时反应。

品种越少、成本越低这种规模型的赚钱路子，在实践中经常导向像“中国制造”这样的大规模同质化经营，其结果是陷入价格战和低附加值。在这种情况下，品种越多、成本越低这种长尾型的赚钱路子，显示出非常积极的现实意义。

当然，品种经济性这种长尾经济要想实现，是需要总的前提条件的。这个前提条件就是资源共享，特别是分享基础设施和基于智慧的价值网络，这是与一个品种就需要一次专门投入的资本专用性相反的路数。比如一个大型网络游戏，在道具上变出的花样越多，品种就越多，但变花样的成本，相对于当初一次性的初始投入，几乎可忽略不计；而增值效果，由于提供了用户选择的多样性，就是单一品种难以企及的了。其中规律是，初始固定成本较高，边际投入较低，通俗地说就是，每变一个花样，不需要额外的大量投入，相反却在不断摊薄原来的成本。比如安德森在书中提到的例子：对于网上网下结合的混合零售商，产品一般是通过邮件或联邦快递运送的。而效率来自两个方面：第一，用集中化仓储方法降低供应链成本；第二，尽量利用网站的搜索功能和其他信息优势提供无限的产品选择。

同是降低多品种生产成本，原子的范围经济与比特的范围经济具有很大区别。这种区别是由安德森第一次揭示出来的。安德森令人印象深刻地谈到美国院线的例子。由于受到物理条件的限制，美国一年只能在院线发行100部新影片。虽然随机抽出的排在后面的任何一部电影仍然是相当优秀的，但仅仅是由于物理院线的限制，它们不能在屏幕上与观众见面。院线就是多品种经营电影的限制条件。相反，视频网站就不受院线的限制，可以为观众提供更加多样化的选择。亚马逊书店在网上经营书刊，就突破了物理书店的限制。阿里巴巴在网上经营百货，也突破了百货商场物理货架的限制。

中国人如何读《长尾理论》？

中国是长尾理论的天然实践者。长尾战略与广泛流行在江浙一带的利基、隐形冠军、范围经济、定制、差异化、冷门和体验等“落地”战略你中有我，我中有你。有的是同心圆关系，有的是交叉关系，但都具有长尾战略共同的内核，即小的就是好的。

可以认为，利基、隐形冠军、范围经济、定制、差异化、冷门和体验等企业实战策略与方法，大大加强了长尾理论实战方法的丰富性。尤其是它们都适用于传统经济，在中国具有广泛的实践基础，这是长尾理论在中国本地化的天然基础。

《长尾理论》给企业提供了“做大做强”之外的新选择。从长尾战略中，我们可以得到一个重要的启示：经济和企业的规模不是越大越好，小的也可能是好的。中国可以走长尾经济的崛起之路。一旦江苏、浙江、广东类型的中小企业与数字化网络化结合，中国就可能形成一个国家长尾——不靠合并出世界500强规模的企业，而靠那些不想长大但要做世界冠军的长尾企业和隐形冠军，通过产业集群这一长尾，承担起小批量多品种时代全球经济竞争的重担，形成与做大做强并列的又一国家竞争优势。

第 3 章对于理解长尾理论具有关键意义。它显示，新经济不是从天而降的。小批量多品种的生产方式，是从传统经济的内在矛盾中自然而然发展出来。它有助于帮助人们理解，新经济正是为解决传统生产方式的矛盾而产生的。第 15 章则由“道”及“术”，将长尾之道落实在可操作的方法和实战之中，使《长尾理论》既是一部悟道之作，又加强了作为操作指南的功能。

我感到，《长尾理论》与一般畅销书的最大不同，是悟“道”深透，而不同于那种专注于“术”的小聪明之作。因此，我特别向大家推荐这本经典之作，希望大家分享“品种经济性”这一重大发现。

姜奇平

中国社科院信息化研究中心秘书长、信息化与网络经济室主任

“长尾”的重要特点之一就在于它的“可延伸性”。《大英百科全书》与“维基百科”的首要差别就在这里（如安德森分析过的），前者是一个定型的成品，后者是一个持续发生的“事件”。安德森从动手写《长尾理论》起，就把它当成一个别开生面的“事件”来策划和营造。这本书的写作过程是通过这本书的专门网站与读者互动下进行的。

被称为“数字时代的女先知”的埃瑟·戴森在她的《2.0版——数字化时代的生活设计》一书中说过：网络并不能改变人性，它只是提供某种前所未有的可能性，把人性中潜在的某种因素激发出来。我们可以把戴森的话推而广之：并没有什么“全新的网络经济”，我们所谈论的“网络经济”和“网络社会”的种种特点，其实是蛰伏在旧有的经济和社会形态中的某种因素被网络激活了。安德森意识到了这一点，并专辟一章（第3章）讲述“长尾”这种“陈旧的新生事物”：“虽然目前长尾主要是以一种网络现象显现出来，但其起源要早于亚马逊和eBay，甚至比网络还早。长尾是一系列商业创新的巅峰，这可以追溯到一个多世纪以前……网络只是使酝酿了几十年的供应链革命的诸多要素简单地结合在一起了。”

作为一种新的市场形态的长尾市场，它其实是工业革命以来人类为提高市场的效率而持续努力的结果。早在互联网出现的100多年前，就有人在开辟长尾市场，在大众市场的缝隙中寻找获利空间(即利基市场)，实现在大众市场无法实现的交易。1886年，一箱手表从芝加哥的一个珠宝商那里被错误地运给了北红杉地区的一个商人，而这个人并不想购买这些手表，因为要在当地市场把这一箱子手表卖出去不知要花多少年的时间。一个名叫理查德·西尔斯的人（美国著名的连锁超市西尔斯的创始人）却将这些表全部买下了，因为他发现了一个半径远超过任何本地市场的销售方式。他把这些手表转售给分布在铁路沿线的众多的车站代理商。由于这笔生意让西尔斯获得了丰厚的利润，他就开办了一家依托于铁路网的手表经销公司。

铁路网自然无法与今天的互联网相提并论，但以它为依托的市场的确创造了普通的销售方式无法实现的市场奇迹。西尔斯开辟的“准长尾市场”包含长尾市场的基本特征：第一，它的销售半径远大于普通的商店；第二，其货架是一个长度大大延伸了的虚拟货架；第三，对产品有需求的特定消费者寻找产品的搜索成本以及交易成本远远低于普通的商店。

我们不难发现，决定传统市场（无论是农业社会的集市，还是工业社会的大卖场）与长尾市场差异的关键因素，就是货架及其成本。表面上看，货架是用来摆放商品的，但它的真正身份是商品目录，只不过它是由商品实物构成的商品目录，其核心功能是让消费者方便地检索商品并做出选择。传统的货架的功能是集商品目录与实物存放于一体的，但后者作为一种附属功能，是可以分离出去的。互联网出现之前相当流行的借助于商品目录和电话的邮购中，就实现了这种分离。一大本商品目录，就是一个可以克服空间距离，让消费者能接触到的、可以不断延伸的虚拟货架，而且其成本大大低于实物货架。互联网的出现，最大限度地优化了虚拟货架（其长度可以无限延伸，其成本趋近于免费），使长尾市场迅速告别“旧石器时代”和“新石器时代”。

与长尾市场相比，大众市场是一个过于稀疏的过滤网，那些需求规模足够大的产品（即大众产品）才有幸留在这个市场中，大量小规模需求的产品都被淘汰。互联网是一个真正的“疏而不漏”的“天网”，大量在大众市场中没有价值（无法找到消费者）的产品都能够在长尾市场中实现价值交换。再冷僻的产品都可能在一个可以无限延伸的货架上找到一席之地。在供需双方的搜索成本接近于零的情况下，任何局域下的“废品”在不断延展的广域下都可能成为某个人的“珍品”，“拔一毛而利天下”的现象越来越普遍。而在大众市场中，货架长度的有限性和高成本，决定了那些周转速度不能高到足以抵消货架单位面积成本的产品都被排斥在市场之外。以电视这种特殊的货架（时间性货架）为例，由于这种货架本身的不可延伸性（电视台的播出时间不可能超过24小时），决定了只有少数“产品”（节目）能够进入这个货架，进入“黄金段”（黄金时间）、成为“大热门”的产品更是少之又少。“大热门”产品之所以“大热”，并非因为追捧它的人多得出奇，而是因为大众市场的过滤机制使得人们的选择少得出奇，是因为人们不得不接受大众市场这种隐形而巨大的强制性。

在10 000台电视机面前，可能有超过200台、2 000台，甚至8 000台电视机在播放同一个节目，而在10 000台电脑面前，10 000个人可能在上10 000个网站，上同一个网站的人也可能在参与不同的频道。安德森在书中引用已故社会学家雷蒙·威廉斯在20世纪50年代说过的话“并不存在大众，只存在把人们看作大众的方法”，并感叹“这话有多么正确，恐怕连他自己都想象不到”。威廉斯之所以不知道自己的话有多正确，是因为他没有亲眼看到“把人们当作大众的方法”的终结者。

安德森把长尾理论概括为一句话：“我们的文化和经济重心正在加速转移，从需求曲线头部的少数大热门（主流产品和市场）转向需求曲线尾部的大量利基产品和市场。”弗里德曼在《世界是平的》一书中称互联网是使世界趋于平坦的“推土机”，事实上，互联网也是使“由左上陡降至右下的需求曲线”变平的推土机。热门与冷门、主流与非主流、中心与边缘之间的界线因为互联网的出现正变得越来越模糊。尼葛洛庞帝所描述的“沙皇退位，个人上场”正成为社会、经济、文化领域的普遍的景观。

在第15章中，作者引用了麦肯锡咨询公司的预测：到2010年，只有1/3的广播电视广告能达到1990年那样的效果，原因是制作广告的成本在上升，收视率在下降，垃圾广告在激增，以及拥有TiVo的观众可以轻松地跳过电视广告。电视与互联网之间的竞争，并非两类产业或两类企业间的竞争，而是两个时代之间的竞争。作为一种与互联网的商业逻辑格格不入的大众传播媒介，电视（连同所有的大众传播媒介）的死刑已被判定，只是缓刑期多长尚不确定。大众市场正在被长尾市场、部落市场蚕食，以大众传播工具为手段的大众营销也正被长尾化、碎片化营销替代。“随着用户驱动的网络的崛起，情况发生了逆转——值得信赖的个人多了，值得信赖的机构少了——最有效的广告来自同龄人。没有什么能比口碑更有效，正如我们亲眼所见的，网络是世界上前所未有的最佳的口碑放大器。”

明白这一点，对于企业尤其是中国企业具有真切的意义：长尾理论并非仅仅是与互联网产业相关的时尚话题，而是所有企业都不能省略的议事日程，因为它事关所有企业不得不面对的“气候变迁”。

吴伯凡

《21 世纪商业评论》发行人

我在读《长尾理论》的时候发现，长尾现象主要存在于音乐、电影、电子图书和信息等可以数字化的产品市场中，因为只有这些产品才可以钻进本书大书特书的“集合器”和“过滤器”，显示出自己漂亮的“尾巴”。我一直有个疑问：人们赖以生活的种种产品，比如食品、卫生清洁用品等，不可能通过数字化的形式进入“集合器”，也无法实现小规模但低成本的生产，更不用提消费者参与的具有个性化的加工生产过程，这些产品的长尾在哪里体现？

我急切地想找到在大规模物质产品的市场中是否也有完美的“长尾案例”。幸运的是，安德森开动了脑筋，发现了很多这样的事例：开放源代码的软件程序，比如 Linux 和 Firefox，存在编程天才的长尾，而外包产业则挖掘了劳动力的长尾；微酿啤酒的激增称为“啤酒长尾”（或者称为销售利基饮料“酒类长尾”）；个性化定制的 T 恤、鞋子和其他服装的增加称为“时尚长尾”；网络大学的发展称为“教育长尾”；甚至对于具有各种品味和怪癖的人来说，互联网也成了最长的色情长尾等。总之，产品生产方式的长尾存在于很多市场之中。

和生产方式的变化相对应，《长尾理论》也谈到了营销方式的长尾现象。随着市场的细分，营销传播呈现碎片化的趋势。主流电视媒体上播放的大众化广告对那些不关注媒体或对此类信息毫无反应的消费者已经产生不了任何影响了，实际上这些广告的对象也不是这些消费者，因为消费者接受信息的方式也呈现长尾化趋势。对于互联网用户来说，他们具有很强的叛逆性——值得信赖的个人多了，值得信赖的机构少了——最有效的广告来自同龄人，没有什么能比口碑更有效。这种口碑传播导致的“信者恒信，不信者恒不信”正是长尾现象的最好体现。书中给出的雪佛兰汽车的营销案例，正是长尾理论应用的典范。对于任何一家企业来说，即使你产品的生产方式不存在长尾现象，由于网络是世界上前所未有的最佳的口碑放大器，这种长尾方式的营销工具也应该引起你的重视。

曾经有一位女作家坦言：“当知道《麦田里的守望者》是一本畅销书的时候，我觉得非常失望。在此之前，我一直以为它只是属于我一个人的。”这句话放在很多地方都能引起共鸣。现代社会的发展越来越多样化，一方面是由于生产力水平的提高，但从人类自身来看，是由于人们本身有着对个性与自由的渴望。就像面对一则新闻或一个现象，没有人愿意完全接受别人的想法，每个人都有表达自己的意愿；或是，没有人愿意穿和别人一样的衣服，留一样的发型，因为那样，“我”这个概念就会变得模糊。长尾之所以存在，与人们的需求密不可分，而人们对于多样性的需求，来自人类本身的特性。

吕本富

中科院研究生院管理学院教授、博导

追捧畅销榜是美国人的一种情结。我们的文化就是一场流行度大赛。我们被热门事物迷得神魂颠倒——制造它们、挑选它们、谈论它们，还要追踪它们的起起落落。每一个周末都是一场票房混战，每个星期四夜晚的电视节目都像经历一番达尔文进化论般的斗争：人们寻找最合适的电视节目，准备迎接周末的来临。这边，几首畅销单曲在收音机里热播不断；另一边，所有娱乐行业中的经理都已忙得汗流浃背，因为他们在拼命地搜寻着下一个大热门。

这样的世界是轰动效应创造的。伴随着那些票房炸弹、金唱片和两位数收视率，大众媒体和娱乐行业在过去的半个世纪中成长起来了。不足为奇，大热门已经成了一种透视镜，透过它们，我们可以洞悉我们自己的文化。我们用那些名流显贵和流行产品来定义我们的时代——它们就像是我们共同经历的一部分。好莱坞 80 年前就发明了造星的模式，现在，商业世界的各行各业都在打造它们的"明星"——从脚上的鞋子到饭店的厨师长，无一例外。我们的媒体整日沉迷于"什么热门，什么不热门"的问题。一句话，大热门统治了一切。

但再稍仔细观察，你就会发现一个现象：这种初现于战后广播电视时代的景象已经开始渐渐消退。简单点说，大热门的统治力已经衰退了。冠军仍然是冠军，但冠军光环下的销售业绩已经不像从前那样辉煌。

历史 50 大畅销唱片大多是在 20 世纪七八十年代录制的（比如老鹰乐队和迈克尔·杰克逊的唱片），但没有一张是在过去的 5 年中制作的。好莱坞票房收入在 2005 年下滑了 6% 以上，这说明电影院的观众正在减少，尽管人口仍在增长。

越来越多的电视网观众正在被数百个各具特色的有线频道抢走。18~34 岁的男性，也就是广告商们最理想的宣传对象，正开始彻底抛弃电视，将越来越多的时间用在网络和视频游戏上。黄金电视节目的收视率几十年来一直在萎缩，若放在 1970 年，现在的一档最佳节目收视率恐怕连前 10 名都难以进入。

简言之，尽管我们仍然对大热门着迷，但它们的经济力量已难比当年。那么，那些反复无常的消费者转向了什么地方？答案并非唯一。他们分散到了四面八方，因为市场已经分化成了无数个利基市场。其中有一个巨大的正在成长的领域就是网络世界，但它也是一片无法看清的浩瀚海洋。网络上有数百万个终端，每一个都在用自己的方式挑战着传统的媒体和营销逻辑。

iTunes 毁掉了广播明星

我十几岁的时候正值大众文化的巅峰期——20 世纪七八十年代。那个时候的普通年轻人只有那么五六个电视频道可看，可供选择的节目寥寥无几，实际上每个人收看的节目都差不多。每一个城市都只有三四家摇滚广播电台，而且那些节目大多是专门播给音乐人听的；只有那么几个有钱的幸运小子能收集一些唱片——这在当时可是件时髦的事。

我们只能跑到电影院里去看同样的暑期大片，从同样的报纸和广播中得到新闻。你若想走出主流世界，就只有去图书馆和漫画书店了。仔细想想，我接触过的非大众文化只有两种，一是书籍，二就是我和我的朋友们瞎编乱造出来的那些东西，但这些无非是自家后院内的自娱自乐罢了。

现在，我们来比较一下我的青春期和本的有什么不同。本是个16岁的孩子，成长于互联网时代。他是独生子，父母是高贵的北伯克利山的有钱人，所以他有一台苹果Mac电脑，一部最新潮的iPod播放器（外加iTunes的每个星期限量下载[①]），还有一群同样阔绰的朋友。就像其他同龄人一样，本从来就不知道这个世界曾经没有宽带，没有手机，没有MP3（一种播放数字音频压缩格式的袖珍型电子产品），没有TiVo[②]，也没有在线购物。

这种信息畅通的主要影响在于，人们可以不受限制、不加过滤地接触到各种各样的文化和内容，从主流文化到地下世界的那些最边缘角落，一网打尽。本的成长环境与我截然不同，任何传统的媒体和娱乐业对这个世界的控制程度都远不及我那个时代。如果你在读这本书的时候感觉难以对号入座，那就换到本的角度上想象一

① iPod用户可使用苹果公司的iTunes软件从iTunes网上音乐商店付费下载音乐。为避免孩子过度下载，父母可以在iTunes上设定每个星期限量下载。

本书中页下注释除特别标注的均为译者所加。

② TiVo：美国TiVo公司开发的数码录像机。

下。他的生活现实就是我们的未来世界的写照。

从本的角度看，文化没有高低贵贱之分，商业和非商业的内容以及业余创作都在争夺着他的注意力。他根本分不清主流热点和地下领域的区别——他只会从一个无限长的菜单中选择他所喜欢的东西，在这份菜单里，好莱坞电影和电脑玩家们自编自制的趣味视频并列一处，不分高低。

本每个星期只看两小时左右的普通电视节目，主要是《白宫风云》（*The West Wing*，当然是时移电视[①]）和《萤火虫》（*Firefly*，他把这部已经停播的太空科幻剧存到了他的 TiVo 上）。他还把他用 BT 软件下载的那部日本动画片当成了电视节目，因为这部片子最初是在日本电视台播映的（动画迷们经常给它配上英文字幕）。

说到电影，他倒是相当主流，因为他是个科幻大影迷。《星球大战》和《黑客帝国》是他的最爱。但他也看自己下载的电影，比如业余引擎电影（amateur machinima）和《星战后传：启示录》（*Star Wars: Revelations*）这样的独立制作——这是一个星战迷自己制作的献礼片，那种美轮美奂的特效堪与卢卡斯的原作相媲美。

他 iPod 上的音乐有些是从 iTunes 上下载的，但大多数来自他的朋友。这群孩子中谁买了 CD（激光唱片），都会为其他人拷贝一张。本最喜欢的是古典摇滚，比如齐柏林飞船乐队（Led Zeppelin）和平克·弗洛伊德乐队（Pink Floyd）的摇滚。他只会在一种情况下听广播——父母在汽车里打开收音机的时候。

本喜欢看《星球大战》小说和日本漫画这样的东西，在这方

---

① 时移电视：一种革命性的电视转播技术，观众在观看的时候可进行暂停、倒退和快进等操作。

面，网络漫画对他帮助不小。像他的几个朋友一样，他对日本的亚文化非常着迷，甚至在学校里选修了日语。在我上学的那个时候，孩子们学日语是因为日本是个经济大国，他们觉得学日语有助于他们的职业发展。但现在，孩子们学日语是为了自己制作动画字幕，好好研究日本的动画片，那些相对主流的译制节目已经不能满足他们。

本的闲暇时间大多是在网上度过的，有时候随意冲冲浪，有时候参与用户论坛的讨论，比如《光环》（*Halo*）游戏和《星球大战》的论坛。他对新闻不感兴趣，从来不看任何报纸和电视新闻，但对Slashdot（计算机新闻网站）、Fark（怪诞新闻网站）这种另类网站上的最新科技和亚文化讨论着迷。一整天下来，他总是一刻不停地跟他 10 个最要好的朋友即时聊天。他不太爱发手机短信，但他的几个朋友喜欢。（经常出门在外的人更常用手机发短信，但在线即时发消息更适合经常待在家里的人。）他和朋友们玩电脑游戏，大多是网络游戏。他认为《光环 2》非常酷，尤其是用户修改版。

我怀疑，如果我再晚生 25 年，我的少年时光也会与本大同小异。我俩的青春期的主要区别就在于选择的不同。我的选择局限于空中的广播信号，但他有互联网。我没有 TiVo（甚至没有有线电视），他既有这些，又有比特流。我根本不知道世界上还有日本漫画这种东西，更别说怎么弄到日本漫画了，而本却驾轻就熟。如果我也能和朋友们在魔兽世界里建起一个部族，我还会去看《盖里甘的岛》（*Gilligan's Island*）的重播吗？我怀疑。

20 世纪 70 年代的电视节目比现在的节目更受欢迎，这并不是因为它们更好，而是因为那个年代没有多少其他的选择来争夺我们的眼球。我们以为大众文化浪潮正在汹涌而来，结果，这种所谓的浪潮与好莱坞天才们的丰功伟绩并没有太大关系，更大程度上只是广播电视统治下的羊群效应而已。

广播电视有一个了不起的地方：它可以用无可匹敌的效率将一个节目传送到数百万人面前。但是，相反的事情它却做不到——将数百万节目传送到同一个人面前，而这一点正是互联网的强项。广播时代的经济学需要黄金节目（大热门）来吸引大批观众。宽带时代的经济学已经完全逆转。对一个最擅长做点对点通信的传播网络来说，在同一时间将同样一条信息传给数百万人太耗费成本，也太过浪费。

文化大热门还是需要的，但它们已经不再是唯一的市场。大热门现在正与无数大大小小的细分市场展开竞争，而消费者越来越青睐选择空间最大的那一个市场。千篇一律或说一种产品卖遍天下的时代正在结束，它的地位正在被一种新事物——一个多样化的市场——取代。

本书要讲的就是这个市场。

主流文化正在分裂成无数的文化碎片，这个趋势令传统媒体和娱乐业头疼不已。在经理人花了数十年的时间练就了一身创意、选择、宣传大热门的本领之后，这些热门却突然间不那么奏效了。观众们正在转向另一些东西，一些纷乱而又模糊的……算了，我们找不到一个好词来概括这些非热门的东西。我们当然不能把它们定义为“失败者”，因为它们最初就没有打算统治世界。应该说，它们是除热门之外的“其他东西”。

这个领域被人忽略是件奇怪的事。毕竟，我们谈论的是“绝大多数”。绝大多数电影都不是热门，绝大多数音乐都没进过10佳榜，绝大多数书籍都不是畅销书，绝大多数电视节目都没有被尼尔森公司调查过，更别说在黄金时段大出风头了。但是，它们之中有许多赢得了全世界数百万人的认可。它们只不过不算大热门罢了，而正是因为不算热门，它们才被忽视了。

然而，它们正是曾经百依百顺的大规模市场瓦解之后的新去向。过去，重要的是少数几个大热门，其他东西都无足轻重；而现在，数百万个迷你市场和迷你明星组成了一幅令人迷惑的拼图。大规模市场正在转化成数之不尽的利基市场，而且，这种趋势愈演愈烈。

数之不尽的利基市场其实一直存在，但随着接触利基产品的成本迅速降低（消费者更容易找到它们，它们也更容易找到消费者），它们突然变成了一种不可小觑的文化和经济力量。

这些新的利基市场并没有取代传统的大热门市场，只是第一次与大热门跃上了同一个舞台。一个世纪以来，我们已经习惯于发掘大热门，抛弃其他所有东西，以便最大效率地利用成本不菲的货架、银幕、频道和注意力。现在，在这个网络化和数字化的新时代，这种营销经济学已经被彻底改变，因为互联网吸纳了它能接触到的每一个行业，也可以拥有商场、影院和广播电台的功能，而成本只是过去的一个零头罢了。

我们可以把营销成本的降低想象成正在下降的水面或正在退落的海潮。随着它们的退去，一片崭新的土地显现出来——它一直在那里，只不过隐藏在水下而已。这些利基产品是地图上找不到的伟大宝藏，蕴藏着许许多多过去被认为没有经济效益而未能登上台面的产品。但许多产品一直就在这里，只是不易被人看到或难以被发掘。它们，就是电影院里没有放映过的电影，就是摇滚电台没有播过的音乐，就是沃尔玛没有卖过的体育设备。现在你可以得到它们了，或者通过 Netflix（全球最大的在线电影租赁服务商），或者通过亚马逊，或者只是用 Google 随意搜索一下。看不见的市场现在都可以看得见了。

还有一些全新问世的利基产品是由一个刚刚崭露头角的新行业创造的，这个行业处于商业和非商业世界的交界处，在这里，很难说专业者什么时候会罢手不干，或被业余者取而代之。这就是那些博客、视频一族和“车库乐队”的世界，他们突然之间也发现了自己的观众群，这同样要感谢数字发行那种令人羡慕的经济魔力。

98% 法则

这本书起源于一个问题，一个我答错的问题。当时作为《连线》(*Wired*) 杂志的编辑，我的工作之一就是发表有关技术趋势的演讲。由于我的职业生涯是从科技界起步的，后来又在《经济学人》杂志那里学了一些经济学知识，我习惯于首先在实实在在的硬数据中寻找这类趋势。幸运的是，这个时代一点儿都不缺数据！ 21 世纪经济学的秘密就藏在企业的服务器中，从 eBay 到沃尔玛，都是如此。尽管参透原始数据并不总是那么容易，但这些企业的高管每天都要面对一大堆这样的数据，对哪些事情有意义、哪些事情没有意义有一种敏锐的直觉。所以，发现趋势的窍门就是请教他们。

我在 2004 年 1 月就是这么做的。当时我拜访了罗比 · 范 – 阿迪布（Robbie Vann-Adibé），Ecast 公司（一家“数字点唱机”公司）的首席执行官。数字点唱机看起来与普通的点唱机没什么区别：外壳巨大，装着扬声器和闪烁的灯，酒吧里经常能见到。不同之处是，数字点唱机并不是只装上 100 张 CD，而是通过宽带与互联网连接，顾客可以在数千首从网上下载并储存在硬盘上的曲目中做出选择。

在我们的谈话过程中，范–阿迪布让我猜猜这样一个比例：收录在点唱机中的一万张专辑中有多少张能每一季度至少被点播一次。

我当然知道这是一个狡猾的问题。经验告诉我们，80/20 法则实际上适用于任何地方，根据这个法则，正常的答案应该是 20%。也就是说：20% 的产品带来 80% 的销量（通常还有 100% 的利润）。

但是范–阿迪布说，在数字产业中，这就有点不同了。所以我决定冒一冒险，大胆说那一万张专辑中有 50% 能在每一季度中至少被点播一次。

看起来，这个比例高得有点荒唐了。一家普通书店最好的一万本书里有半数每季度卖不出一本。沃尔玛最好的一万张 CD 中有半数每季度一张都卖不掉；事实上，沃尔玛甚至不会储存这么多的 CD。这样大的存货以这样高的效率出售，在任何一个市场中都是很难想象的。但是我感觉数字产业应该有所不同，所以我试着说了一个比较大的数字。

不用说，我的答案差得太远太远了。正确的答案是 98%。

“太神奇了，不是吗？”范–阿迪布说，“每一个人都想不到。”就连他自己也曾经大吃一惊：Ecast 公司添加了更多的曲目，使它的曲库中的专辑远远超过了大多数音乐商店的存货，延伸到了利基市场和亚文化世界。公司新添的曲目越多，销量就越大。而听众对非热门音乐看起来有着无限的需求。确实，这些曲子销量不大，但它们毕竟全都有人点。而且，由于它们不过是数据库中的几个字节而已，几乎毫无储存和供货成本，所有这些零零星星的销售就聚集成了可观的收益。

范－阿迪布从中发现了一个秘密：非热门音乐的集合市场巨大无比，而且实际上无边无际。他把这称为“98%法则”。就像后来他对我说的：“以这种形式提供的内容，包装成本几乎为零，而且人们可以实时获得。在这样一个世界里，消费者的行为相当一致——他们在盯着几乎所有的东西。我相信这种趋势要求内容创作者做出重大变革——我只是不知道应该怎么变！”

从此，我开始探索这个问题的答案。我意识到，阿迪布那个有悖直觉的统计数据里隐含着一个强大的真理，一个有关数字时代新娱乐经济学的真理。在供给无限的情况下，我们对大热门和利基产品的相对角色的看法完全错了。大热门是供给匮乏的产物——如果只有那么几个货架、几个波段，唯一明智的做法就是把这点空间留给那些最热门的东西。

但如果我们有无限多的货架呢？在这种情况下，只盯着大热门也许是错误的经商之道。毕竟，非热门商品远比热门商品要多，而且这两者现在同样轻松可得。从真正的利基产品到那些十足的“失败产品”（超级冷门的产品），如果所有这些非热门聚合成一个同热门市场一样大（且不说更大）的市场会怎么样呢？答案是显而易见的：这将彻底改变世界上的某些最庞大的市场。

于是我开始了一项研究工程，从亚马逊到 iTunes，我考察了新兴数字娱乐业的所有巨人企业。不管我走到哪里，情况都是一样的：大热门很棒，但无数利基市场正崛起为一个广阔的新市场。我发现 98% 法则几乎放诸四海而皆准。苹果公司说 iTunes 网上音乐商店的 100 万首曲目（当时的数字，现在的曲目存量已经翻了一番）中的每一首都至少卖过一次。Netflix 估计它的 25 000 部 DVD（现在是 90 000 部）中有 95% 能在每个季度至少出租一次。亚马逊没有给出确切的数字，但一项对它的书籍销售状况的独立学术研究结果显示，排在前 10 万名的书中有 98% 能每个季度至少卖出一本。从一个企业到另一个企业，同样的故事在重复发生着。

令这些企业吃惊的是，曾经被它们鄙视为经济荒漠的那些产品竟然有那样大的市场需求，就像在 Netflix 上大受欢迎的某些英国电视剧的 DVD，或是在 iTunes 上大放光彩的某些尘封已久的音乐作品。我第一次意识到，我正在发现当今文化中的需求真相——没有被短缺经济学过滤过的真相。坦率地说，这种真相确实非常非常怪异。你所提供的任何一样东西基本上都有人买，这话听起来就有些古怪。说它古怪，是因为我们一般不会去琢磨某种产品能不能每个季度卖出一件单品。当我们考虑传统的零售业时，我们想的是什么样的产品能大量销售。你对零星的销售不会太感兴趣，因为在传统零售业中，每个星期只能卖出一张的 CD 跟每季度能卖 1 000 张的 CD 都会占去半英寸①的货架空间。这个空间是有成本的——有租金、日常开销，还有员工工资等等。而这个成本必须由一定水平的每月存货周转量来弥补。换句话说，存储只能零星销售的那些产品

---

① 1 英寸 =0.0254 米。——编者注

是对空间的浪费。

但是，当这个空间不再有任何成本时，你会突然间再次看到那些不常有人买的产品，而且它们全都开始拥有价值。亚马逊、Netflix 和我所调查的其他所有公司全都意识到，在传统零售经济学已经举步维艰的地方，网络零售经济学仍然能够高歌猛进。零星销售仍然是零星销售，但是当太多太多的零星销售聚合在一起时，大生意便是水到渠成的事了。

在整个 2004 年的上半年，我不断在演讲中充实我的发现，每一次演讲都会让这个理论更进一步。我最初将演讲题目定为“98% 法则”，后来改成了“新娱乐经济的新法则”（这不是我最得意的命名）。

但直到这个时候，我才得到了一些硬数据，这要感谢 Rhapsody 公司——在线音乐公司之一。他们向我提供了一个月的顾客消费数据，在我把这些数据绘制成图后，我意识到那种曲线与我曾经看到过的任何需求曲线都截然不同。

它是根据流行度排序的，开始的形状与其他需求曲线很相似。最前端表明，几首大热门曲目被下载了无数次，接下来，曲线随着曲目流行度的降低陡然下坠。但有趣的是，它一直没有坠至零点。我找到排名第 10 万的那首曲目，把图放大，结果发现它的月下载量仍然是千位数的。在它后面，曲线一直在不断延伸：第 20 万首，第 30 万首，第 40 万首——别忘了，没有一个商店能存下这么多的音乐。只要我顺着往下看，我总能看到需求。在曲线的末端，曲目的月下载量只有 4~5 次，但仍然没有降到零点。

在统计学中，这种形状的曲线被称作“长尾分布”，因为相对于头部来讲，它的尾巴特别长。于是我把注意力集中在了这条长尾上，把它转化成了一个专有名词，这便是“长尾理论”的来历。在我的某一次“新法则”演讲中，我在第20张幻灯片上首次介绍了这个理论。不过，Netflix的首席执行官里德·黑斯廷斯（Reed Hastings）让我明白我解释得还不够清楚。到2004年的夏天，“长尾理论”已经不仅仅是我的演讲题目，我为我自己的杂志撰写的一篇同名文章也即将完成。

《长尾理论》于2004年10月在《连线》上发表后，迅速成了这家杂志有史以来被引用最多的一篇文章。我得出了三个主要结论：第一，产品种类的长尾远比我们想象的要长；第二，现在我们可以有效地开发这条长尾；第三，所有利基产品一旦集合起来，就可以创造一个可观的大市场。这些结论看起来无可辩驳，特别是，一些在此之前鲜为人知的数据在支持着它们。

无处不在的长尾

我的文章引起了强烈的反响，尤其令我振奋的是，竟然在那样多的行业中引发了共鸣。这篇文章本来是对娱乐和媒体行业新经济形势的分析，我只是稍加扩展，顺便提出像eBay（有二手产品）和Google（有小广告商）这样的公司也是长尾企业。读者们却在每一个地方都发现了长尾，从政治到公共关系，从乐谱到大学体育，长尾无处不在。

人们直觉地意识到，传播、生产和营销中的效率的提高正在改变可行商业模式的定义。用一句话就可以最好地形容这些力量：它们正在把以往无利可图的顾客、产品和市场变得有利可图。尽管这种现象在娱乐和媒体界最为明显，但简单到 eBay 上看一看就知道，这种现象同样存在于更广的层面，从汽车到手工艺，各种领域都受到了影响。

从更广的角度来看，我们明显可见，长尾理论阐释的实际上是丰饶经济学（economics of abundance）——当我们文化中的供需瓶颈开始消失，所有产品都能被人取得的时候，长尾故事便会自然发生。

经常有人要求我说出一些不符合长尾经济学的产品类别。我一般会回答说，那是一些无差异化的产品，对它们来说，多样性不仅不存在，也不需要存在。比如说面粉，我记得超市中的面粉都被装在只是贴着“面粉”标签的大袋子里出售。但是，直到后来偶然走进了本地的全食超市，我才意识到自己大错特错了：今天的店里有不下 20 种不同类型的面粉，既有全麦面粉和有机面粉这样的基本类型，也有紫红色和蓝色玉米粉这样的外来品种。面粉行业已经出现了一条长尾，这令我吃惊。

我们的社会日益富足，这使我们有条件从一个精打细算的品牌（甚至无品牌）商品购物者转变为一个小小的鉴赏家，用数千种与众不同的爱好尽情地展示自己的独特品位。人们有意地用前后矛盾的词汇来形容我们所表现出的种种新消费行为：“大众专享”（massclusivity）、“小众细播”（slivercasting）、“大规模定制化”（mass customization）。无论用哪一个词，它们都指向同一个方向：更长的尾巴。

21 世纪经济趋势前瞻

从一定程度上说，本书是一个经济研究项目，一些来自斯坦福大学、麻省理工学院和哈佛商学院的教授和学生们也参与其中，给了我莫大的帮助。另外，本书也是上百次演讲、集体研讨会和实地考察的成果——我拜访了许多企业和行业团体，它们正目睹长尾奥秘改变它们的世界。最后，本书也是我与数十个企业和管理者协同合作的结晶，他们与我分享了数不清的内部资料，让我从前所未有的角度审视了网络时代的新市场微观经济学。

令人兴奋的是，在全世界诸多 Google、亚马逊、Netflix 和 iTunes 式企业的数据库中，这种 21 世纪的经济趋势的轮廓已经可以看出。这些数百万兆字节之大的顾客行为资料库中蕴藏着一条线索，你可以从中探索消费者在一个选择无限的市场中会如何行动——这个问题在不久之前还没有太多意义，但现在，理解它已经变得至关重要。

令人吃惊的是，没有几个经济学家看过这些数据，这主要是因为他们没有这样要求过（与我合作的学术界人士大多来自商学院，只有几个是经济学家）。也有个别例外——加州大学伯克利分校的经济学家哈尔·瓦里安（Hal Varian）在 Google 兼职，而拍卖理论经济学家热爱 eBay 就再正常不过了。但这样的例外少之又少。在此之前，本书中所使用的一些数据从未有人眷顾。

考虑到这个领域的未知性，我想办法求得了各方专家的协助。作为一种实验，我在 thelongtail.com 上的个人博客上以公开方式解决了许多比较棘手的概念和表达问题。举个例子来说，整个过程通常是这样的：我会发帖子提出一种还不够成熟的观点，解释

80/20 法则为什么正在变化，然后会有数十位聪明的读者写下评论、发 E-mail 或是在他们自己的博客上发言，向我提出改进的建议。不知何故，这种业余的公开研讨会竟然引来了日均 5 000 名以上的读者。

在软件业中，开发商经常会向那些最热心的用户们提供程序测试版（“beta”版）的程序代码。作为先睹为快后的回报，这些用户会用他们自己的机器、自己的方式测试这个程序，找出开发商没有注意到的错误。这种 beta 测试对应用软件的生命力至关重要。我希望同样的过程（公开对我的许多观点进行压力测试）已经让这本书变得更好，至少是更合理了。

这里我应该指出，公开对观点进行测试和公开地写一本书是大不相同的。尽管有许多人尝试过后者（将草稿贴在网上，有时候甚至允许读者们集体修改），但我主要把博客当成一种研究日记来用。实际的写作过程，还有后文的大多数内容，我都是在网下完成的。

最后还得强调一下本书的渊源问题。尽管“长尾理论”这个词是我发明的，但说到利用在线零售的经济效益大规模销售相对非热门的产品，这却不是我的创意。这个概念是亚马逊的杰夫 · 贝佐斯（Jeff Bezos）在 1994 年前后提出的。我曾请教过他，也请教过他在 Netflix、Rhapsody 的同行和其他一些一直在实践这种理念的人，我的大多数收获都来自同他们的谈话。

这些企业家才是真正的发明者。我只想尝试着将他们的成果提炼为一个框架。当然，这就是经济学的任务：它力求用简明易懂的框架来描述真实世界的现象。这个框架本身也会带来理念的进步，但若与那些率先发现、率先行动的先驱者的伟大创新相比，此框架便黯淡无光了。

01 长尾市场

技术正在将大规模市场转化成无数的利基市场

1988 年，一位名叫乔 · 辛普森（Joe Simpson）的英国登山家写了一本叫作《触及巅峰》（*Touching the Void*）的书，讲述了他在秘鲁安第斯山脉的一段令人心痛的生死历险。尽管这本书得到了不错的评价，但却不太畅销，没多久就被大多数人遗忘了。10 年之后，一件奇怪的事发生了。另一本有关登山悲剧的书——乔恩 · 克拉考尔（Jon Krakauer）的《走进空气稀薄地带》（*Into Thin Air*）引起了轰动。突然之间，《触及巅峰》又开始热销了。

书商们开始宣传《触及巅峰》，把它展示在《走进空气稀薄地带》的旁边，而它的销量也在一路上涨。2004 年年初，IFC 电影公司按书中的故事拍了一部文献片并大获好评。此后不久，哈珀 – 柯林斯出版社推出了这本书的修订版平装本，结果该书在《纽约时报》畅销书排行榜上一连停留了 14 个星期。到 2004 年年中，《触及巅峰》的销量已经是《走进空气稀薄地带》的两倍还多。

玄机何在？答案是：网络世界口耳相传的威力。在《走进空气稀薄地带》刚刚出版的时候，几个读者在亚马逊网站上发表了评论，指出了这本书与当时已不太为人知的《触及巅峰》的相似之处，并且对后者大加赞赏。其他一些购书者看到了这些评论，查到了《触及巅峰》，然后把它加到了购物车中。很快，亚马逊的软件觉察到了购买行为中的一种规律——“买《走进空气稀薄地带》的读者也会买《触及巅峰》”，于是开始配套推荐这两本书。顾客接受了建议，衷心表示认同，还写下了更为热情洋溢的评论。更大的销量，更多的自动推荐——一个强大的正向反馈环出现了。

尤其值得注意的是，当克拉考尔的书一鸣惊人的时候，辛普森的书已经快要绝版了。若换作10年以前，克拉考尔的读者甚至不会听说辛普森的书——就算他们听说了，他们也找不到这本书。网上书店改变了这一切。它们将两种东西结合在了一起：一是无限的货架空间，二是有关购买趋势和公众观念的实时信息。正是凭借这种结合，亚马逊创造了《触及巅峰》的发烧现象。结果很神奇：一本过气之书再次开始大受欢迎。

这不仅仅是网上书店的一个优势体现，也是媒体和娱乐行业的一种崭新经济模式的范例——现在，这种模式刚刚开始展示它的威力。从Netflix的在线DVD租赁，到iTunes音乐商店和Rhapsody的在线音乐，无限的选择空间正在揭示市场的真相：消费者想要什么产品？他们希望如何得到这些产品？人们正在细查目录，在长长的候选名单中寻找目标——这么多的选择，他们在百视达音像店（Blockbuster Video）和淘儿唱片店（Tower Records）[1]是看不到的。他们找到的越多，他们喜欢的就越多。当他们冲破陈旧的老路，走进更广阔的天地时，他们会发现他们的品味并不像自己想象的那样主流（或者说，是强大的营销手段、亦步亦趋的流行文化和狭窄的选择空间使他们误导了自己）。

从这些和其他一些类似服务商的销售数据和趋势中可以看出，

---

① 百视达音像店和淘儿唱片店分别是美国最大的传统DVD租赁、唱片销售连锁店。——编者注

方兴未艾的数字娱乐经济将会彻底颠覆当今的大规模市场。如果说20世纪的娱乐业是大热门的王国，那么21世纪的娱乐业就是大热门和利基产品并驾齐驱的舞台。

长久以来，我们一直在忍受大众流行文化的专制，不得不消极地屈就于那些暑期大片和人造热门。为什么？因为背后的经济学。我们所认定的流行品味实际上只是供需失衡的产物——而供需失衡就是市场对无效分配的一种反应。

主要的问题在于，我们生活在一个物理世界中，而且直到不久之前，我们的大多数娱乐媒介同样存在于物理世界中。这样的世界对我们的娱乐生活施加了戏剧性的限制。

区域限制

必须找到本地顾客是传统零售业的一个软肋。一家普通的电影院只有在两个星期的档期内吸引至少1 500个观众，票房才能支撑放映厅的租金；一种CD每年至少要卖出4张才能收回半英寸货架空间的租金，也才值得一个普通唱片店经营。其他如音像租赁店、电子游戏店、书店和书报摊等，经营原理都一样。

无论是哪一种情况，零售商都必须保证他们的产品能带来足够多的需求，否则他们无法生存下去。但是，他们都只能从有限的本地居民中拉拢顾客——一个典型电影院的市场范围可能只有方圆10英里①，音乐商店和书店更小，最小的是音像租赁店（方圆一两英

① 1英里≈1.61千米。——编者注

里）。一部出色的纪录片也许在全国范围内拥有五六十万潜在观众，但这没用，重要的是它在特定区域内的吸引力，比如它在马里兰州罗克维尔的北部有多少观众？加州胡桃溪的商场购物者中有多少人喜欢它？

有许许多多绝妙的娱乐产品在全国拥有庞大甚至狂热的潜在市场，却无法打动地方的零售商。2004 年获奥斯卡最佳动画片提名的《疯狂约会美丽都》（*The Triplets of Belleville*）就是一个例子，它在评论界赢得满堂彩，但全美各地只有 6 家影院放映它。一个更惊人的例子是印度宝莱坞在美国的尴尬遭遇。印度电影业每年都能生产出超过 800 部电影，而生活在美国的印度人据估计有 170 万人左右。但最好的印度语电影《印度往事》（*Lagaan: Once Upon a Time in India*）在美国却只有两家影院上映。而且，在这一年进入美国市场的印度电影总共只有寥寥几部而已。在地理位置的限制下，观众太分散就等于完全没有观众。

物理世界的另一个限制就是物理学本身。无线电频谱只能容纳有限的电台，一根同轴电缆也只能传输有限的电视频道。而且，每天至多也只能播 24 个小时的节目。广播技术的限制是由于资源太少而使用者太多。出于这个原因，它们不得不在同一个地理区域吸引足够多的观众——这又是一个足以将许多节目拒之门外的高门槛。

在过去的一个世纪里，娱乐业用一种简单的方法化解了这些限制：聚焦于大热门。毕竟，大热门能让电影院座无虚席，能让商店财源滚滚，能防止听众和观众们调换频道。这种做法本身并没有问题。社会学家会告诉你，大热门现象与人类心理直接相关——它们是社会潮流和口头传播效应共同造成的结果。况且，有相当多的大热门确实名不虚传：那些动人心弦的歌曲、鼓舞人心的电影和发人深省的书籍，能够赢得大众消费者的喜爱。

但是，我们大多数人需要的都不仅仅是大热门。每一个人的品味都与主流文化有些许不同之处。我们发现更多的其他选择，我们就会更多地被它们吸引。遗憾的是，在最近几十年中，这些选择已经被那些急需鼓吹自己的行业，用花里胡哨的营销手段排挤到了边缘地带。

热门经济学（我将在以后的章节中更详细地探讨它）诞生于一个供给不足的时代，在这个时代，我们没有足够的空间为每一个人提供每一样东西：没有足够的货架可以摆下所有的 CD、DVD 和视频游戏光盘；没有足够的银幕可以放映所有的电影；没有足够的频道去播放所有的电视节目；没有足够的波段去播送所有的音乐；也远没有足够多的时间将所有内容都浓缩到某一个载体上。

这样的世界是一个匮乏的世界。现在，随着网络传播和零售的兴起，我们正进入一个丰饶的世界。两者的不同有深远的意义。

无尽的市场

为了更好地认识这个丰饶的世界，让我们回到在线音乐零售商 Rhapsody 的例子。作为 RealNetworks 公司旗下的流媒体服务商，Rhapsody 现在提供超过 150 万首的曲目。

将 Rhapsody 的月度统计数据绘制成图，你便得到了一个看起来与任何唱片店都大同小异的需求曲线：名列前茅的曲目极受欢迎，随后，流行度随着排名的下降而急剧下滑。图 1–1 反映的是 2005 年 12 月 Rhapsody 下载量排前 25 000 名的曲目。

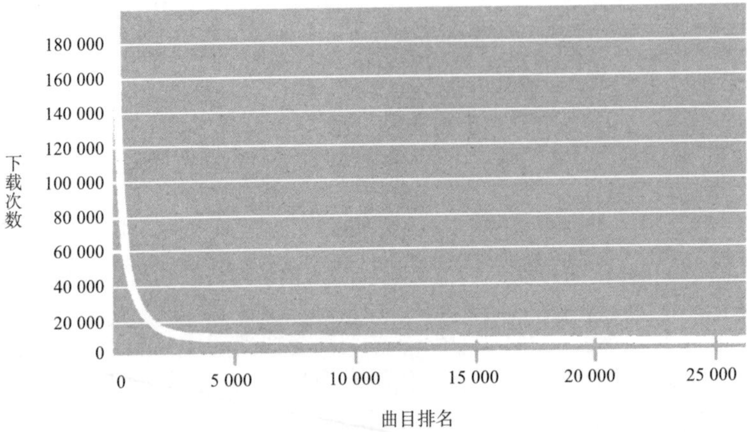

图 1–1 Rhapsody 音乐下载量（所示曲目总数相当于沃尔玛曲目存量）

你最先注意到的也许就是最左端的高点：似乎所有下载量都集中在了最前列的少数几首曲目上。这没什么奇怪的，这些就是大热门。如果你经营着一家音乐商店，而且你的货架空间是有限的，你自然会在离这一点不远的地方选择取舍点。

正因如此，尽管各类歌曲的总数达百万首之多，美国最大的音乐零售商沃尔玛的取舍趋向却非常靠近这个高点。沃尔玛经营着4 500 种不同的 CD。在 Rhapsody，排名前 4 500 位的专辑收录了25 000 首曲目，这就是我的图示截止于第 25 000 首的原因。

聚焦于大热门当然是有意义的。毕竟，这是一个大市场。第 5 000 或第 10 000 名之后的曲目似乎已经无人眷顾。何必为这些不争气的失败产品费心呢?

本质上说，这就是过去的一个世纪中我们看待市场的方式。每一个零售商都有自己的经济极限，但他们都会在高点之后的某个地方做出取舍。销量有可能达到必要水平的将被留下，销量达不到这个水平的将被放弃。若想在我们的大热门文化中胜人一筹，你必须紧盯着曲线的最左端，猜出什么样的东西能挤入这个行列。

但现在，我们不妨做点不同的事情，看看会有什么变化。在对曲线左端痴迷了一个世纪之后，让我们把目光转向右端。我知道，这有点让人迷惑。右端似乎什么也没有，是吗？错了！——靠近点看，再靠近点，你会注意到两件事。

第一，在右端，曲线并没有下降为零。之所以看起来像是零，那是因为左端的大热门下载量太大，压缩了纵坐标的刻度。为了更好地审视利基产品，让我们把图放大，从大热门之后看起。图 1–2 是上一个图的延续，反映了排名第 25 000~ 第 100 000 名的曲目。我已经调整了纵坐标，以免曲线与横轴太过贴近。很明显，我们仍然看到了可观的下载量。就在这片我们一直以为不存在有意义需求的“杂草丛”中，曲目的平均月下载量仍然达到了 250 次左右。而且，由于这些非热门曲目实在太多，它们各自的小需求迅速聚合成了大需求。从远处看，这条曲线似乎已经触底，但实际上，曲线之下的面积代表的是每月 2 200 万次左右的下载量——几乎是 Rhapsody 总下载量的 1/4。

但故事还没有结束。让我们再一次放大，顺着曲线继续淘金。这一次，我们来到了长尾的末端：排名第 100 000~ 第 800 000 名的曲目见图 1–3，这些曲子，你在最专业的唱片店都找不到。

你能看到，长尾末端的需求量仍然不是零。事实上，这条曲线之下的面积仍然代表着每月 1 600 万次的下载量，也就是 Rhapsody 总下载量的 15% 以上。个别来看，这些歌没有一首是流行的，但就因为它们数量惊人，因而代表着一个不容小觑的市场。今天，

Rhapsody 的曲目存量在 150 万首左右；一年之后，这个数字或许将超过 200 万首；再过一年，也许会达到 400 万首之多。

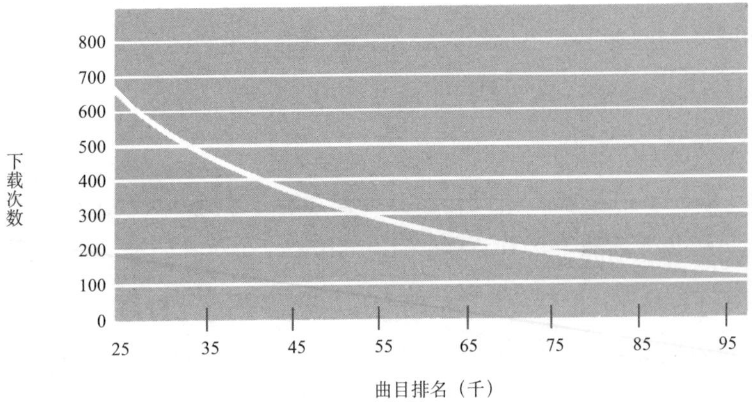

图 1–2　但曲线还在延伸……（第 25 000~ 第 100 000 名）

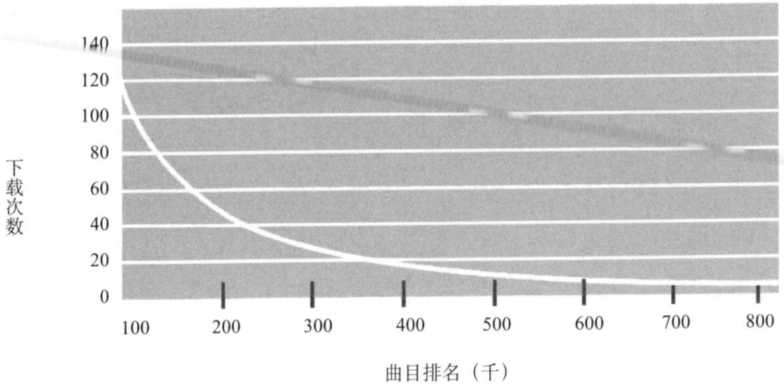

图 1–3　……不断延伸（第 100 000~ 第 800 000 名）

最让人吃惊的是，在这无数的曲目中，几乎每一首歌都有人买。从沃尔玛这样的一个传统零售商的角度看，音乐行业的需求量止步于 60 000 首。但是，对 Rhapsody 这样的在线零售商来说，音乐市场似乎是无穷无尽的。在 Rhapsody，不光排名前 60 000 位的曲目能达到每月至少被下载一次的水平，前 100 000 位、200 000 位、400 000 位，甚至前 600 000 位、900 000 位都可以。只要 Rhapsody 往曲库中添加新曲目，这些歌就能找到听众，即使每个月只有那么几个人听，即使这几个人不知来自世界的哪一个角落。

这就是长尾的奥秘。

在这条长尾中，你能找到任何音乐。有重出江湖的老歌，也就是仍被老歌迷们深情怀念或是被新歌迷们重新发现的怀旧经典；有现场版、B-Side①、混音甚至翻唱音乐；有数以千计的流派和流派中的流派（想象一下，如果整个一家淘儿唱片店只有 20 世纪 80 年代的长发乐队②和 Ambient Dub 流派③的音乐会怎么样）；有曾经可望而不可即的外国音乐，还有不知名乐队的那些更不知名的作品——其中有许多根本就没有足以打入淘儿唱片店的营销力量。

当然，长尾中也有不少垃圾。别忘了，那些热门唱片里同样隐藏着相当多的垃圾。听 CD 的时候，人们只能跳过这些垃圾曲目；而在网上，他们可以更轻松地避开它们，随心所欲地从整张专辑中挑出最佳的曲目（在个人化推荐系统的帮助下）。所以，与 CD（对一

---

① B-Side：该词源自胶木唱片时代。当时，唱片正面是主打歌曲，被称作 A-Side。空闲无用的背面则会顺便录上一首不太重要的歌，称为 B-Side。进入 CD 时代后，这种传统被保留下来，尽管 CD 只有一个面，但在收录主打歌之余也会顺带加入一两首不太重要的曲子，这便是"B-Side"音乐。

② 长发乐队：20 世纪 80 年代风靡一时的 Nirvana、Soundgarden、Pearl Jam、Bon Jovi 等一大批流行乐队均以卷曲的长发和狂放不羁的举止著称，被媒体统称为长发乐队（Hair Band）。

③ Ambient Dub 流派：是节奏电子音乐、20 世纪 70 年代末起源于牙买加的 dub 风格以及氛围音乐（ambient music）的融合体。

张 15 美元、12 首歌的 CD 来说，每一首垃圾歌都是花 1 美元多买来的）不同的是，网上的所有垃圾歌曲只是无伤大雅地待在服务器里而已，一个根据歌曲本身的质量来做出评判的市场自然会忽略它们。

关于这条长尾巴，真正让人吃惊的是它的可怕规模。再说一遍，如果把足够多的非热门产品组合到一起，实际上就可以形成一个堪与热门市场相匹敌的大市场。以书籍为例：一般的鲍德斯书店（Borders）中藏有大约 100 000 种书，但亚马逊的书籍销量中有差不多 1/4 是排名 100 000 位之后的书贡献的。想想其中的含义：如果亚马逊的统计数据有代表性，那么一般书店中不会卖的那些书已经形成了相当于现有书籍市场 1/3 之大的市场——而且，这个市场还在快速膨胀。如果这种增长趋势继续下去，那么书籍市场的潜在规模实际上可能是表面规模的 1.5 倍——只要我们能摆脱匮乏经济学的桎梏。在音乐行业担任过顾问的风险资本家凯文 · 劳斯（Kevin Laws）的话一针见血："最小的销售孕育着最大的财富。"

我们已经观察到的其他长尾市场也是一样：

大多数成功的网络商家都在以这样或那样的方式利用长长的尾巴。比如，Google 的大多数收益并非来自大广告商，而是来自小广告商（广告的长尾）。eBay 做的也主要是长尾生意——也就是利基产品，比如车迷收藏的经典汽车或是精心装饰过的高尔夫球杆。在突破了地理位置和规模的限制之后，这些企业不仅仅扩展了现有市场，更重要的是，它们还发现了崭新的市场。而且，事实一次又一次地证明，传统的实体零售商们力所不能及的那些新市场的规模远比人们想象的要大——而且只会越变越大。

事实上，在这些企业提供了越来越多的产品（因为它们有这样的能力）后，它们发现需求实际上是随供应而动的。选择的迅猛增多似乎释放出了对新选择的需求。对利基产品的需求究竟是新生的需求还是潜伏已久的既存需求，我们不得而知。但我们知道，对某些为我们提供了最翔实资料的公司（Netflix、亚马逊和 Rhapsody）来说，有 1/4~1/2 之多的收益来自它们的“砖头和水泥”① 竞争者们没有提供的产品——而且，这个比例仍在年复一年地上升。换句话说，它们的核心增长点就是你在传统的零售商那里根本找不到的产品。

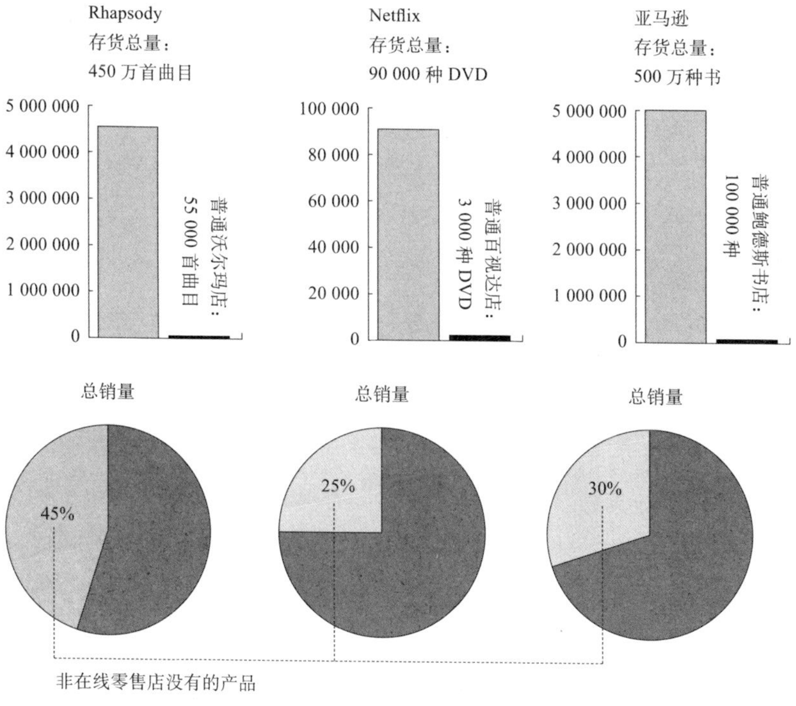

图 1–4 新成长市场：网上独有的产品

① “砖头和水泥”：指传统的实体企业。

事实上，这些“货架空间无穷无尽”的企业已经领悟了数学集合论的一个原理：一个极大极大的数（长尾中的产品）乘以一个相对较小的数（每一种长尾产品的销量），仍然等于一个极大极大的数。而且，这个极大极大的数只会变得越来越大。

这些不计其数的零星销售是一桩有效率、低成本的生意。由于货架空间是没有租金的（对 iTunes 这样的纯数字服务来说，生产成本为零，流通成本也几乎不存在），利基产品的销售多多益善，利润并不低于（甚至会高于）热门产品。大热门和利基产品开始统领风骚，两者都只是数据库中的条目而已，两者也都值得摆上货架——这可是历史上的第一次。突然之间，流行度不再是利润的垄断力量。文化和商业的新形态变成了图 1–5 中的模样：

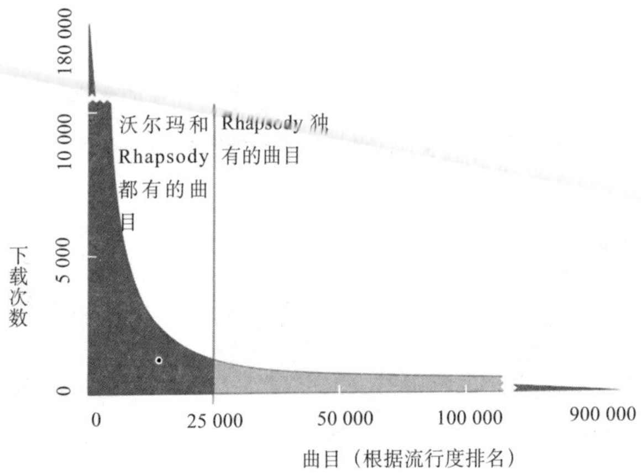

图 1–5　在线音乐流行度（Rhapsody，2005 年 12 月）

潜藏的大多数

要理解过去的有限选择和今天的丰饶世界有什么不同，我们可以把我们的文化想象成一片海洋，露出水面的陆地就是一个个大热门之岛：有热门唱片组成的音乐岛，有热映大片组成的电影岛，有流行电视节目组成的电视群岛等。

海平线就是踏上这些岛的经济门槛：能让商家们满意的销量。各岛就代表着能够跨过这个门槛（突破海平线）的产品，它们的流行度足够大，因此通过容量有限的营销渠道供应它们，能换来足够多的利润——所谓容量，就是指大多数零售商都不能没有的货架空间。放眼眺望一下远方的文化海平线，我们能看到的都是那些高耸于海浪之上的流行之峰。

但是，岛屿当然只是广阔的海底山脉的尖端区域。当营销成本开始下降时——这与海平面的下降并无两样，曾经隐藏在水下的东西会在刹那之间显现出来。而水下世界的丰富多彩远非水上可比。当在线零售商开始利用他们那非凡的经济效率时，我们会看到满载新选择的巨大山脉浮现于过去仅存在一座山峰的海面上。

今天，市场上的音乐产品有99%不在沃尔玛的货架上。在已经正式发行的20万余部电影、电视节目、纪录片和其他影像产品中，一般的百视达店只有3 000余部。其他任何顶尖零售商都一样，从书籍到厨房装置，其他任何商品也都一样。绝大多数的产品都不在你身边的那些商店中。必然地，传统的热门中心主义零售经济学限制了我们的选择。

如果你可以大大降低供给与需求的连接成本，那么你能改变的不仅仅是数字，还有市场的整个内涵。这不仅是一个量的变化，也是一个质的变化。当利基产品被纳入我们的能力范围之内时，非商业内容的市场需求就开始显现无遗。接下来，随着需求转向这些利基产品，供应这些产品的经济学也会进一步改进。如此循环往复，一个积极的反馈环将会应运而生，彻底地改变未来几十年内的工业世界——还有文化世界。

02 大热门的兴衰起伏

大一统文化只是例外，不是规则

在工业革命之前，大多数文化都是本地化的。经济以农耕为主，土地有多么广，人口就有多么分散，而距离就是人与人之间的障碍。文化被分割了，方言和民歌等由此而生。由于缺乏快速的交通和通信手段，文化的融合以及新理念和新趋势的传播受到了限制。这是小范围文化的早期阶段，决定它的主要是地理位置而不是共同的兴趣。

从一个城镇到另一个城镇，各地状况千差万别，五花八门，因为承载大众文化的工具实在少之又少。除了巡回戏剧表演和知识分子才有福消受的寥寥几本书，大多数文化信息的流动速度还不如人口流动速度。教堂成为西欧的主要大众文化纽带是有原因的——它有最好的传播设施，而且，古登堡的印刷术也为它贡献了产量最大的传播载体——《圣经》。

但是在 19 世纪早期，现代工业时期的来临和铁路系统的发展造就了风起云涌的城市化浪潮和欧洲大城市的崛起。这些新的商业中心和交通枢纽史无前例地将形形色色的人聚集一处，制造了一个强大的新文化引擎。万事俱备，只欠一种大众媒体给这种引擎装上翅膀。

19世纪中后期，几种新兴技术完成了这个任务。首先，商用印刷技术日益进步，趋于主流；接下来，新"湿版"工艺使摄影术流行开来；然后，爱迪生于1877年发明了留声机。这些新技术激发了第一次流行文化大潮——由图文报章杂志、小说、印刷乐谱、政治宣传册、明信片、贺卡、儿童书籍和商品目录推动的大潮。

新闻和报纸将纽约、伦敦和巴黎这类都市文化中心的最新时尚传播到了四面八方。然后，在人类刚刚迈入20世纪的时候，爱迪生用电影技术创造了又一个大规模市场，过去的舞台明星们得到了一个崭新的记录式媒体。它不仅可以接触到更多的观众，还提供了在许多城市同时"登台亮相"的机会。

这些威力无穷的文化载体可以跨时空地联结不同的人，创造一个同步性的社会。史无前例的是，你不仅可以放心地说你的邻居读到的晨报新闻与你的一模一样，欣赏的音乐和电影与你的一模一样，甚至也可以确信全国各地的同胞们都是如此。

这些强大的大众文化技术的兴起也不是没有遭遇反对之声。1936年，沃尔特·本杰明直言，他担心"神圣性"（艺术的超几属性）会在一个机械复制时代逐渐沦丧。本杰明强调的是摄影术和电影的例子，关注的是录制的音乐而非演奏的音乐，所以他担心"艺术的机械复制会改变大众对艺术的反应。过去人们对一幅毕加索油画的被动接受转变成了现在对一部卓别林电影的积极反应……人们不加批判地享受着因袭下来的东西，却带着厌恶之情批评那些真正的新事物"。

但实际上，他还没有看到真正的革命。蓄势待发的广电媒体大爆炸将最终彻底改变游戏的规则。电磁波有一种无与伦比的威力：

它可以毫无成本地向各个方向传播。正是因为这个优点，它一经问世就震惊了世界，就像50余年之后的互联网一样。通过一次广播就能接触到方圆几十英里之内的每一个人，这种经济上的价值实在诱人，以至于美国无线电公司（RCA）在20世纪20年代早期就进入了无线电设备制造业，只为支持和加速广播接收器的普及。

但地方和地区性广播毕竟只能覆盖地方和地区的听众，对面向全美的广告商来说还是有点美中不足。走向全美需要另一种技术的支持。1922年，美国电话电报公司（AT&T）的长途和地方贝尔电话运营部门开发出了新技术，实现了长途电话网（当时的新事物）上的语音级和音乐级音频传输。一直乐于尝试新技术的纽约WEAF电台推出了一套定期性的节目，还开创性地制作了一批结合了商业许可和赞助内容的节目。通过长途电话线，这些节目还被输送给了纽约之外的其他电台。这一做法大获成功，创造了电台与电台之间的双向通信渠道，将过去的地方性体育和政治活动报道变成了全美性的新闻。

从1935年一直到20世纪50年代，广播黄金时代孕育了不少举国闻名的大明星，比如爱德华·R·默罗（Edward R. Murrow）和宾·克罗斯比（Bing Crosby）。此后，电视取代了广播，大一统文化的终极传媒就此诞生。在1954年，有电视的家庭中有74%会在每个星期日的晚上收看《我爱露西》（*I Love Lucy*），这是一个令人咋舌的比例。

电视黄金时代标志着所谓“饮水机效应”（watercooler effect）的最高峰。“饮水机效应”指的就是办公室里围绕某个大众文化事件的热烈讨论。在20世纪50和60年代，你大可以放心地假设办公室里的每一个人都在前一天晚上看了同样的节目。也许大多数同胞都是先看完沃尔特·克朗凯特[①]（Walter Cronkite）的晚间新闻，然后换个频道去欣赏一下当晚最棒的节目：不管是《贝弗利山人》（*The Beverly Hillbillies*），《荒野大镖客》（*Gunsmoke*），还是《安迪·格里菲思》（*The Andy Griffith Show*）。

在整个80和90年代，电视一直是美国人之间的一条伟大纽带，甚至在进入21世纪之后也是如此。下水道的最高排放量通常是在超级碗大赛（Super Bowl）的中场休息时测量到的；《美国偶像》第一季播出期间，火爆的电话投票使电话网负荷量创下了纪录；随着企业掏出越来越多的钞票购买黄金时段，电视广告收入每年都会创下新高。而且，这都是自然而然的事情。为什么不呢？电视定义了主流文化。黄金时段也许不是唯一的时段，但它是唯一重要的时段。

但就在90年代行将结束的时候，网络开始崭露头角了。网络企业连连告捷，文化地壳开始在它们脚下慢慢迁移。第一道裂缝就出现在叛逆的年轻人抗拒主流的战场——音乐世界。

尽管是留声机首次让音乐超出了现场表演的范畴，但造就了流行音乐偶像的却是收音机。在四五十年代，把自己标榜为“美国流行音乐品位的精准写真”的《流行排行榜》（*Your Hit Parade*）成了星期六夜晚的一道固定风景。之后，随着摇滚乐和节奏布鲁斯（R&B）迅速崛起并感染了年青一代，个性化的节目编排和知名的流行音乐主持人应运而生。50年代，艾伦·弗里德（Alan Freed）和默里·考夫曼（Murray Kaufman）等大牌主持人把电台变成了世

① 沃尔特·克朗凯特：20世纪六七十年代哥伦比亚广播公司著名的晚间新闻主播。

界上最强大的热门音乐制造机器。

最终，这台机器为我们献上了巅峰之作——《美国 40 大金曲》（*American Top 40*），凯西 · 卡塞姆（Casey Kasem）首创于 1970 年的一个每个星期播出的广播节目。它最初是个 3 小时的节目，每期都会从上至下地将《Billboard》热门 100 首单曲榜上排名前 40 位的歌曲挨个儿播一遍。到 80 年代早期，节目变成了 4 小时，单在美国就有超过 500 家电台在每个星期日播放它。对成长于七八十年代的孩子们来说，它无异于流行文化的载波讯号。每个星期，他们都会与全国各地的美国人一起竖起耳朵，痴迷地追踪明星们的起起落落：哪些乐队的排名上升了，哪些乐队的排名下降了——其实，寥寥 40 首歌连唱片店中的一个架子也填不满。

流行榜的终结

在我们迎来 21 世纪的曙光之时，音乐产业（终极热门制造机器）仍在志得意满地展示着自己的力量。从“小甜甜”布兰妮到后街男孩，流行偶像们的巨大成功证明了这个行业已经牢牢地抓住了青春文化的脉搏。唱片公司最终完善了制造热门的流程，它们的营销部门现在也能以相当高的精确程度预测和创造需求了。

2000 年 3 月 21 日，摇摆唱片公司（Jive Records）向我们展示了这门绝技。它发行了《振翅高飞》（*No Strings Attached*），也就是当时最新、最火的少男演唱组合 *NSYNC（超级男孩）的第二张专辑。*NSYNC 原来的东家甚至比摇摆唱片还要大，那就是 BMG。但是在营销专家的建议下，乐队改签到了摇摆唱片公司以谋求城市年轻群体的更大认可（顺便也改变一下略微有点疯狂的形象）。这一行动大获成功。新专辑在第一个星期就卖掉了 240 万张，一跃成为历史上销售速度最快的唱片。它一连 8 个星期雄踞流行榜首，到年末，总销量已经达到了 1 100 万张。

这个行业已经解开了商业的密码。它们已经发现了制造大热门的秘密公式，事后一想，这个公式原来是如此的简单：把魅力四射的年轻男人卖给年轻的女人。曾经把猫王推上巅峰的秘诀现在开始在整个行业内发挥作用。成功的要点无非就是帅气的外表和打造出的个性。音乐本身几乎成了无关紧要的事，被外包给了一小组专家（《振翅高飞》是 52 个人创作的）。

唱片公司有理由自信满满。歌迷们对唱片店趋之若鹜，从 1990 年到 2000 年，唱片销量翻了一番，创下了行业史上最快的增长速度。在娱乐业内的利润排名中，音乐仅次于好莱坞的电影。

但是，就在 *NSYNC 高高兴兴地庆祝自己的开门红时，行业地壳开始移位了。受累于网络泡沫的破碎，纳斯达克市场在 *NSYNC 新专辑发行前的一个星期已经崩溃，而且纳斯达克指数在 2000 年的剩余时间里一直在令人沮丧地下跌。这一年中，再也没有其他唱片创下销售纪录，整个音乐市场的销售总额竟然也下滑了——连同这一次，销量下降的事在此前的 20 年中只发生过 3 次。

在接下来的几年中，音乐产业一蹶不振，甚至在整个经济恢复元气之后依然不见起色。一些根本性的东西已经在 2000 年改变了。唱片销量在 2001 年下降了 2.5%，在 2002 年下降了 6.8%，而且一直颓势不改。到 2005 年（又下降了 7%）年末，美国唱片的销量已经比巅峰时期低了 1/4 还多。历史 100 大畅销唱片中有 20 张是在

1996~2000 年间问世的。但接下来的 5 年中却只有两张：OutKast 组合的《大喇叭 / 爱乱来》（*Speakerbox/The Love Below*）和诺拉 · 琼斯（Norah Jones）的《远走高飞》（*Come Away with Me*）——分别排在第 92 位和第 95 位。

*NSYNC 的首个星期销售纪录很有可能永远也无人超越。不妨想象一下：假如这个男孩乐队最终名垂音乐史册，那也许不光是因为它造就了贾斯汀[①]，还因为它缔造了流行音乐泡沫的历史巅峰——这最后一点流行产品终于让 20 世纪呼风唤雨的营销机器耗尽了能量，变成了一堆废铜烂铁。

图 2–1 所示的是 1958 年以来的所有热门唱片：黄金唱片（销量超过 50 万张），白金唱片（100 万 ~200 万张），超白金唱片（200 万 ~1 000 万张）以及钻石唱片（1 000 万张以上）。

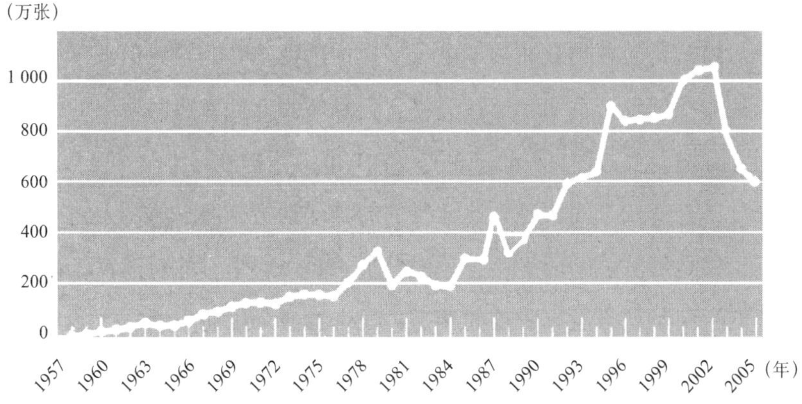

图 2–1　热门唱片（黄金、白金、超白金、钻石）

① 贾斯汀：*NSYNC 人气最旺的成员之一。

2001~2007 年，音乐产业的总销量下滑了 1/4，但热门唱片的数量却下滑了近乎一半。2000 年时，五大畅销唱片——包括布兰妮和痞子阿姆的超热门大碟，共销售了 3 800 万张；而到了 2005 年，五大唱片的总销量只有这个数字的一半左右——1 970 万张。换句话说，音乐产业整体上在衰退，但热门音乐市场的衰退则更为惨痛。顾客转向了一些不那么热门的音乐，分散到了上千个五花八门的亚音乐流派。至少对音乐来说，这看起来像是大热门时代的终结。

谁毁掉了热门音乐？

是什么让音乐产业的一代最佳顾客（十几岁和二十几岁的歌迷）抛弃了唱片店？行业内给出的答案只是“盗版行为”：Napster 一类的免费共享网站以及 CD 的刻录和网友交流共同制造了一种免费、随时交易各类歌曲的地下经济。这种说法并非全无道理。尽管唱片业中的诉讼官司一桩接一桩，但是对等文件交换网络上的流量一直有增无减。现在，每天都有约 1 000 万用户在网上共享音乐。

尽管新技术确实是歌迷大叛逃的背后动力，但它的诱人之处并不仅仅是经济上的因素。它还提供了无数前所未有的新选择，让歌迷们听到了从来没有听过的音乐。一个普通音乐交流网站上的音乐比任何一个音乐商店都要多。有了这么多的选择，歌迷们当然会趋之若鹜。今天，听歌的人不仅不再购买那么多的 CD，还对那些曾经令他们神魂颠倒的大热门失去了兴趣。是追捧一个男孩乐队，还是寻找一些新的东西？面对这样的问题，越来越多的人开始选择探索新天地，而且，自己亲自发现的东西通常会给他们带来更大的满足感。

对等文件交换技术的影响力实在太大了，以至于一个专门研究它的小行业出现了。这个领域的顶尖研究者是 BigChampagne 公司，它追踪分析在主要的对等交换服务器上共享的全部文件。它在数据中所发现的趋势就是整个文化从热门明星向小众艺术家的转移。

今天，音乐迷们在交流着 900 万首以上的不同曲目，可想而知，这些音乐几乎全都不在《Billboard》热门 100 首单曲榜之列。其中有一种着迷于“捣糨糊”（将某个作者的曲子与另一个作者曲子混合在一起）的亚文化煞是兴旺，还有一些人喜欢用过去的任天堂游戏机中的 8 位芯片谱曲，再就是许多曾经在演出中大放光彩但没有一个电台愿意播的那种独立摇滚。值得一提的是，男孩乐队并不是那么受欢迎。

文件交换网络的兴起并不是文化地壳运动的唯一变迁。2001 年，苹果公司推出了它的第一款 iPod。这种白色的 MP3 播放器看起来相当简单，长 4 英寸，宽 2.5 英寸，厚不足 1 英寸。iPod 绝对不是市场上的第一种 MP3 播放器，但得益于它的简练外观、精巧设计和苹果公司的高效营销战略，它成了第一种人手必备的便携数字音乐设备。很快，随着人们抛弃了他们的随身听和 CD 机，iPod 的白色耳机变成了一道无处不在的风景。

iPod 最让人震撼的特征就是它那 60G 之大的存储容量。凭借这个，用户们可以把整个音乐库带在身边，存储上万首歌，完全不亚于一个小唱片店。在接下来的几年中，iPod 逐渐变成了数百万人的个人电台，无论他们是在大街上、办公室中还是公交车上，iPod 都不离左右。

但要想用付费歌曲将一部 iPod 填满，不花上几千美元是办不到的。与有偿供应相比，实现免费服务是一个难比登天的任务。最终，用室内点唱机免费下载数字音乐的例子又重现在了 iPod 身上。偷窃、刻录然后交换 CD 的事情也开始大行其道——恰似苹果公司那则著名的广告所鼓励的那样。对等交换网络迅速走红，很快就被蜂拥而至的数百万用户的音乐库填得满满当当。结果很简单：盗版当然有很多，但歌迷们也得到了无穷无尽的选择空间——曲库比任何唱片店都要大上几百倍，而且用任何一台笔记本电脑都可轻松下载。

不用说，这些革命性的获取音乐的新方式也为发掘音乐提供了前所未有的便利渠道。朋友之间的 CD 刻录和交流就是最强大的那种“病毒式营销”（传言从一个人流传到另一个人），精选曲目列表的共享也把口头传播效应扩大到了整个行业。甚至还有一些专门提供好歌推荐服务的商家，比如 Pandora 和数以百计的网上广播电台。这些企业不光向歌迷们推荐最酷的地下音乐家，还试图以越来越高的精确程度评测和满足歌迷的个人品味。

如果我们有 400 个分别针对不同小流派的《美国 40 大金曲》会怎么样？如果有 4 万个呢？ 40 万个呢？诚然如此，大热门这个概念会突然让位于小热门。单个大明星会被无数小明星团团包围，少数几个大众偶像会变成无数的小众偶像。“热门”群体将会大大膨胀，每一个热门都拥有数量虽少但更加执着的拥趸。

这并不是白日梦。这就是当今音乐世界的萌芽状态。一个像 Rhapsody 这样的好服务商至少能列出 400 个流派和亚流派（把一个流派分割成极度特殊的新类别，比如“电子音乐 / 舞曲 > 打击乐 > 剪刀糨糊乐”），每一个都有它自己的 10 佳榜。这会创造出 4 000 个小热门，对钟情于本流派的歌迷们来说，这些小热门的意义远大于凯西 · 卡塞姆的那个全国金曲榜。可想而知，商家们完全可以根据每一个顾客的听歌方式和个人品味创造出无穷多个 10 佳榜，无论顾客的品味有多么独一无二。

广播业的忧虑

音乐业的麻烦并非仅限于 CD 销售。摇滚广播台，也就是唱片公司长久以来最得意的销售工具，也面临着同样的窘境。1993 年的时候，美国人每个星期平均将 23 小时零 15 分钟的时间花在听广播上。到 2004 年春季，这个数字已经下降到了 19 小时零 45 分钟。听众人数已经下滑到了 27 年来的最低点，而摇滚音乐节目的境况似乎最为糟糕。在 2005 年，平均每个星期都有一家摇滚广播电台破产。一般来说，这些电台会转向谈话节目或拉丁模式，因为这些东西比听完一首算一首的摇滚和流行音乐更“缠人”（能让听众们听得久一点）。《美国 40 大金曲》再也难现昔日辉煌，凯西 · 卡塞姆现在正舒舒服服地享受退休后的生活。

这种变化的首要原因是什么？专家们对此莫衷一是，但主要观点集中在以下几点：

- **iPod 现象的出现**：有了最好的个人电台，谁还需要调频？
- **手机**：80 年代的时候，交通堵塞曾经是收音机的救世主。现在我们仍然会堵车，但我们消磨时间的方式变成了手机聊天。
- **1996 年的《电信法》**：这项立法让美国又多了上千个调频电

台，加剧了竞争，弄得原有的电台苦不堪言。该法案也放松了每一个市场的所有权限制，于是 Clear Channel 传媒公司出手了……

- **Clear Channel**：这个常被斥为广播界“悲哀”的传媒巨头既是广播业陷入残酷经济境况的一个征兆，也是一个始作俑者。当 1996 年的《电信法》冲击了地方电台的生意时，Clear Channel 抓住机会风卷残云般地收购了大批境况不佳的电台。现在它拥有超过 1 200 个电台——也就是全美 1/10 的电台。它的目标是凭借集中化的节目制作和电脑化的地方台节目大幅地降低广播成本。结果可想而知——乏味的均一化趋势。
- **联邦通信委员会的严查重罚**：听听广播里在说些什么一直是联邦通信委员会的任务之一，但它的监察力度从未像过去 5 年中那样大，受此打击最大的是霍华德·斯特恩（Howard Stern），一个品味有点低俗的广播名人。在遭受了史无前例的重罚之后，斯特恩最终对陆地广播失去了信心。他于 2005 年年末转投到了天狼星卫星广播电台，并在 2006 年 1 月对一批注册听众进行了首次播音（多数内容未经审查）。今天的广播者比从前更加谨慎，因为他们的话和节目可能让他们血本无归，甚至丢掉饭碗。结果同样糟糕：进一步地均一化。

随着摇滚电台的垮台，“40 大金曲”时代也行将末路。音乐本身并没有失宠——正相反，音乐家和歌迷们的生活从未像现在这般美好。但新音乐的终极探索工具变成了互联网，失宠的是宣传和销售音乐的传统模式。大唱片公司和零售流通系统是躲在电台的热门制造机器背后成长到巨人规模的，它们的商业模式依赖的是白金级的超大热门，而现在，这样的大热门已经变得少之又少。我们正在目睹一个时代的终结。

每一个戴着 iPod 白色耳机的人都在收听他们自己的免费电台。文化已经变了，过去的人习惯于随波逐流地涌向畅销榜首，现在的人却喜欢发现自己的风格，在主流广播领地之外寻找新的世界：或者尝试一下那些无名之作，或者重拾旧日的经典。

说到这种“精英对业余”的格局，最早领悟它的媒体大亨之一就是新闻集团的董事长鲁伯特·默多克。他在 2005 年的一次演讲中说了这样一句话：“年轻人不会等待某个神圣的数据来告诉他们什么东西是重要的，他们想控制他们的媒体而不是被媒体控制。”

实际上，发生在音乐界的事同样发生在大众媒体和娱乐业的其他领域中。以下是 2005 年的一组数据：

- 好莱坞票房收入下跌了 7%，始于 2001 年的下滑趋势仍在延续，而且有加速的迹象。
- 曾在 1987 年达到巅峰的报纸读者数量下降了 3%（历史最大的单年跌幅），目前处在 20 世纪 60 年代以来的最低点。
- 30 多年前开始正式统计的报刊亭销量现在已经降到了历史最低点。
- 电视网收视率仍然在有线频道的竞争下节节下滑；1985 年以来，电视网的市场份额已经从 75% 下降到了 50% 以下。

饮水机效应正在失去威力。今天，收视率最高的电视剧《犯罪现场调查》（*CSI*）也仅有 15% 的家庭收看而已。若放在 70 年代，这样的数字连前 10 名都别想进入。事实上，在历史上所有高收视率的电视节目中，只有一部不是 70 年代后期和 80 年代早期的节目——唯一的那个“新秀”是 1994 年冬奥会，也是二十几年之前的事了。总体来看，数百家纯有线频道的观众总人数已经超过了电视网，但没有哪一家能独领风骚。

就连那些传统的“必看”节目也不再像从前那样风光。2005 年棒球世界大赛的收视率创下了历史新低，比上一年剧跌 30% 之多；2005 赛季 NBA（美职篮）季后赛的收视率也几乎到了历史最低点，比上一年下滑近 25%；在 2006 年，格莱美颁奖典礼的收视率下跌 10%；2006 年冬奥会的收视率降到了 20 年来的最低点，比 2002 年盐湖城冬奥会低 37%；奥斯卡颁奖典礼也遭遇了 1987 年以来前所未见的冷遇。

正如《洛杉矶时报》评论家帕特里克·戈尔茨坦（Patrick Goldstein）所说：“现在，我们成了一个由细分市场组成的国家。我们仍然有大片，有黄金电视节目和畅销 CD，但是能把握住公共流行文化精神的东西却寥寥无几。大众的兴趣在别的地方，所有人都在收看有线节目或阅读博客，欣赏着这些专门面向特定群体的东西。”

TiVo 和其他数字影像设备的诞生加速了“饮水机效应”的瓦解，因为就连时间因素也被它们消灭了。今天，即使人们看到了同样的节目，他们也未必是在同一个晚上或同一个时间看的。如果我们没有在第一时间看到昨晚的节目，谁愿意在一大早听其他人重述剧情，毁掉亲自欣赏节目的惊喜呢？

大热门经济就是大热门文化

尽管大热门时代也许已经是强弩之末，但它对大众观念的影响却仍然挥之不去。当今的媒体和娱乐业仍然是围绕着寻找、投资和创造大热门的模式运转的。

娱乐产品的制作、宣传和销售向来成本不菲，无论是电影、电视节目还是音乐专辑。比如，现在的一部好莱坞电影的平均制作成本大约是 6 000 万美元，营销成本也不会低于这个数。但是，预测什么样的电影能拨动观众的心弦仍然像往常一样难，正因为这样，那些靠得住的大牌演员和导演们才会索要那么高的报酬——他们给一件不可预见的事带来了一点点可预见性。但即使是明星也会遭遇“滑铁卢”，所以电影公司、唱片公司和网络公司都会采取分散化投资方法来降低风险。

就像风险资本家一样，他们把赌注押在许多项目上，每一个项目的投资都足够多，这样才能给它们一个力争成名的机会。根据他们的想法，在最好的情况下，大多数项目都能实现收支平衡，一败涂地的项目应该没几个。这就意味着，有幸变成大热门的那几个项目必须能弥补其他项目带来的损失。

从这个意义上说，这些公司确实急需大热门而不仅仅是有利润的产品——我们所说的大热门是指那些惊天动地的超大热门。高昂的制作成本和结果的不确定性给商家们施加了巨大的压力，他们不光要赢，还要赢得漂亮。其他产品呢？很简单，它们都是失败者。就算它们已经大获好评，甚至已经被几百个人听过或看过，也算不了什么。只要这些产品没能把花出去的钱成倍成倍地捞回来，它们就没有完成任务，因为它们本应是投资组合中的其他所有项目的顶梁柱。

制造一个大热门和制作一部电影并不完全是一回事。要想吸引上千万人掏钱观看你的电影，有些事情你必须做，有些事情你又不能做。你只能倾囊聘请你能请到的最大牌的明星为你助阵，万万不可太过“精打细算”。你只能为剧情设计一个皆大欢喜的结局，万万不可让你的大明星在戏中死掉。如果这是一部动作电影，那么特技效果越多越好。而且，如果条件具备，拍一部动作电影也许更好。当然，就算你不遵守这些法则，你也有可能制造出一个大热门，但何必要铤而走险呢？毕竟，你正在投入大把的钞票。

这种热门中心主义的倾向已经由好莱坞的董事会议室渗透进了美国的国民文化中。由热门制造机器产生的经济需求注定会让我们习惯于欣赏大热门，而瞧不上其他东西。娱乐风险投资的账本已经被我们内化到了脑海中，所以我们才会像关注职业体育那样追踪每周末的票房结果——记录比分，把那些无可争议的胜利者和显而易见的失败者区分开。

我们完全被明星的魅力左右，高高兴兴地看着他们的报酬水涨船高，成日盯着他们荒唐离奇的私人生活，对他们的工作反倒没有太大的兴趣。从体坛大腕到著名的首席执行官，我们把大多数的注意力都放在了少数几个大人物的身上。换句话说，文化环境要求我们用“涂着热门色”的透镜去观察我们的世界。

如果一个产品不是大热门，它就是个失败产品。它没有通过经济检验，所以永远不能再付诸生产。在这种热门中心主义思想的作用下，历史是由大热门记录的，而衡量质量好坏的最佳标准就是是否卖座。而且这并不仅仅适用于好莱坞。这就是我们分配货架空间的方式，这就是我们安排电视时段的方式，这就是我们设计广播节目表的方式。其中的逻辑很简单：把稀缺的资源分配给最“值得”的东西——也就是最流行的东西。

最后要说的是，我们对热门文化的反应对热门文化也有促进作用。货架空间的分配就是一个零和游戏：一种产品取代另一种产品。迫于这个问题，娱乐业中的每一个渠道都自然会选择最流行的产品，赋予它们优先地位。当我们把商业重心放在这些大赢家身上时，我们实际上就扩大了它们与其他所有产品之间的裂痕。从经济上看，这就等于这么一句话：“既然富翁只能有几个，那他们至少也得是超级富翁。”这样一来，陡峭的需求曲线变得更陡了。

但现在，这一切已经开始改变。办公室里的饮水机曾经可以穿越文化的边界——办公室里有多少种人，就会有多少种人聚集在它的周围。但现在，我们越来越喜欢组成我们自己的“部落”，联结这个团体的是精神的共鸣和相同的兴趣而不是既定的广播节目表。我们的饮水机变得越来越有实质性——有许多不同的饮水机，而聚集在每一台饮水机旁的人都是自己选择加入的。我们正在从一个大规模市场退回到利基市场，只不过，定义不同市场的不再是地理位置，而是我们的兴趣爱好。

03 长尾简史

从邮购分类目录到虚拟购物车

虽然目前长尾主要是以一种网络现象显现出来，但其起源要早于亚马逊和 eBay，甚至比网络还要早。长尾是一系列商业创新的巅峰，这可以追溯到一个多世纪以前——这些创新主要体现在我们生产、供应、配送和销售商品的方法上。举例来说，让我们回想一下使亚马逊网上购物得以实现的所有非互联网要素：联邦快递、国际标准图书编号、信用卡、关系型数据库以及条形码。

这些创新的出现和发展经历了几十年的时间。互联网所发挥的作用就是使企业能够把各种创新融合在一起，增强其实力，拓展其市场范围。换句话说，网络只是使酝酿了几十年的供应链革命的诸多要素简单地结合在一起了。

事实上，长尾和无限货架空间的真正起源要追溯到 19 世纪末期和全球第一批大型中央仓库出现——那个时候，在从芝加哥开始的美国中西部铁路线枢纽中心附近的工业区中，矗立着一座座巨大的建筑物。在这些巨大建筑物的钢制屋顶下，一层层木质货台上摆放着数不清的货物，当下时兴的大规模生产为大宗采购提供了保证。一个使消费者可无限选择、容易买到所需商品的时代到来了。铁路运输网络把这些五花八门的产品送往各地，改变了美国的经济和文化。

这一切意味着什么呢？第一个向美国消费者展示铁路运输网络意义的人是一个明尼苏达州北红杉地区的铁路代理商，他的名字叫理查德·西尔斯。1886 年，一箱手表从芝加哥的一个珠宝商那里被错误地运给了北红杉地区的一个商人。这个商人并不想购买这些手表，于是西尔斯就将这些表全部买下来，然后转售给铁路沿线其他车站的代理商，这项业务让西尔斯获得了丰厚的利润。从此，他开始采购更多的手表，并且开办了一家手表经销公司。

到了 1887 年，西尔斯就把他的公司搬到了芝加哥，并在《芝加哥每日新闻》（*Chicago Daily News*）上刊登了一则广告，招聘手表维修人员。（西尔斯认为，完全没有必要把因质量问题而退回来的有缺陷的手表当作废品处理。）埃尔瓦·C·罗巴克加盟他的公司。6 年后，这两个合作伙伴成立了西尔斯－罗巴克公司（Sears, Roebuck and Co.），他们采用商品分类目录的形式销售手表，把手表邮寄到乡村的农民手里，而这些农民过去买东西时常被当地的普通商店和很多中间人索要高价。

从公司的历史来看，西尔斯－罗巴克公司的承诺非常简单："基于批量采购、铁路系统、邮局，以及后来的乡村免费投递和包裹邮寄，该公司提供一种令人满意的选择，代替了乡村的高价商店。"

始于经营手表的销售模式迅速被用于推销乡村家庭和企业所需要的每一样东西。西尔斯－罗巴克公司把商品分类目录送到农民手里，这些带有浓郁的民间文化和民俗特点的宣传册都是西尔斯自己编写的，而且为了满足顾客的订单需求，公司在芝加哥建起了一座又一座更大的仓库。最后，两个合作伙伴在芝加哥西部投资建造了一个占地 40 英亩[①]、价值 500 万美元的邮购工厂和办公大楼。1906 年开始营业时，邮购工厂的厂房面积超过了 300 万平方英尺[②]，成为当时世界上最大的商用建筑。

西尔斯－罗巴克公司开创的仓储方式以及高效的运作流程不亚于一场革命。试想一下，100 多年以前，一个居住在堪萨斯大草原深处的农民，需要乘车走好几个小时才能到达最近的一家普通商店，无论是商店里的商品还是汽油的价格都不便宜。然后，某一天，每个星期的邮件投递给你带来了 1897 年西尔斯的《邮购分类目录》——一本 786 页的书，上面列出了世上的所有商品，而且价格都低得让人难以置信。

1897 年的《邮购分类目录》一直都令人惊诧不已，即使是在今天的亚马逊网络购物时代，也不可能有如此多的商品品种。一个电话本大小的小册子上竟然包含了 20 万种不同的商品信息，所有的文字描述都是用小字号排版的，并附有 6 000 幅平版插图。

这是前 10 页的内容：67 种茶，38 种咖啡，29 种可可饮料，接下来是几百种不同的调味品、浓缩汁、罐头和干果，再下面是小超市里供应的其他食品。第 11 页列出的是 60 多种肥皂，接下来的 770 页上列出的其他商品更是五花八门，包括药品、枪支（竟然还包括一种 68 美分的左轮手枪）、服装、童车以及 2 美元一把的小提琴，真是应有尽有。

对一个乡村家庭来说，这是多么令人兴奋的事情。打开那么一个小小的邮包，可供选择的商品竟然比普通商店里一般存货清单上

---

① 1 英亩 ≈4 047 平方米。——编者注

② 1 英尺 ≈0.3 米。——编者注

所列出的商品多出了上千倍。更重要的是，商品分类目录还意味着每一种商品的价格通常会低 50% 或更多，即使是在扣除了运费之后，价格也同样下降了不少。

西尔斯开发潜在的客户群采用的是“病毒式营销”的一个最早的模式。1905 年，西尔斯－罗巴克公司给居住在艾奥瓦州的最忠实的消费者写信，请他们把公司的 24 册商品分类目录转寄给朋友或邻居，然后再把收到公司商品分类目录的人的名字寄给西尔斯。如果这些收到商品分类目录的人中有人下了订单，那么作为回报，那些把商品分类目录转寄给其他人的消费者随后就会收到公司赠送的奖品：一个火炉、一辆自行车或一台缝纫机。

同样，今天的人们对西尔斯曾用来创造了很多奇迹的供应链技术不再感到陌生了：把他们仓库里的存货和供应商的“虚拟仓库”网络结合起来，这些供应商可以直接从他们的生产工厂运送货物，西尔斯甚至为按需生产童车的制造商充当了代理商的角色。

在西尔斯公司自己的仓库里也有惊人的创新之举。出于对低效运输的忧虑，西尔斯公司的管理者建立了一套配送系统，即收到一个订单以后，为其指定一个具体的配送时间。到了指定的时间，必须把订单上的商品放在商品组装间里一个相对应的储藏箱里。到了发货时间，就会有一个由安全带和滑道组成的复杂传送系统把备好的商品从储藏间传送到包装间。

这种时间调度系统提高了邮购的效率，使得芝加哥邮购工厂的业务处理能力高达过去的 10 倍之多。在很短的时间内，该系统便以商业界“第七大奇观”而闻名于世。据说亨利 · 福特曾经参观过芝加哥邮购工厂，目的就是为了研究其高效的组装线技术。

具有讽刺意味的是，正是福特自己的组装生产线，最终促使西尔斯采取了下一步措施——逐步建立了很多商场。有了物美价廉的汽车和四通八达的现代化道路，西尔斯的农村用户已经不再局限于分类目录购物。与此同时，美国轰轰烈烈的城市化进程开始了，从前居住在农村的消费者纷纷离开家园，涌进城市，进入工厂工作。1900 年，美国的农村人口仍然多于城市人口。然而到了 1920 年，美国的城市人口已经超过了农村人口。

城市消费者更愿意在商店购物，而不喜欢分类目录购物。1925 年，西尔斯在芝加哥的邮购工厂开了一家商店，这一尝试立即获得了成功。到了那一年年底，西尔斯又开设了 7 家零售商店，其中有 4 家商店就在邮购工厂内。截至 1927 年年底，西尔斯已经开设 27 家商店。丰富的选择和低廉的价格吸引着每一个人，西尔斯为邮购业务开发的高效供应链也让公司在零售店里提供了前所未有的自由选择（这为沃尔玛模式的最终形成奠定了基础）。

无穷无尽的选择令美国消费者着迷，超市以低价位提供了丰富的选择。它们倡导的是规模经济（商店越大，效率就越高），要理解这种观念，你只需对比一下传统零售商店和超市的价格标签。这种观念能持续多久呢？

助长尾巴

食品是下一个有待开发的领域。第一家食品自选超市是金库伦商店（King Kullen store）。金库伦商店位于纽约皇后区，于 1930 年 8 月 4 日正式营业，当时正值大萧条最为严重的时期。与今天的廉价仓储式商店相比，金库伦商店出售的商品超过 1 000 种，促进了食品零售业的发展，开创了食品零售业的一个新纪元。就像西尔斯一样，金库伦商店提供了更多种类的商品、更低的价位，满足了消费者一站式购物的需求，同时为客户提供了直接从货架上选择产品的机会。

与以前杂货店时代的那种每日一次的膳食采购不同的是，随着自助购物的推出和商品种类的增加，人们需要把每个星期一次的食品大采购所买来的东西搬运和储存起来。超市早期的成功秘诀就是超市提供了购物车（首次推出的时间是 1937 年），后来人们有了小汽车，有了免费的停车场，家里和超市里也都有了冰箱。

在记载这一行业的官方历史时，食品市场营销协会是这样描述超市效应的：

超市催生了中产阶级群体。低廉的价格可以让更多家庭节余出大量的资金，用以购买汽车、住房，并满足他们在教育以及其他方面的需求，从而让他们过上更加舒适的生活。随着 20 世纪五六十年代超市数量的激增，它们在催生美国中产阶级方面发挥了关键性的作用。在超市诞生 25 周年的庆典上，美国前总统肯尼迪说："超市低成本、大规模的营销技巧……使我们的生活水平得以大大提高，并为经济增长做出了重大贡献。"

在 1958~1988 年的冷战期间，大约有 50 000 名苏联公民前往美国旅游，大部分旅游者在美国旅游期间都曾去过超市。超市展示了一个自由的市场经济如何为人们提供既丰富而又物美价廉的食品。

1920 年，街角杂货店经营的商品种类大约有 700 种，其中大多数商店的商品种类都很单一，消费者不得不到其他店里再去购买肉类、农产品、烘烤食品、奶制品以及其他物品。而超市则不同，它把所有商品都收集到了同一个屋檐下。更重要的是，商品的种类还在不断地增加：1960 年有 6 000 种，1980 年有 14 000 种，如今商品的种类已经超过了 30 000 种。

电话式消费者

随着 800 免费电话的推出，美国人的家庭又发生了一次多样化的巨大变革。开始时人们对 800 免费电话的期望值并不高。1967 年，美国电话电报公司推出了一种新业务，名为“州际宽域电话服务”(interstate inward WATS)，也被称为“自动对方付费电话”，主要是为了解决电信公司话务员可能短缺的问题。每天接到的商务电话数量是如此之多，运营商渐渐不堪重负。美国电话电报公司认为，新的服务方式虽然可以解决劳动力的短缺问题，然而在别的方面却收效甚微。但公司做梦也没有想到，到了 1992 年，仅仅才过了短短的 25 年时间，美国电话电报公司 40% 的长途网络电话都实行了免费服务。

免费电话的开通使分类目录购物又恢复了生机。身处现代汽车时代，人们选择了离开城市，到郊区去生活，而郊区的当地购物中心可供选择的商品十分有限。重视物质生活的郊区年青一代准备再次享受无限选择的购物体验，到 20 世纪 70 年代中期，他们开始使用信用卡，帮助自己实现这些愿望。800 免费电话为居家购物的迅速发展起了推波助澜的作用。

与西尔斯时代商品齐全的大型集中式仓库不同的是，后来的这次商品分类目录更多地瞄准了利基产品。彩色印刷技术使利基零售商经营适销对路的商品成为可能，他们可以印刷成百上千乃至数以百万计的商品分类目录，用堪与杂志媲美的效果展示他们的商品，通过邮递名单实施地毯式轰炸，即使回应率低至 1% 仍然很赚钱。

商家再次为利基产品找到了进入主流人群的途径。体育用品、品牌服装、室内设计、女性内衣、户外家具以及其他的兴趣玩物等商品，每个月都会出现在供零售专卖的一大批详细的新商品目录上。只需打一个电话，准备一张信用卡，消费者在一两个星期之后就可以拿到他们订购的商品。但不管这种邮购大餐给人们留下多么深刻的印象，电脑网络所提供的东西不久就令其黯然失色。

终极分类目录

20 世纪 90 年代，电子商务开始在互联网上崛起，这种技术简单地以商品分类目录模式为基础，使商品订购更加便利，选择范围更广，价格也更加低廉。互联网还提供了一种新的方式，即为每个人提供商品分类目录，而这些分类目录既不需要印刷，也不用邮寄。很显然，凡是以前商品分类目录能波及的地方，互联网均可触及，并能拓展到更广泛的领域。

当然，有些种类的商品会比另外一些更有前景，是哪些种类的商品呢？

这是杰夫 · 贝佐斯坐在对冲基金 D · E · Shaw 集团公司的办公桌前曾经问过自己的问题。那是 1994 年的时候，互联网已经开始崛起，并在原来十分薄弱的基础上以每年 2 300% 的速度在飞速成长。

当时杰夫·贝佐斯还是一个正在成长中的“宽客”[1]时，他的老板要求他找出互联网的商业机会。十多年后，在硅谷的一次活动上，杰夫·贝佐斯对此这样解释说：

> 我去了直销委员会，拿到了远程销售的所有商品的分类目录清单。远程销售目录上销量最大的是服装类商品，其次是美食类商品，销量最小的是图书。图书之所以也在远程销售目录上，仅仅因为它是图书俱乐部每月所需的商品，而且因为确实没有任何一册印刷的商品分类目录上提及过这些用于出售的图书。

20 世纪 90 年代早期是美国图书行业的繁荣时期。皇冠图书出版公司对原有的商业模式进行了改革，通过开设连锁折扣店，刺激了消费者的购买热情。其他图书公司纷纷效仿，由此引发了一股折扣风潮。接下来巴诺公司（Barnes & Noble）和鲍德斯公司又向前迈进了一步，它们引入了大型超市模式。这些超市多是由电影院、保龄球馆改建而成的。这些大卖场拥有多达 10 万种以上的图书，是当地书店图书平均库存量的 5 倍之多。这标志着人们可以买到的、可以选择的图书大量增加，开创了一个买书者可以自由选择的时代。

图书越来越便宜了，品种也越来越多了，人们还想要什么？

杰夫·贝佐斯再一次给自己提出了同一个问题：

> 我正在给这些商品分类。假如你在 1994 年登录互联网，

---

① 宽客：指数量金融师，他们受过严格的科学训练，主要工作是建立各种金融交易模型。

使用的是早期的浏览器和那时的技术，那会是一种精神上的折磨。浏览器总是没有响应，什么都不能正常工作，网络的带宽有限，网速很慢，因此即使你那时有最好的调制解调器也起不到任何作用。

于是我得出结论：在当时的技术条件下，如果你可以用其他的方式做点事情，那么你就不会在网上来做。尽管服装位于远程直销排行榜榜首，但你并不想在互联网上做服装生意，因为通过商品分类目录和商店来销售服装比互联网效果更好。我做事的准则是：先选择一个有潜力的商品种类，能够让你极大地拓展消费者对此类商品体验的空间，而且这个空间只能在网络上实现。

事实证明：消费者在选购图书的时候，个人体验是一种十分重要的动力，同时也证明你不可能拥有一册很大的印刷图书分类目录，那完全是不现实的。每年有 10 万多种新书出版，即使是超市也无法销售那么多种图书。最大的图书超市拥有的图书超过了 17 万种，而这么大的图书超市大约也只有 3 家。于是有人想出一个主意：让亚马逊网站变成第一个这样的场所，在这里你可以轻而易举地找到自己想要的图书，你可购买到的图书多达 100 万种。

这位“宽客”瞄准的就是在貌似非常成熟的图书行业出现的机会。尽管有很多出版商，但是大部分图书都只能由两个批发商分销，他们出于战略的考虑，在全国各地都设有仓库，目标就是满足消费者的任何需要。

对网络零售商来说，这意味着一个巨大的商机。

尽管 17 万种图书听起来已经非常多了，但杰夫 · 贝佐斯知道，即使是最大的图书超市也只能是现有经销图书的一小部分。如果消费者能找到书的名字，还能阅读到相关的评论，他们就能更容易地找到自己真正想要的书了。

当时至少有 150 万种已经出版的英文图书，然而即使是超市也只能经销其中的 10%。今天，在线数据库所列出的已出版图书已经超过了 610 万条记录。杰夫 · 贝佐斯也知道，有越来越多的出版商正在不断地提供在线图书分类目录，他们提供了学术著作、商业书籍以及私人出版图书等，这就是为什么亚马逊无法提供所有图书的原因。

互联网所提供的交易方式，消除了有形的壁垒，提供了无限的选择。现实中的超市虽然有一定的规模，但它们仍然必须考虑到货架、墙壁、工作人员、地点、工作时间和天气对经营业绩的影响。由于超市比个体书商规模更大、效率更高，它们可提供更多的商品，选择的范围更大。然而，即便如此，它们的商业模式也满足不了图书出版的速度。

今天，网上购物的规模已经超过了分类目录购物，现在约占美国零售总支出的 5%，而且仍然在以每年 25% 的高增长率增长着。这也证实了杰夫 · 贝佐斯当初的预言，即网上购物最终会达到零售份额的 15%，占美国国民生产总值（12 万亿美元）的 10% 以上。

现实中的零售商巨头同时也拥有在线网站，是最大类别的门户网站之一。Bn.com 与巴诺品牌相得益彰，它通过一个网站提供了与亚马逊网站同等价位的选择。通过这两种渠道购物，打折卡具有同样的作用，而且如果你在曼哈顿的话，当天你就可以拿到所购买的商品，因为那里有几家巴诺超市。假如某本书在某家商店没有现货，办事员仍然能够通过网络订购的方式满足客户的需求。这种经营方式也同样被沃尔玛、百思买（Best Buy）以及其他无数的零售商所采用。拥有了无限的货架空间，网络零售商才能够为消费者提供更多种类的商品和更大的便利，巩固现有顾客对品牌的忠诚度，并将其扩展到新的顾客群，而这些新顾客群是否在现实中的某个商店附近都无关紧要。

长尾无处不在

从纯粹性的网络零售商（如 eBay）到传统零售业的在线销售业务，无限的货架空间优势、大量的信息以及找到人们想要东西的灵活方式——杰夫·贝佐斯早期的愿景——已经被证实和他当初想象的一样具有不可思议的吸引力。现如今，长尾市场几乎是随处可见。

正如 Google 正在寻找发掘广告长尾的方法一样，微软正将视频游戏的长尾扩展到小而廉价的游戏领域，你可以从微软的 Xbox Live 网站上下载这些游戏。开放源代码的软件程序，比如 Linux 和 Firefox，是编程天才的长尾，而外包产业则挖掘了劳动力的长尾，与此同时，对于具有各种品味和怪癖的人来说，互联网也成了最长的色情长尾。

还有一些更少见的例子，比如微酿啤酒的激增称为“啤酒长尾”（事实上，安海斯－布希公司创立了一个分公司，称为“酒类长尾”，专门销售利基饮料），个性化定制的 T 恤、鞋子和其他服装的增加称为“时尚长尾”，网络大学的发展称为“教育长尾”。

最后，让我们再来看一下这种理论的应用范围有多广。约翰·罗伯是一位军事分析家，经营着全球游击队网站，他对“国防长尾”所做的分析如下：

> 除极少数情况外，传统的战争（通过暴力手段改变社会的能力）一直都局限于国家范围之内。国家垄断行使暴力的权力，所以暴力的蔓延是有限度的。但由于以下三方面的影响，国家的这种垄断能力在日益减弱：
>
> • 战争工具正在普及。全球化带来的混乱局面给利基战争制造者（比如有组织的团伙）带来了可乘之机。他们制造利基战争所需要的工具无外乎是几个劳动力，几把裁纸刀和一架飞机（这就是简单的工具与随处可见的经济基础设施结合起来使用的一个例子）。
>
> • 利基战争制造者的危害正在扩大。全球游击队系统具有不可思议的破坏力，能把低成本的袭击转变成重大的经济损失和危害社会安定的事件。
>
> • 口碑传播速度正在加快。新组织可能更容易招募、训练新兵，把他们的信息传递到更广泛的人群当中，并和其他组织（盟友）一起商定、协调他们的行动。

结果是，一条长尾逐渐成形，新的利基战争制造者迅速发展起来，市场对这些利基战争供应者制造暴力后果的需求大大提高。一些重大的理念虽然不是美国政府倡导和支持的，但已经给诸如“基地组织”以及与之相似的其他恐怖组织增加了制造恐怖活动的动力。

04 长尾的三种力量

制造它，传播它，帮助我找到它

我们可以把长尾理论浓缩为简单的一句话：我们的文化和经济重心正在加速转移，从需求曲线头部的少数大热门（主流产品和市场）转向需求曲线尾部的大量利基产品和市场。在一个没有货架空间限制和其他供应瓶颈的时代，面向特定小群体的产品和服务可以和主流热点具有同样的经济吸引力。

但仅有这一点还不够，新的供给必须有新的需求相伴。否则，长尾会渐渐枯萎。由于长尾不仅要用供给多样性来衡量，还要用加入到长尾中的人来衡量，所以，需求曲线的真正形状只有在消费者得到了无限选择空间的情况下才会显现出来。唯有所有人购买、使用或以其他方式分享这些新利基产品，选择空间的大爆炸才会转化为一种经济和文化力量。长尾诞生于上百万个利基产品，但如果这些产品无人问津，长尾是没有意义的。

总的来看，我们可以把所有这些要点归结为长尾时代的6个主题：

1. 在任何市场中，**利基产品都远远多于热门产品**。而且，随着生产技术变得越来越廉价，越来越普及，利基产品的比重仍在以指数级的速度提高。

2. **获得这些利基产品的成本正在显著下降。**数字传播、强大的搜索技术和宽带的渗透力组合成了一种力量，凭借它，在线市场正在改写零售经济学。**现在，许多市场已经有能力供应空前丰富的产品。**

3. 仅仅供应更多的品种并不能改变需求，消费者必须有办法找到适合他们的特殊需求和兴趣的利基产品。从自动推荐到产品排名，一系列的工具和技术都能有效地做到这一点。**这些“过滤器”可以把需求推向长尾的后端。**

4. 一旦有了空前丰富的品种和用来做出选择的过滤器，**需求曲线就会扁平化。**热门产品和利基产品仍然存在，但热门产品的流行度会相对下降，利基产品的流行度则会相对上升。

5. 尽管没有一个利基产品能实现大的销量，但由于利基产品数不胜数，**它们聚合起来，将共同形成一个可与大热门市场相抗衡的大市场。**

6. 当以上几点全部实现，**需求曲线的天然形状将会显现出来，不受供给瓶颈、信息匮乏和有限货架空间的扭曲。**而且，这种形状受少数大热门的支配程度，远不像我们想象的那样大。相反，它的分布就像人口本身一样分散。

一句话：一条长尾就是没有被经济匮乏滤去真面目的文化。

长尾的出现

上述一切的发生全都少不了扣动一个至关重要的经济扳机：降

低获得利基产品的成本。成本为什么会降低？不同市场有不同的答案，但原因通常与长尾的三种强大力量有关：

第一种力量是普及生产工具。这方面，最好的例子就是个人电脑。电脑可以将打印、电影制作、音乐创作和其他任何事情置于任何人的掌控之中，它的威力意味着“生产者”的队伍已经壮大了上千倍。现在，业余者能做到短短几年前还只有专业者能做的事，有数百万人有能力制作电影短片、音乐专辑或是将他们的想法发布到全世界——而且有相当多的人确实这么做了。天才并非哪里都有，但已经广布四方：如果你将创造能力赋予足够多的人，精品的出现只是时间问题。

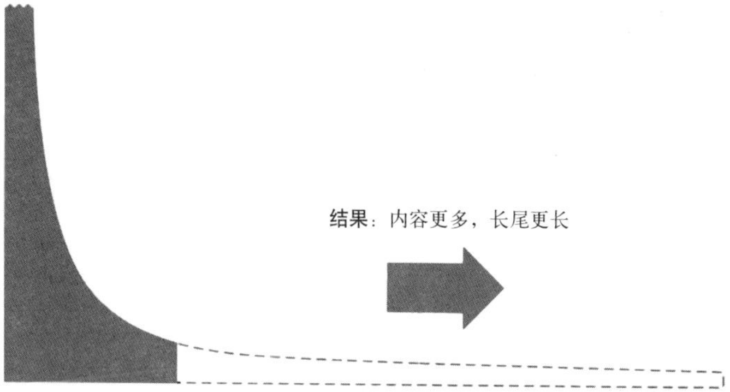

图 4–1　力量一：普及生产工具

正因如此，我们的选择空间正在以前所未有的速度膨胀。这会让长尾向右延伸，成倍扩大可选产品的阵营。以音乐为例：新发行专辑的数量在 2005 年令人震惊地上扬了 36%，曲目总数达到了 6 万（2004 年是 44 000），这很大程度上可以归因于音乐家们录制和发行自创音乐的便捷度。同时，世界各地的乐队也将 30 万首以上的曲子上传至 MySpace（聚友网），进一步延长了那条已经很长的尾巴。

第二种力量就是通过普及传播工具降低消费的成本。尽管每一个人都能参与创作，但如果创作出的内容无人欣赏，一切便毫无意义了。个人电脑把每一个人都变成了生产者或出版者，但把每一个人都变成传播者的是互联网。

最有趣的一面是，这是一种“字节对原子”经济学，奥妙在于花几分钱在线传送内容与花几美元用卡车、仓库和货架送货的不同。不过，即使对有形产品来说，互联网也大大降低了接触消费者的成本。数十年来，沃尔玛投入数十亿美元才建立起了实际上最成熟的供应链，只为以低价格向全世界千千万万的消费者提供品类齐全的商品。今天，任何一个人只需在 eBay 上开个店，就可以接触到毫不亚于沃尔玛的广阔市场。

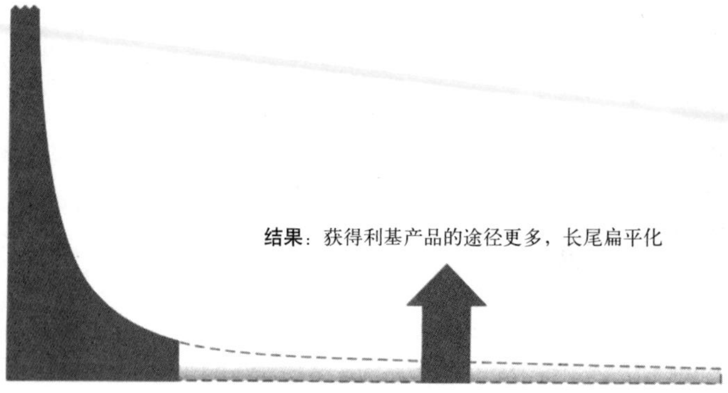

图 4–2　力量二：普及传播工具

互联网只是降低了接触更多人的成本，有效地提高了长尾市场的流动性。这种流动性继而带来了更多的消费，有效地抬高了销售曲线，扩大了曲线之下的面积。

第三种力量就是连接供给与需求，将新产品介绍给消费者，推动需求沿曲线向右移动。这种作用的形式多种多样，可能是 Google 的“群体智慧”搜索引擎，可能是 iTunes 的好歌推荐，也可能是口头传播效应或消费者的博客。对消费者来说，这意味着寻找非主流内容的“搜索成本”降低了。

在经济学中，搜索成本是指任何妨碍你寻找目标的东西。某些成本是非货币性的，比如时间浪费、争论、错误的时机或迷惑之处。其他一些成本则是明码实价的，比如错误的购买，或是因为没有找到更便宜的选择而被迫高价购买。只要你能更容易地找到价格和产品本身都让你满意的产品，你的搜索成本就降低了。

我们在后文中还将细谈这个问题，但现在需要强调一点：**其他消费者的行动往往是最有用的指示信号，因为他们的动机与我们最为统一。**Netflix 和 Google 便利用了消费者的集体智慧，它们会观察数百万人的行动，然后将这种信息转化为相关的搜索结果或建议。

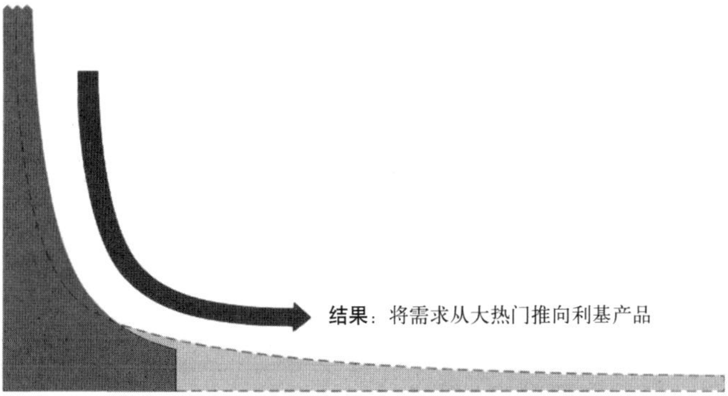

图 4–3　力量三：连接供给与需求

当个别消费者发帖评论或在博客上表达自己的喜恶时，他们也扮演了指导者的角色。由于你能很轻松地获得这类基层参考信息，你在寻找某种新产品的时候就更容易以更快的速度找到让你满意的选择。这会鼓励你走到你熟悉的领域之外去探索一番，经济效果不言而喻：推动需求向利基市场转移。

当消费者聚在一起相互交流时，还有一件重要的事将会发生：他们都会发现，他们的品味千差万别，根本不像那些铺天盖地袭向他们的营销战役所暗示的那样一致。消费者的兴趣已经多元化，他们正分散到越来越专项化的不同小圈子，越来越深入地探讨着圈内的主题爱好——当志同道合者们走在一起时，他们必然会这样做。受虚拟或非虚拟企业的鼓励，他们开始共同探索未知的领域，离传统之路越来越远。

正是这些将消费者联结在一起的新技术推动需求从曲线的前端走向了长尾。换句话说，第三种力量进一步扩大了对利基市场的需求，让曲线变得更加扁平，将它的重心从中部推向了右部。

* * *

三种力量中的每一种都代表着新兴长尾市场中的一系列新的机会。生产工具的普及使生产者的队伍急剧壮大；超高效的数字经济学创造了新的市场和新的交流中心；最终，利用群体智慧联络供给与需求的能力带来了崭新的推荐和营销方式，本质上扮演了新时尚领军人的角色。

简单地说，长尾的奥妙尽在下表之中：

表 4–1 长尾的奥妙

力　量	企　业	范　例
1. 生产普及	长尾 工具制造者，生产者	数字摄像机、桌面音乐和视频编辑软件、博客工具
2. 传播普及	长尾 集合器	亚马逊、eBay、iTunes、Netflix
3. 供需相连	长尾 过滤器	Google、博客、Rhapsody 的自动推荐、畅销榜

在下面的三章里，我们将详细探讨这些新的商机。

05 新生产者

万不可小视数以百万计的业余生产者

1987 年 2 月 23 日夜，日本的地下观测站神冈中微子探测器二代（Kamiokande II）在 13 秒内一连观察到了 24 个中微子。“24”这个数听起来也许不算大，但这个观测站一般只能在一小时内发现两三个中微子，而且很少是一次性发现。所以这一次有点非同寻常。但这一结果究竟意味着什么得过几个小时才能知道，因为还有其他一些事情没有揭晓。

天体物理学家们很久以前就已提出，在一颗恒星爆炸之后，它的大多数能量将以中微子的形式释放出来——这些低质量的亚原子微粒将轻松穿透各个行星，就像子弹穿透纸巾一样容易。这种理论还认为，在这种爆炸的前期阶段，唯一可以观察到的迹象就是一阵微粒雨；几小时之后，大爆炸才会显现为可见的光线。因此，科学家们估计，当我们附近的一颗恒星发生超新星[①]变化时，我们会首先发现中微子，三个小时之后才会在可见光谱中观察到恒星的爆炸。

要测试中微子和可见光之间的这种相关性，必须分别观察两者，然后测量它们之间的时间差。但这里存在一个操作问题：你必

① 超新星：一种罕见的天文现象，是指一颗恒星的大部分物质发生爆炸，产生极为明亮且生命期极为短暂的物体，而且这些物体会释放出巨大的能量。

须找到正确的观察点。这对观察中微子来说倒不是一个多么大的难题。由于神冈观测站的观测中心是球形的，它可以记录下任何正在穿越地球的中微子，不管它们来自哪个方向。但要看到爆炸的光线，望远镜必须在绝对正确的时间对准绝对正确的观察点。不用说，这对茫茫太空来说就像大海捞针一样。

正因为这样，要想靠职业天文学家寻遍整个天空的各个角落，尽可能地去捕捉（如果有可能的话）这一瞬间，那职业天文学家的数量根本就不够。不过这没关系，因为有不下数千个业余天文爱好者也很愿意做这件事。他们可以使用相对廉价的电脑望远镜，装上一个道布森（Dobsonian）光学镜就可以让一个不足 5 英尺长的望远镜达到相当大的孔径（12 英寸并不稀奇）；他们还可以使用灵敏的 CCD（charge-coupled device，电荷耦合设备）传感器，相比人的眼睛，这种设备能收纳更多的光线。就靠这些，当代的业余天文爱好者们能拍出相当不错的太空照片，比 100 年前的职业天文学家们用房子一样大的望远镜拍出的照片还要强。

第一个观察到超新星 1987A 的就是一个介于职业和业余之间的观测者。加拿大人伊恩 · 谢尔顿，某研究生院的肄学生，当时正在智利安第斯山脉的一个观测站打杂。作为工作的报酬，他可以在站里的那台 24 英尺长的天文望远镜空闲下来的时候使用它。2 月 23 日的那个狂风大作的夜晚他没有事。那一晚，谢尔顿决定用这台望远镜对大麦哲伦星系做一次三小时的观察。

那一刻的发现可谓天意：就在 168 000 光年之前和 168 000 光年之外，一颗恒星已经在蜘蛛星云（Tarantula Nebula）的边缘地带爆炸。不过从地球上看，从谢尔顿的角度看，这次爆炸就像刚刚发生一样：一点微光突然出现在麦哲伦星系的一个从未引人注目的角落。谢尔顿先是盯着照相底板看了20分钟，然后又走到室外用自己的眼睛看了看。没错，它就在那里：1604年以来第一个用肉眼观察到的超新星。

谢尔顿和神冈观测站的观察结果有时间上的微妙联系。后者所记录的中微子爆发时间是格林尼治时间7点35分，而谢尔顿发现第一丝亮光的时间是格林尼治时间10点左右——也就是中微子雨之后的不到3小时。这样来看，时间差与理论相符。但有没有可能亮光在谢尔顿开始观察之前早已出现了呢？这个问题也必须要回答。

幸运的是，就在同一个夜晚，还有两个热心的业余天文爱好者也在用更小的非专业望远镜工作着。在新西兰，一个有数十万次观测经验的老手艾伯特·琼斯在格林尼治时间9点30分的时候仔细观察过蜘蛛星云，但没有发现任何异常现象。澳大利亚的罗伯特·麦克诺特则在格林尼治时间10点30分的时候拍下了这次爆炸，印证了谢尔顿的发现时间。所以，光线必然是在9点30分到10点之间的某个时候到达地球的。

20世纪最伟大的天文发现之一就是这样产生的。一种解释宇宙运行方式的重要理论被业余圈和专业界共同证实了：新西兰和澳大利亚的两个天文爱好者，一个想在智利转为专业人员的前天文爱好者，还有美国和日本的专业物理学家。当一篇科学论文最终向全世界宣布这一发现时，这些人共享了著作荣誉。

英国民间智囊机构Demos在2004年的一份报告中说，这件事是新“半专业—半业余”时代来临的重要一刻，在这个时代，专家和业余者可以并肩工作：“天文学过去专属于‘大科学’研究机构。

现在，半专业—半业余协作也可以成就伟业。许多业余者仍然在独立工作，许多专业者仍然隐藏在他们的学术机构中。但全球研究网络正在形成，怀着对耀星、彗星和小行星的共同兴趣，专业者和业余者们联结在了一起。”

就像蒂莫西·费里斯（Timothy Ferris）在他的现代业余天文学史《望尽黑暗》（*Seeing in the Dark*）一书中所说的：“在过去的天文学界，孤寂的专业人员只能与他们的望远镜形影相吊；现在，一个联结专业人员和业余者的世界网已经出现。如果一个人想找出这一转变的发生时间……那么1987年2月23日的夜晚会是一个很好的选择。”Demos的结论是：“天文学正在迅速变成一门由两种力量共同推进的科学：一边是如火如荼、海纳百川的半专业—半业余运动，一边是远比从前要小的专业天文学家和天体物理学家队伍。”

天文学界的这种半专业—半业余运动离不开道布森光学镜、CCD和一种新的信息共享机制——互联网。正是这些工具壮大了业余天文爱好者的队伍并大大提高了他们的影响力。在过去的20年中，天文学已经变成了科学天地中最平民化的领域之一，原因之一就是天文爱好者正在扮演着无可争议的重要角色。

美国国家航空航天局（NASA）经常号召业余天文爱好者观测某些有可能光顾地球的小行星，这种观测任务由一个名为“小行星邮递名单”（Minor Planet Mailing List）的E-mail通信组织负责协调。领导这个组织的是42岁的理查德·科瓦尔斯基（Richard Kowalski），他在白天是佛罗里达美国航空公司（US Airways）的行李工，晚上就变成了一个天文学家。在邮递名单上的800名业余者中，有一些只是因为乐趣而记录自己的发现，其他一些则希望得到某个以自己的名字命名的重要发现，借此留下不朽的名声。值得一提的是，他们没有一个是为钱而参与的。

天文学领域注定有志愿者的一席之地。再想想刚才提过的那个问题：面对茫茫太空，你唯有在绝对正确的时间去看绝对正确的方位才能观察到那些最有趣的新现象，比如小行星或星体演化。这不是一台望远镜有多大、多贵的问题，而是在某一个特定时刻能有多少双眼睛盯着太空的问题。正是业余者将天文学界的人力成倍扩大了——而且，他们的贡献不仅仅是在自家后院内观察星星那样简单。

谈到集思广益的“开放式”软件，人们常说：“如果有足够多的眼睛，所有 bug（电脑系统或程序中的漏洞）都不在话下。”天文学也是一样：只要有足够多的眼睛，我们就能发现无人知晓的小行星——然后及时做出正确的行动。

当然，半专业—半业余者的能力也是有限的。他们主要是在收集资料，而并没有提出新的天体物理学理论。有时候，他们也不能正确地分析他们所收集到的资料。但他们在天文学界的重要地位是毋庸置疑的。科学历史学家约翰·兰克福德（John Lankford）的《天空与望远镜》（*Sky & Telescope*）堪称美国业余天文爱好者的“圣经”，书中有这样一句话：“专业者和业余者之间永远存在一道界线，但在未来，将两者分开来谈也许会变得越来越难。”

普及生产工具

说到普及生产工具，新颖之处在于它的方式而不是这个概念本身。事实上，卡尔·马克思或许是提出半专业—半业余经济的真正鼻祖。正如Demos所说，“马克思在写于1845~1847年的《德意志意识形态》一书中提出，劳动——也就是被迫、非自发的有偿工作，将被主观积极性取代”。他希望人类能最终迎来一个极大丰富的时代，“物质生产为每一个人留下了从事其他活动的剩余时间”。马克思设想了一个共产主义社会，在这样的社会里，“……没有人能独占一个排他性的活动领地，任何一个人都能在他所喜欢的任何一个领域中获得成就……早晨打猎，下午钓鱼，夜晚饲养家畜，晚饭之后纵论时事，就像我这个从未当过猎人、渔夫、牧羊人和评论家的人所想象的那样”。

以马克思的话为出发点，我们可以说半专业—半业余联合运动是诞生于长尾的第一种力量：普及生产工具。

我们在天文学中看到的故事也在无数其他领域中发生着。就像40年前的电吉他和车库摇滚推广了流行音乐一样，今天的桌面创作和制作工具正在将工作室普及每一个角落。苹果公司随每一台Mac电脑附送的“车库乐队”（GarageBand）软件用“录下你的下一曲大热门”这样一句话欢迎用户，而且也为他们提供了这样做的工具。同样，数字摄影机和桌面编辑软件（随每一张Windows软件和每一台Mac电脑附送）正在将这一类工具交到一个个家中电影制作人的手中，而在过去，这样的机会只属于专业者。

然后我们又有了文字传播工具——永远的平等主义先锋。尽管是复印机率先揭穿了“媒体的力量永远属于拥有媒体的人”这句谎言，但真正让业余出版商们大显身手的却是博客。今天，有数以百万计的人在出版自己的日志，而且他们的读者群之大远非任何一家主流媒体可以比拟。而造就博客的仍然是工具的普及：简单、廉价的软件和服务令在线出版变得轻而易举，任何一个人都可以轻松尝试。

其他一些新技术也是同样：桌面图像编辑和打印；鼓励玩家们创造和分享自定义版本的电脑游戏；还有按需印制的图书。几十年前，我们大多数人都不会去制作热门电影有两个原因：第一，我们得不到必要的工具；第二，我们没有那个能力。今天却只剩下了后一个解释，而且就连这个解释也不再像以前那样确凿。好莱坞纵有通天彻地的本领也不可能发掘出地球上所有的电影制作天才。廉价而又随处可见的那些技术远比人要厉害。曾几何时，天才们得历尽艰辛地去获取生产工具，而现在的情况则恰好相反。

这一切带来了这样一个后果：我们正在由被动消费者转变为主动生产者。而且我们是为兴趣而生产的——“业余者”（amateur）这个词本身就来自拉丁语的“爱人”（amator）一词，动词词义是“去爱”（amare）。看看四周，你随处可以发现这样的事情：业余者的博客正在同主流媒体争夺注意力，默默无闻的乐队正在网上发行没有标签的音乐，消费者正聚在一起在线评论。就好像生产的潜台词已经由“赢得生产的权利”变成了“为什么不去做”。

瑟尔斯博士（Doc Searls）在他的著作里把这种趋势称为“消费主义”向参与性“生产主义”的转变：

> “消费者经济”是一种由生产者控制的系统，其中，消费者只不过是将“内容”转化成金钱的能量源。这是一种绝对败坏的恶果，根源就是生产者对消费者的绝对优势。自从生产者赢得工业革命以来，他们便掌握了这样的优势。

苹果公司正在把生产工具交给消费者。这种做法将在根本上改变市场和以市场为繁荣之源的整个经济。

我从我自己的孩子身上就可以看到这一点。他们也很喜欢我前面提到过的那种“引擎电影”——用电子游戏软件制作的电脑动画短片。这种电影的所有画面都是用《光环2》或《模拟人生》这类游戏的3D引擎制作的，导演只需写一个剧本，控制游戏角色，然后将整个过程的声音录下来。其他所有事情，包括布景、镜头、角色和车辆模型等，都是由游戏软件处理的。就像是每一台Xbox游戏机或个人电脑中都装进了一个迷你皮克斯公司一样。

这些孩子对这类引擎电影的第一反应就是把它们当娱乐节目好好欣赏一遍，第二反应就是对它们的制作方法大为好奇，第三反应就是问别人他们自己能不能制作一部这样的电影（当然，答案是能）。引擎电影缺乏好莱坞的那种光鲜包装，但它们的创造力和想象力大可以弥补这个不足。正在成长的一代人目睹他们的同龄人制作出这样动人的创造性杰作，必然会被深深地触动。

无论是看电影还是听音乐，你都会想到那些“天才”——某些才华横溢的人和某些了不起的技术设备共同造就了这些令我们神魂颠倒的艺术经典。但是，一旦你了解了幕后的玄机，你就会意识到你也能成为这样的“天才”。如果生产工具就摆在那里，你也会有创作的冲动。如果人们知道了艺术经典的制作方法，他们就更有可能亲自一试。

今天，已经有不下数百万人掌握了做一个业余制作人所必需的工具和运作模式，其中必然有一些人拥有过人的天赋和想象力。由于生产工具已经普及到了太多人的手中，就算这类富有想象力的天才只是人群的一小部分，他们也会成为一支值得期待的生力军。在接下来的几十年中，如果某些最具创造力和影响力的杰作出自这类半专业—半业余者之手而非商业世界中的传统源泉，你不该感到惊讶。这一转变意味着长尾中的人群将以前所未有的速度日益膨胀。

维基现象

2001 年 1 月，富有的期权交易商吉米 · 威尔士（Jimmy Wales）开始编撰一部网上大百科全书，他的方式前无古人——利用大众智慧，向上百万业余专家、半专家甚至自信有点学问的普通老百姓统统开放制作。这部百科全书将免费向所有人开放，而且制作它的不是聘请来的专家和编辑，而是任何愿意贡献一份力量的人。威尔士用几十篇预先写好的文章和一个名为“维基”（Wiki，夏威夷语单词，意思是“快捷”或“迅速”）的应用软件开始了他的创举——凭借这种软件，任何能上网的人都可以来到这个网站编辑、删除或添加站上的内容。他的野心着实不小：创造一个堪与亚历山大大帝的古代图书馆相媲美的知识宝库。

不用说，这是一个充满争议的举动。

首先，用这种方式编撰百科全书是人们闻所未闻的。创建权威知识库从一开始就是学者们的事。历史上，最早挑战这一难关的是几个独立博学家。在古希腊时期，亚里士多德就曾形单影只地收录着他那个时代的所有知识。400 年后，罗马贵族老普林尼（Pliny the Elder）编成了一套 37 卷本的知识集。中国学者杜佑在 9 世纪独立创作了一部典章制度的百科全书——《通典》。在 18 世纪，狄德罗和他的几个伙伴（包括伏尔泰和卢梭）用 29 年的时间创作了《百科全书：科学、艺术和工艺详解词典》（*Encyclopédie, ou Dictionnaire Raisonné des Sciences, des Arts et des Métiers*）。

后来，个人的努力逐渐衍化成了更大范围的团队合作，特别是在工业革命到来之后。18 世纪后期，苏格兰启蒙运动的几位成员开始将工业界的科学管理和装配线原理用于百科全书的编写，创造了史无前例的成就。出版于 1788~1797 年的《不列颠百科全书》（*Encyclopedia Britannica*）第三版共有 18 卷，加上两卷附录，共达 16 000 页以上。一组组专家应招加入学术文章的创作阵营，服从一个管理者的统一指挥，遵照一个详细的计划表工作。

现在，威尔士发明了第三种模式：开放式的集思广益。维基百科的创作者不是某一位天才，也不是一群挑选出来的精英，而是成千上万的普通人——既有真正的专家，也有纯粹为兴趣而来的旁观者，还有一大批志愿管理员分管不同条目，每天监督它们的改进。按威尔士的逻辑推算，5 万个自告奋勇的维基百科创作者就等于一个老普林尼。

正如作家丹尼尔 · 平克（Daniel H. Pink）所说："维基百科没有标榜权威二字，而是依赖于极度的分散化和自我组织。这是一种最纯粹的开放。大多数百科全书在印上纸面的那一刻便开始陈旧。然而，只需维基软件和某些热情的助手加入，你就能得到一部自我完善、近乎永生的百科全书。一种截然不同的生产模式创造了一种灵活、迅捷、稳固、自由的产品。"

2001 年的时候，这种理念似乎还是荒唐的。但到 2005 年，这项非营利事业已经贡献了地球上最大的百科全书。维基百科有出自2万多人之手的100余万篇英文文章（远胜于《不列颠百科全书》的8万篇和《微软电子百科全书》的4 500篇），再加上75种其他语言（包括世界语和库尔德语）的内容，维基百科的文章总数超过了350万篇。

要想对维基百科做一份贡献，你只需要一个互联网接口：书上的每一个条目都有一个"编辑本页"的按钮，所有人都可以点击进入。我们每一个人都可以是某方面的专家，而维基百科的魅力就在于内容的极度丰富：任何一个主题都能找到相应的条目。这与《不列颠百科全书》形成了鲜明的对照。如果你费尽力气翻开这本大部头，却没有找到你想看的条目或是看到了一个有缺陷的条目，除了挥挥拳头骂几句或是给编辑写封信（别指望得到回信）之外你还能做些什么？但是对维基百科来说，你可以修订一个条目或是自己创作它。从消极愤怒向积极参与的转变有不可估量的意义。这里不妨借用一下那个有关天气的老笑话：每个人都在抱怨百科全书，但现在你可以做点什么了。

集体生产的力量

总体来看，维基百科可以说是世界上最好的百科全书：它更大，更具时效性，而且在许多主题上甚至比《不列颠百科全书》更深刻。但是就单个条目而言，质量确实高低有别。在那些引人入胜、博学睿智的文章周围也掺杂着不少的"烟头"（空占不用的条目）甚至是自动生成的垃圾内容。

在那些万人瞩目的热门条目中，维基百科展示了它对肆意破坏行为和意识形态斗争的一种难能可贵的抵抗力。国际商用机器公司的一项研究发现，对维基百科中诸如“基地组织”这样的高敏感度条目来说，遭受破坏之后的平均修复时间不到4分钟。这可不是职业“百科警察”的功劳，而是一大批自告奋勇的半专业—半业余管理员的应急行动。出乎很多人的意料，这个系统运行得相当好。随着维基百科的不断扩充，这种快速自我修复功能还将扩展到更多的条目。

维基百科的每一个条目都有不确定性并不是关键所在，真正重要的是：整个维基百科是以不确定性为基础的。任意给定一个主题，你在维基百科上找到一个真实、最新、准确的相关条目的概率都非常大，即使单个条目并不完善。

不妨换种方式来说。假设《不列颠百科全书》各条目的质量分是5~9分不等，平均分是7。维基百科的分数范围是0~10，平均分是5。但由于维基百科的条目数是《不列颠百科全书》的10倍，实际上你在维基百科中找到一个高质量相关条目的概率更大。

维基百科的真正非凡之处在于它能长期不断地改进自己，有机地自我“治疗”，那支庞大而且仍在日益扩张的监护者队伍就好像是一个免疫系统，对任何威胁到维基百科的事情都能做出警觉而又迅捷的反应。而且正如一个生物系统一样，它能不断进化，自然选择那些必要的特征以避开本生态系统内的食肉动物和病原体的侵袭。

百科全书的传统创作过程（专业编辑、学者撰写、同行评审）以完美为目标。完美很少能实现，而且，对准确性和清晰性的追求固然带来了结果的统一性和可信性，但时间成本和生产成本也会随之剧增。职业出版业的大多数其他作品也大同小异：事实上，如果一本书能把所有字都印到正确的地方，而且每个词的拼写差不多都是正确的，你就可以谢天谢地了。出版业有一个质量下限，产品质量不低于这个限度就可以了。

但对不确定性系统来说，只有一个统计学上的质量水准，也就是说：某些事情会相当出色，某些事情只是普普通通，还有一些事情会蹩脚到家。这就像是动物的天然属性一样。许多批评家错就错在没有认清这一点。维基百科只是不同于《不列颠百科全书》的另一种“动物”。它是一个动态社区，不是一个静态的参照物。

维基百科的真正神奇之处在于它的秩序：这个任由业余用户创作和编辑的开放式系统并没有陷入无政府状态。恰恰相反，它已经成功地以某种方式将历史上最庞杂的百科全书组织得井井有条。吉米·威尔士的催化魔术（几个初始条目和一个允许其他人添加新条目的良好机制）已经真的从混乱中创造出了秩序。

成果就是一部与众不同的百科全书，一部完全不受空间约束和生产限制的百科全书。它既有一部世界级的参考书所应该有的一切内容，也包含成千上万出人意料的新奇主题。有些文章写得像教科书一样深，谈的是量子力学这样的高深领域。还有一些条目则活似传记，讲的是漫画书的人物角色。换句话说，维基百科就是所有“大热门”和大批“利基产品”的结合体。

收录已经被普遍接受的文化知识就是百科全书的传统模式。有些金科玉律般的基本内容不可或缺，而且必须得到权威的认可。接下来的那些内容则一条比一条短，直到专家们判定“这一条不值得写进去”。传统的百科全书才就此作罢。但另一边，维基百科却可以永无止境地补充下去。

从某种意义上说，你可以把维基百科想象成音乐网站 Rhapsody。维基百科里有任何百科全书都有的“1 000 大流行金曲”：比如恺撒大帝、第二次世界大战、统计学等，这些就是热门“歌曲”。这方面，维基百科是在同最棒的专家们竞争——他们的权威文章文采飞扬，引经据典，读起来如沐春风，令人大开眼界。用户自创式的维基百科模式则有 4 个主要优势：第一，时时更新的能力；第二，篇幅的无限性和视觉辅助（比如图片和图表）；第三，大量连接到其他资源的外部链接；第四，维基百科或许还能更好地显示不同的观点和争议之处。

在曲线中部，也就是第 1 000~80 000 个条目（《不列颠百科全书》到此为止），主题就更专项化了：恺撒的剖腹降生、冲绳岛大战、回归分析等。在这一部分，维基百科开始超越它的竞争对手。无限的空间意味着维基百科的条目倾向于更长、更全面。《不列颠百科全书》的每个条目平均篇幅是 678 个单词，而维基百科里有不下 200 000 个条目（相当于两部《不列颠百科全书》）大于这个平均篇幅。同时，外部链接和信息更新成了维基百科的一大优势，因为这让维基百科成了进一步研究的出发点。

最后就是长尾了——第 80 000~1 000 000 个条目。这些就是维基百科独有的内容，其他百科全书甚至不屑考虑它们。这些主题更专项化：恺撒密码、士兵们吃的午餐肉罐头、斯皮尔曼等级相关系数等。这部分文章良莠不齐，有些堪称维基百科中的精品（热情的专家们写的），有些就是维基百科中的垃圾（自吹自擂、诽谤攻击、恶作剧）。许多批评家更喜欢盯着这些垃圾，但真正重要的一点是，你在任何地方都找不到其他像维基百科长尾这样的东西。从核心科学到最新的政治时事，维基百科的涉猎之广是其他任何百科全书都无法相比的——无论是碍于纸张篇幅上的限制还是DVD性能的限制。《不列颠百科全书》没有关于长尾现象的条目（到目前为止），而维基百科里不光有，而且写得非常精彩和全面，足有1 500个单词（而且没有一个字是我写的）。

维基百科的作者有机会将自己了解和爱好的主题细说给公众听，业余者很容易被这样的机会吸引、解放和激励。使用新普及的简单工具——网页浏览器和互联网接口，力量倍增的业余者闯进了百科全书的创作领域，在短短5年时间里就将维基百科的内容扩充了上千倍。

这种“集体生产”，也就是大规模的志愿加入和业余参与，是互联网创造的一个非凡的现象。我们正迎来一个崭新的时代：任何领域中的大多数生产者都是无偿贡献的业余者，他们与专业者的主要区别只是可用资源的不同——相对较少的资源（但差距正在缩小）限制了他们的野心。当每一个人都能得到生产工具时，每一个人都会变成生产者。

声誉经济

业余者为什么要参与？在没有商业计划甚至也没希望拿到一张支票的情况下，一个人为什么要去创造一种有价值的东西（比如一部百科全书或一次天文学观测）？回答这个问题对理解长尾现象至关重要，这部分是因为长尾中的事情有许多都不是以商业利益为目标的。更重要的是，这个问题又一次证明了一件事——我们必须在某些方面反思我们对市场的假设。在需求曲线的头部和尾部，创造的动机截然不同。一种经济模式并不适用于所有的情况。我们可以把长尾理论归结为一句话：需求曲线开始于头部的传统货币经济，终结于尾部的非货币经济，头尾之间则是两者的混合体。

在头部，产品可以获益于强大但却成本高昂的大规模市场流通渠道，商业上的考虑因素占据统治地位。这是专业者的领地，而且无论他们有多么喜欢自己的专业，这本质上只是一份工作而已。生产和流通成本太高，不允许经济利益让位于创造力。金钱驱使着一切。

在尾部，生产和流通成本寥寥无几（这要归功于数字技术的普及力量），商业因素往往是第二位的。人们是为其他各种各样的原因参与进来的——比如自我表现、娱乐、试验等。我们之所以可以把这条长尾也称为一种“经济”，是因为这个领域中也有一种吸引力毫不亚于金钱的财富——声誉。声誉是用一种产品吸引了多少注意力来衡量的，它可以转化成其他有价值的东西：工作、头衔、拥趸和各种各样诱人的商机。

哥伦比亚大学法学教授蒂姆·吴（Tim Wu）把这称作“曝光文化”。以博客为例，他写道：

> 曝光文化反映了网络的逻辑——一切都是为了引人注意。网络作家们相互建立链接，大大方方地引用，有时候还给整篇文章详写注解。电子邮件推荐最受欢迎的文章，网上笑话就

像饮水机一样已经变成了美国工作文化的一部分。曝光文化的原罪不在复制，而在于没有恰当地保障著作权。而且，曝光文化的核心就是那些无所不能的搜索引擎。如果你的网站很容易在Google上搜索到，你肯定不会起诉——你高兴还来不及呢。

一旦你意识到长尾曲线里的创作者各有不同的动机，你就应该很容易想到他们对知识产权的兴趣也不尽相同。迪士尼和Metallica公司或许正在费尽心机地巩固和拓展版权，但还有很多（或许更多）的艺术家和生产者把免费的对等交流（peer-to-peer，P2P）看成一种低成本的营销方法：音乐家们可以通过它向听众们直播演出，独立电影制作人把它当成一种自动流传的简历，而学者们认为允许其他人免费下载他们的论文有助于扩大他们的影响力和读者群。

这些动机都可以改变创作者们对版权的看法。在曲线的头部，各大制片厂、唱片公司和出版商拼命地捍卫着他们的版权。曲线中部，也就是独立音乐人和学术媒体的领地，是版权问题的灰色地带。如果继续向尾部靠近，进一步深入非商业地带，我们就会看到越来越多的创作者正在毫不犹豫地放弃某些版权保护。2002年以来，一个名叫“创造性共同体”（Creative Commons）的非营利组织一直在颁发同样冠有这个名字的许可证，允许灵活使用某些拥有版权的作品，目的就是为（自愿这样做的）创作者们创造更大的价值——通过自由传播、重新编排或是其他P2P方式传播他们的观点、兴趣和名声。（实际上我就用我自己的博客这样做过，原因也是这些。）

简言之，有些作者在意版权，有些作者不在意。但法律并不会区分二者——版权自动授予，自动得到保护，除非创作者明确放弃。因此，“自由”的力量被盗版之嫌模糊了，而且常被投以怀疑的目光。

但我们毕竟已经开始转变观念，开始把成果共享的趋势看作“互惠经济”（gift economy）的力量——这从博客和开放式资源等各个领域中明显可见。在我职业生活的一个层面（我曾担任编辑的那本有 60 万册发行量的杂志），我接近曲线的头部；在另一个层面（我那个日均有 5 000 名读者的博客），我却位于尾部。身处不同层面的时候，我对知识产权的态度也是不同的。我希望在不远的将来，市场和法规能更准确地反映这个现实。

自我出版热

我们习惯于用商业视角观察图书市场，总以为大多数作者都希望写出畅销书，变成大富翁。但事实上，绝大多数作者不仅不会变成大富翁，甚至连写出一本畅销书的念头都没有。每年都有近 20 万部英文书出版，但进入普通书店的只有不到 2 万部。大多数书都不会畅销。

2004 年，在尼尔森图书调查公司（Nielsen BookScan）追踪调查的 120 万部图书里，有 95 万部只卖了不到 99 册，另有 20 万部卖了不到 1 000 册，只有 25 000 部的销量在 5 000 册以上。美国图书的平均销量是 500 册左右。换句话说，有 98% 的书不具有商业价值——无论这是否有违出版者的初衷。

要想被大众市场接受，一种妥协是不可避免的——你只能挑选多数人感兴趣的主题而不是少数人感兴趣的，你只能采用通俗叙事风格而不是学术风格。大多数作者都做不到这一点，还有很多作者不愿意这样做。事实上，绝大多数作者都选择了我行我素，并没有打算赚大钱。很多人只希望他们的书被他们所重视的特定群体读到，比如与他们背景相似或志趣相投的人。

但这样一种非营利性的追求绝非无利可图。书籍本身已经不是价值所在，而是变成了宣传价值所在的一种广告——而价值所在就是作者本人。许多这一类的非商业书籍只是营销工具而已，目的是提高作者的学术声望，推销他们的顾问服务，为他们赚取演讲费，或者只是将他们的名号留在世上。从这个角度看，自我出版并不是赚钱的一种方式，而是对其他人传达信息的一种方式。

为了认识这个领域，让我们看一看 Lulu.com——一个新型的 DIY 出版商。只需支付不到 200 美元，你就能实现出版梦：Lulu.com 不仅能把你的作品变成一本平装或精装书，给它一个国际标准书号（ISBN），还能保证在线零售商们把它列入书库。一旦进了书库，这本书就能被数百万读者搜到，或许还能跟《哈利 · 波特》肩并肩地排在一起——如果自动推荐引擎决定这么做的话。凭借 Lulu.com，一本书的印量可以视情况而定，一次可能只有几十本而已，而且存货可以根据需求数量随时印刷补充。相比短短几年前的那种遭人耻笑的“虚夸”出版模式，这是一种了不起的进步。正因如此，数以千计的作者正在尝试这条途径。

以下是 Lulu.com 上排名前 5 位的自我出版书籍：

1.《繁忙人士的天然食品：简易免加工日常食谱》(*Raw Foods for Busy People: Simple and Machine-Free Recipes for Every Day*)

2.《哈瓦那犬》(*The Havanese*，"哈瓦那犬主人、饲养者和爱好者的精粹指南"。)

3.《调查生物学——BIO100 实验室手册》(*Investigating Biology—A Laboratory Manual for BIO100*)，第 12 版

4.《SAT 制胜法》(*Maximum SAT*)

5.《如何创办一个婚庆公司》(*How to Start a Wedding Planning Business*)

这些书的销量都在 5 000~50 000 册之间，已经相当不错。80% 的销售利润都直接进入了作者的腰包，远高于普通出版商的 15%。显然，自我出版者都是失败者的说法是没有根据的。

但这里还得强调一下，大多数作者使用这种自我出版服务都既不是为了赚钱，也不是为了一鸣惊人。Lulu.com 的其他数千个顾客之所以选择自我出版，大多是因为他们知道自己的书不会卖出太多，所以不值得求助于出版商。这并不是说他们没有读者，只是读者群比较小罢了。

若换在几年前，这些作者的作品大多都不会有出版的机会——这一点已经足以让许多人放弃写作的念头。但今天，出版的经济门槛已经低到了极点，几乎每一个人都能做到。这意味着人们可以为任何原因而写书，而且他们不必等待某个出版商判断他们的书是否值得推向市场。

整个出版业都感受到了这种变化的影响，连顶尖书商也不例外。在 2005 年，巴诺书店销售的书目种类比 2004 年多出了 20%，首席执行官史蒂夫 · 里吉奥（Steve Riggio）把这种进步归因于三种力量：第一，高效的即需即印模式使市面上的书的品种增多；第二，小独立出版商的增多；第三，自我出版。

“在接下来的几年里，‘图书出版’的传统定义将不再有多大的意义，”他说，“人们将越来越多地把互联网当作发表成果的第一平台，无论这些成果是书、短篇文字、正处于创作中的作品还是他们的专业论文。我更愿意对图书业的未来保持乐观，因为一个全新而又高效的快速出版渠道正在兴起，而且正迅速变得越来越成熟。”

对生产者来说，曲线头部和尾部的最大区别之一就是工作角色：你越靠近尾部，你的业余爱好和正式工作之间的平衡就越难。但这没有关系。“职业者”和“业余者”之间的差别正在日渐模糊，事实上，这样的差别有可能最终变得无关紧要。我们不仅会去做职业岗位上的分内之事，还会去做自己想做的事。而且两者都可以拥有价值。

这方面，OhmyNews 公司 2000 年时在韩国创造的“公民新闻”现象也是一个例子。在 OhmyNews，约有 50 名职业记者和编辑负责筛选、编辑和补充由 4 万多个志愿者撰写的新闻稿。这些志愿者来自四面八方，既有小学生，也有大学教授。他们每天发送 150~200 篇文章不等，相当于 OhmyNews 内容总量的 2/3。他们的报酬微不足道：如果一篇文章登上头版头条（这当然很难），作者将获得 20 美元左右。为什么他们要参与？“他们写文章是为了改变这个世界，不是为了赚钱。”网站创始人吴连镐（Oh Yeon Ho）说。

从电影制作者到博客，各种各样从长尾中起步的生产者并没有对商业前景抱有太大的期望，因此他们有勇气抓住机会。他们愿意承担更多的风险，因为他们本就没有太多的损失可言。他们不需要许可，不需要商业计划，甚至也不需要资本。创作工具现在并不昂贵，而且富有才华的人广布四方，远比我们想象的要多。从这个角度看，长尾有望变成创造力的熔炉，在这里，新理念可以在衍化为商业形式之前继续融合和成长。

案例研究："孤岛"

一种动机并不能解释所有人的动机。人们可能为各种各样的原因做事，有人只想表现自己，有人要的是名声。这一点非常重要，因为这意味着长尾中的一种越来越畅通无阻的灵活力量可以为创作者提供机会。从 iTunes 这样的网站到网络本身，数字市场是一个无缝的连续市场。在这样的市场中，原本位于底部的内容可以轻而易举地登峰造极，只要它能触动市场的心弦。要想发现和鼓励这样的内容，理解这类创作者的各种动机是至关重要的。

媒体大亨巴里 · 迪勒，也就是 IAC/InterActiveCorp 公司的董事长，在 2005 年年中的一次研讨会上谈到了集体生产的问题。他承认集体生产是件有趣的事，但他并不认为这是一种可以与好莱坞相抗衡的力量。"一帮才华横溢的人不会被那 1 800 万自认为有人欣赏的业余者取代。"他信誓旦旦地说。

他的话对不对？这么说吧，如果你把"才华横溢的人"定义为有能力创造大众市场热门产品的人，那么迪勒的话或许有些道理。

但创造力并不是好莱坞的专利，有能力触动市场心弦的人也未必来自好莱坞，而是可以来自任何地方，可以走任何一条路。

以阿基瓦·谢弗（Akiva Schaffer）、乔玛·塔昆（Jorma Taccone）和安迪·桑伯格（Andy Samberg）为例。直到不久之前，他们还是无名小辈，迪勒的天才过滤器会毫不犹豫地把他们筛掉。

大学毕业之后，这三个高中时代就是好兄弟的小伙子结伴来到了好莱坞。他们搬进了奥林匹克大道上一栋租金低廉的大房子，还给它起了“孤岛”这么一个名字。然后，三个人开始琢磨怎样才能作为一个小喜剧团打入好莱坞。

个人喜剧想上电视不是那么容易——就像一个想出名的作家一样，而一个事先组好的剧团想上电视甚至更难。所以不用问，这个三人组合很快就碰上了好莱坞求职道路上的所有惯常障碍。但他们并没有被没完没了的闭门羹打败，而是聪明地把他们的节目（现在跟他们的房子同名）放到了网上。“孤岛”的几位创始人借了一些摄像设备，开始制作短小的滑稽视频和歌曲。谢弗的弟弟米卡，一个技术顾问和大网迷，在2001年的时候东拼西凑地做出了他们的网站：thelonelyisland.com。

制作白人少年说唱录像，然后配上招牌式的冷幽默，几个“孤岛”居民就这样起步了。最早的一段视频讲的是一种对比：哪些事情“够酷”(比如“你亲了莎侬·多赫提[①]”)，哪些事情不够酷（“我主修制陶术”）。这类趣味作品往往能风靡一时，这段视频也不例外，很快就在网上流传开了。它曾一度被荷兰的一位音乐主持人用

---

① 莎侬·多赫提：当代美国女影星。

"捣糨糊"的手法（把它和其他录像片段混合起来）加工了一番，一下子变得更加流行。

于是更多的录像和更多的歌迷加工作品接踵而至，"孤岛"也鼓励这样做，他们还让前面提到过的那个创造性共同体组织颁发了许可证，允许别人创造性地再利用他们的录像。短短几年之内，"孤岛"便"蹿红网络"，这得益于观众把从电视中解放出来的时间转移到了网络上，以及网络亚文化的崛起。

利用这种网络效应，"伙计们"（"孤岛"迷对他们的称呼）揽到了更好的创作和表演生意，但他们的主要节目仍然是在线的。他们的"网上黄金档"系列的第一个节目名叫"布"。"住在马利布（Malibu）的那些性感的年轻人总是把马利布称作'布'，" thelonelyisland.com 上说，"因为说完整个词太费时间，等三个字说完，你也就不再年轻了。"

随着"孤岛三侠"的名气越来越大，他们的故事渐渐传到了《周六夜现场》（*Saturday Night Live*）的大明星蒂娜·菲（Tina Fey）和节目制作人洛恩·迈克尔斯（Lorne Michaels）那里。2005年年中，三个人飞往曼哈顿，在这个喜剧界最著名的团队面前试了镜。没过几分钟，伙计三个人就被全部录用了。

2005 年 12 月，三个人在《周六夜现场》创作了他们的又一个白人说唱讽刺节目。不出意料，这个根据《纳尼亚传奇》（*Chronicles of Narnia*）改编而成的短剧竭尽歪曲和夸张之能事，而且非常非常有趣。这一次他们终于可以在电视网上亮相了，这个短剧在一个星期六之夜播出，忠实（但是恐怕越来越少）的观众们如约地看到了它——无疑，大多数观众都会哈哈大笑一场，然后把它忘得一干二净。

但是有些人把他们这个《纳尼亚》短剧录到了自己的数字录像机上，其中有人还看出了节目中的不俗之处。于是他们把录像上传到互联网上。结果，这段录像很快就在一向火爆的文件共享世界里引起了轰动。于是美国全国广播公司听到了消息，急忙把录像放到了《周六夜现场》的官方网站甚至是 iTunes 上。这样一来，“病毒式视频”效应又一次发挥了作用——而且这一次，反响之大远非从前可比。

媒体评论家杰夫·贾维斯（Jeff Jarvis）这样描述这件事的影响：“整整二三十年了吧，我从未听到任何人热热闹闹地讨论、推荐或承认爱看《周六夜现场》。但突然之间，我听到了很多有关这个节目的消息。而且这不是因为大家碰巧又开始看它，而它又碰巧变得像过去那样能够有趣了。不，不是因为这个，而是因为大家开始在网上传播那个《纳尼亚》，一个确实很有趣的片子，而且人人都想上网一睹为快。NBC 正在领教网络的力量，除了网络，没有任何东西有这样的力量。”在这段录像开始流传后的两个星期内，《周六夜现场》网站的访问量剧增了 200 倍还多。

回顾这个传奇，可以说“孤岛”从头到尾地绕了一个大圈子。三个不合格的人被娱乐业拒之门外，然后转向网络，变得大受欢迎。娱乐业在那些颇难伺候却又颇有影响的二十来岁群体中发现了这种现象，于是把不合格的人又召入麾下。三个孩子在电视上做的事与过去没有什么区别，但由于这个影响力极大的群体看电视的时间不会太多，直到《纳尼亚》回到网上（而且影响力被“网络小孩的力量”成倍扩大）之后，它才真正流行起来。曾经被网上一代嗤之以鼻的《周六夜现场》突然之间又酷了起来，皆因他们触摸到了盛行网络世界的地下精神。从前，这档节目只知道在那些不入流的地方剧院和即兴剧团搜寻人才。现在他们也发现了网络的奥妙之处。

这个故事说明了什么？首先，我们得承认现在的娱乐业系统确实能认识到“孤岛”的吸引力，也确实能想到利用它的办法。从在某种意义上说，这个系统或许是有效的。但如果说这三个用摄像机和网络制作和宣传节目的孩子不属于“那1 800万自认为有人欣赏的业余者”（借用一下迪勒的讽刺），我真的不知道他们属于什么人了。

事实上，下一代创作天才很可能就会从这1 800万我行我素的业余者之中产生——而他们就是最有可能将好莱坞和整个娱乐业拯救出陈旧模式的人。或许迪勒是对的。或许只有少数人能写出《六人行》（*Friends*）这样的经典，但别忘了有多少人能创作出像《纳尼亚》这样更加古灵精怪的东西。这类内容能引起网络一代的共鸣，而在互联网世界中，统治一切的是利基，不是广电王国。再想想看，在互联网普及八方之后，有多少潜在的天才有机会找到真正的观众群？

要想看到连续十几季长盛不衰的高质量剧集，我们可能还得依靠好莱坞机器的全部力量。但就在同一时间，数百个业余佳作也能共同吸引同样多的观众。这两者原本是风马牛不相及的事物——一个是永久的商业品牌，一个是短暂的业余娱乐，但现在，两者正在激烈地争夺网络一代的注意力。如果他们在看其中的一种，他们自然看不了另外的一种。

迪勒忽视了一个事实：在今天，对大热门的需求似乎不及对有针对性非大众化内容的需求。随着人们一个接一个地离弃“40大金曲”和热门大片，市场需求正在分崩离析，散向不计其数的小艺术家，因为这些人与自己的拥趸们更加心意相通。所以，就算 99% 的博客都只有不到几十个读者又有什么关系呢？在更广阔的空间里，即使是 1% 的份额，读者也是千位数的。而无数个 1% 就能组合成不亚于许多主流媒体的繁荣市场。已经有数百万人看到了孤岛创作的那个典型“病毒式视频”，这样的轰动效应，恐怕只有最流行的电视节目才有福享受。

就像业余作者通过 Lulu.com 自我出版的那些图书一样，产品本身通常都赚不了太多的钱（如果能赚钱的话），但这并不重要。重要的是产品存在了，而且与人分享了。它不是传统商业的产物，但它可以和传统商业的产物同台竞技。今天，内容创作者的数量令人咋舌，媒体的那种传统的人才选择渠道根本不可能找到这样多的人——业余创作大军可以轻而易举地把任何制片厂和唱片公司的剧本审阅师和听音师们淹没。由于生产工具已经完全普及，生产者的队伍也在以指数级的速度扩大。现在，已经没有什么可以阻止那些有愿望也有能力创作的人实现创作梦想了。

新参与机制

我们对这样的故事也有似曾相识的感觉。在 20 世纪 70 年代末和 80 年代初，电吉他和立体声录音机开始普及，再加上“性手枪”①（Sex Pistols）这个光辉榜样的刺激，一代没有音乐基础、没有明显天赋，也没得到任何人肯定的孩子们纷纷开始成立乐队，录制他们

① “性手枪”：20 世纪 70 年代英国著名的朋克乐队。

自己的音乐。朋克摇滚横空出世，舞台四周的那群狂舞少年刹那间找到了归宿。看着某个跟你年纪相仿的人疯狂地弹着三根弦在台上蹦来跳去，你只会有一种想法："我也可以这么做。"

人们对音乐的看法一度是相当传统的：要想成为音乐家，正确的学习方法就是模仿那些大师。所以你应该首先练习老曲子，学习一下乐理，或许还得去音乐学校深造深造。那时候讲究的是"几分耕耘几分收获"的观念：去巡回演出，演奏标准经典，因为人们希望你这样做（没人愿意听你那声嘶力竭的蹩脚原创）。总之，要做正确的事。

但朋克摇滚彻底改变了游戏规则。朋克摇滚的精神就是："没错，你有你的吉他，但你不一定要做正确的事！你可以做错！你是一个好音乐家一点意义也没有，唯一重要的是——你有话要说。"

通过朋克摇滚，我们看到了新噪音、新声调、激情和反正统情绪的吸引力，而这些东西只能来自正规系统之外。看着一个并不比你强多少的人站在那里纵情享受、被人崇拜、做着新奇的事情，你肯定会热血沸腾。用经济学的术语说，朋克摇滚降低了音乐创作行业的进入门槛。

生产者和消费者之间的传统界限已经模糊。消费者也是生产者：有些人能从零开始独立创作，还有些能改造别人的作品——也就是把它们重新编排混合一番。我们在博客世界里就经常谈到那些"曾经的读者"：他们已经从被动的消费者转变为主动的生产者，开始在主流媒体发表评论和开通博客。还有一些消费者的贡献仅在于被互联网成倍放大的口头传播效应，这方面，他们扮演了过去由电台主持人、杂志评论家和营销商们扮演的角色。

这番新景象看起来正像是图书出版商和DIY时代预言家蒂姆·奥赖利（Tim O’Reilly）所说的那种“新参与机制”。

加州大学伯克利分校的一支研究队伍用下面这张图表现了这种机制：

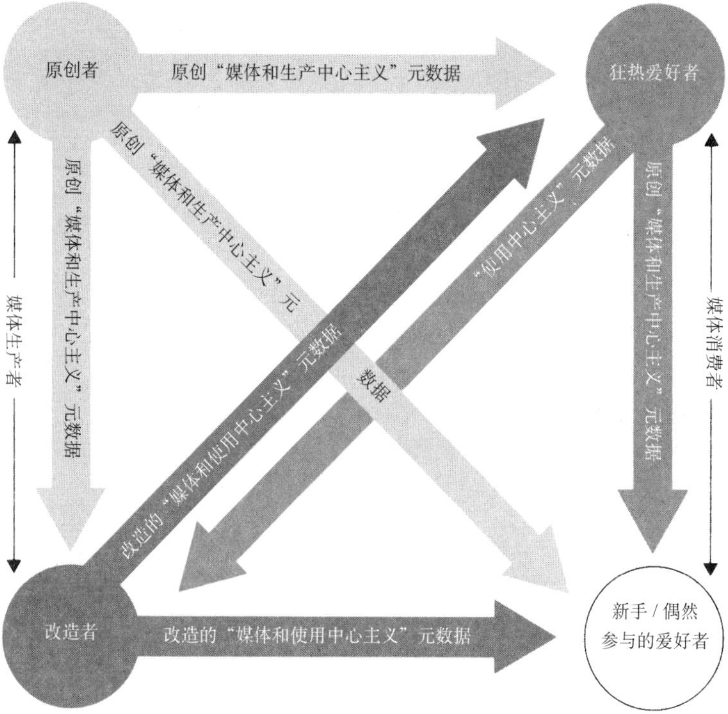

图 5–1　参与机制

如图5–1所示，过去的单一行业结构（专业者负责生产，业余者只管消费）现在已经变成了双向市场，任何人可以在任何时候进入任何阵营。生产和流通工具的普及能孕育出深远的变化，对这些变化来说，本图只是一个小提示而已。

06 新市场
从头部到长尾

The Long Tail ● Why the Future of Business Is Selling Less of More ●

1982年，一个名叫理查德·韦瑟福德（Richard Weatherford）的书商敏锐地意识到，新兴的个人电脑完全可以掀起二手书市场的一场革命。全国各地有数千家二手书店，它们的藏书也五花八门，各具特色。实际上，无论你想要哪一本书，市面上都一定有人在卖它，你只是不那么容易找到它。韦瑟福德认为这主要是个信息问题——正是电脑最擅长解决的那种问题，于是他写下了一份商业计划，准备创立一个公司，在网上建立一个旧书经销商数据库。他把公司称为Interloc，也就是Interlocutor（对话者，滑稽剧中的插科打诨者）的简写——这是表达“中间人”之意的一种绝妙方式。

韦瑟福德的眼光超前了20多年，可惜他没能找到资助者。但在1991年，他被图书和杂志服务公司法克森（Faxon）召入麾下，肩负起了拯救BookQuest的重任，而BookQuest一直在尝试的理念正与韦瑟福德不谋而合。这次努力仍然没有成功，因为这种想法仍然超前了十几年，但这至少让韦瑟福德看到了寻求资助的希望。1993年，韦瑟福德终于用筹自其他书商的5万美元创立了Interloc，那时候，万维网甚至还没有诞生。这时候的Interloc是个封闭式网络，书商可以通过它搜索其他书商的存货，为自己的顾客寻找图书。它创造了一种数据标准（直到今天还在使用）和一种允许书商通过调制解调器传输书目清单的软件。1996 年，它拓展到了万维网上。

1997 年，前工会领袖、麦肯锡公司的顾问及克林顿时期的劳工部长助理马蒂 · 曼利（Marty Manley）在寻找一本绝版旧书的时候发现了 Interloc。他被 Interloc 的功能深深震撼了，立刻就意识到这样丰富的一个信息库在细分化的图书市场上有多么大的潜力。于是他与韦瑟福德取得了联系，提议将 Interloc 与一家新公司合并，开始同时为消费者和书商提供服务。该年稍晚些时候，两人聚首伯克利，共同在曼利的家中创建了 Alibris。

这里，我们有必要花点时间谈谈二手书市场。在过去的几十年中，二手书市场实际上主要是由两个截然不同的市场组成的。约有 2/3 的领地被红红火火的教科书生意占据，校园交易是这个市场的核心。剩下的 1/3 属于 12 000 家左右散布在全国各地的小二手书商店，是个相对比较沉寂的领域。

二手教材可谓效率市场的一个典范——每一年都有数百万学生先购买、再转卖那些昂贵但只用一个学期的教材。哪些书有转卖价值取决于核心课程的设置，价格高低取决于校园书店之间的竞争程度，而且市面上的教材每两年就会更新补充一次。

教材出版商对此倒不太在意，因为教材有转卖价值也意味着他们的新版教材可以卖更高的价格。事实上，这个市场上的经济模式更像是一种租赁而不是买卖交易。一般来讲，书店可以五折买下教材，然后以七五折转手出售。总的来看，“租赁费”大约在教材标价的 1/4~1/2 之间，具体多少要看学生买的是新书还是二手书。这种机制实在完美，以至于现在的美国二手教材市场已经是个17亿美元的大蛋糕，占高校书店销售总额的16%之多。

但出版商必须保证二手书不会永远流传下去，否则新书的销路会大受影响。他们的高招就是不断发行新的版本，每次都将页码重新调整（这样二手书就不能再用了）。正因如此，市场上的旧存货才会时不时地被清洗一次。

但非学术二手书市场就没有这样的效率了。典型二手书店的进货渠道相当有限，只能指望当地人出售他们的藏书。结果，这些书店的品种选择表现出相当大的随意性，店主率性而为，购书者只能撞大运，供与求没有任何的针对性可言。对书店的老主顾们来说，这种随意性正是吸引力之一，因为其中透着一股探索和意外发现的刺激感。但如果你要寻找某一本特定的书，就算你逛遍整个书店，翻遍每一个书架，你也很有可能一无所获。

用经济学的术语来说，二手教材市场的效率来自超强的流动性。商品种类相对较少，买家和卖家又多如牛毛，所以你以合适的价格买到中意产品的概率相当大。相比之下，非学术二手书市场的缺陷正在于极差的流动性——商品种类无穷无尽，买家和卖家却数量不足。在产品太多、交易者不足的情况下，你找到合意产品的概率自然很小。正因如此，人们在寻找某种特殊书籍的时候大多都不会考虑二手书店。

韦瑟福德却意识到，尽管单个书店的经营模式并没有太大的意义，但若放在一起考虑（将所有书店组合或联结在一起），整个二手书市场的潜力就不可估量了。可想而知，12 000多家书店的藏书总量可以和世界上最好的图书馆抗衡。韦瑟福德就是这么做的。

Alibris 将各书店的店主上传的书目全部收编，在使用 Alibris 数据的在线书商那里，这些二手书的信息就列在新书的旁边。

Alibris 向亚马逊和 bn.com 这样的大网络书商提供了这个数据库，这些书商将二手书和新书的清单结合在一起，有效地让“绝版”老书复活，提供了除新书之外的另一个价格低廉的新选择。这种模式给二手书市场带来了数百万新顾客，于是二手书店将书目电脑化的积极性更高了，而这种积极性反过来又进一步丰富了 Alibris（和它的在线零售伙伴们）的可售品种。这是一个经典的良性循环，二手书销量从此开始突飞猛进。在多年的销售停滞之后，这个 22 亿美元的大市场重新开始以两位数的速度增长，而这种进步全部是由一个 6 亿美元的网上市场贡献的——根据书业研究集团（Book Industry Study Group）的统计，这个新市场的年增长率已经超过了 30%。

进入集合器

Alibris 就是一个长尾“集合器”，也就是能将数之不尽的各类产品集合起来（通常集合在同一个地方），将它们变成易于寻找、唾手可得的公司或服务。Alibris 将上万家二手书店的藏书联为一体，实际上就是用信息的力量在一个原本缺乏流动性的市场中创造了一个流动性市场。在存货和顾客群达到一定的规模后，Alibris 释放出了二手书市场的潜在价值。而且，相比自己从零开始地积累这样多的存货，Alibris 模式的成本微不足道，因为它将大多数书目集合工作都分派给了各个二手书商——他们都是自行输入和上传产品清单的。

这就是长尾经济的根本逻辑：销售成本越低，销量就越大。在这一点上，集合器印证了长尾的第二大力量——普及传播工具。每一个集合器都可以降低市场的进入门槛，允许越来越多的产品跨过那道障碍，找到属于自己的顾客群。

这样的例子不胜枚举，但这里我只能给出其中的几个。Google集合了广告的长尾（中小广告商或依靠广告赚钱的出版商）；Rhapsody和iTunes集合了音乐的长尾；Netflix是电影长尾的集合器；eBay不仅集合了有形产品的长尾，也集合了有形产品经销者的长尾——连想要处理掉多余生日礼物的普通人也包含在内。

集合器的概念也绝非局限于产品销售领域。像Bloglines这类使用RSS标准聚合网上内容“渠道”的软件也是“集合器”，原因很简单——它们能收集和订阅网上内容的长尾，包括不计其数的博客。维基百科也是一个集合器，它收集的是知识和知识拥有者的长尾。类似的例子还有很多很多，从理念到人，任何事物都可以被集合。

在本章中，我将把重心放在商业集合器上。商业集合器主要分5大类：

1. 有形产品（比如亚马逊、eBay）
2. 数字产品（比如iTunes、iFilm）
3. 广告/服务（比如Google、Craigslist）
4. 信息（比如Google、维基百科）
5. 网上社区/用户自创内容（比如MySpace、Bloglines）

其中的每一类都有各种不同的形式，上至大公司，下至单个人，谁都可以运行一个商业集合器。如果某一个博客在尽可能地收集有关某个主题（比如说针线活儿）的所有新闻和信息，那么它就是一个集合器，跟雅虎没什么区别！某些集合器力求囊括整个领域，比如 Netflix（电影）或 iTunes（音乐）；其他一些则瞄准了特定的细分市场，比如只集合证券交易委员会文件或电子音乐的服务商。

还有许多集合器是跨领域的。亚马逊也集合物理产品（比如电子产品和厨具）和数字产品（比如电子图书和可下载的软件）。Google 同时集合信息、广告和数字产品（Google 视频）。MySpace，也就是乐队和其歌迷们的火爆网上空间，既是音乐内容（比如免费歌曲）的集合器，也是听歌者的集合器——正因为这样，它还制造出了有关这些乐队的更多内容，比如评论、新闻和其他一些昙花一现的歌迷创意。

从混合到纯数字

让我们首先对比一下第一和第二类网上集合器：有形产品和数字产品。它们都是长尾中的机会，但相比前者来说，后者能沿长尾伸展到更远的地方。

从 BestBuy.com 的摄像机大全到 Netflix 的 DVD 仓库，有形产品的在线零售商可以供应的产品种类比他们的“砖头和水泥”对手多出数百倍，但说到底，他们毕竟也会受到限制。相比之下，销售数字产品的企业就没有这种限制——比如 iTunes 上的专辑或歌曲、电视节目，或是 Google 视频上的业余创作。从理论上说，这类企业可以沿着长尾一路延伸到底，把产品种类扩充到无所不包的程度。（广告 / 服务、信息和网上社区 / 用户自创内容这另外三类集合器主要是以数字信息为基础的，因此也具有这个特性。）

我们把第一类企业称为混合零售商，因为它们是邮购经济学（有形）和网络经济学（数字）的混合体。在这样的经营模式下，产品一般是通过邮件或联邦快递运送的，而效率来自两个方面：**第一，用集中化仓储方法降低供应链成本；第二，尽量利用网站的搜索功能和其他信息优势提供无限的产品选择。**

以亚马逊的 CD 销售为例。亚马逊本身列有将近 50 万种 CD，再加上它的诸多第三方“市集”销售商的存货总量，它的 CD 总数可能接近 80 万种。这个数字仍在稳步上升，所以在几年之内，亚马逊的 CD 就将超过 100 万种。但是，这样丰富的产品目录中仍然存在几方面的限制。

由于 CD 是有形产品，在它们被卖掉之前，你总要把它们储存在某个地方。所以，亚马逊上所列的每一种 CD 都存在一定的存货风险。毕竟，一张 CD 有可能永远也卖不出去。另外，每一次销售都隐含一定的运输成本，所以在现实中，一张 CD 的价格决不会低于 3 美元。最后一点更重要：一张 CD 上的歌曲是不可能单独出售的，你要么买下整张 CD，要么一首歌也听不到。

显而易见，亚马逊的 CD 经营模式远胜于一般的唱片店，这就是它的 CD 品种是后者上百倍之多的原因。亚马逊已经沿长尾前进了很长的距离，但并没有行进到底。根据 SNOCAP（一个数字特许权和版权管理服务商，专门追踪研究对等文件交换网的使用状况）的统计，正在网上流传的歌曲至少有 900 万首。这相当于近 100 万张唱片——而且这还不包括CD时代之前的大多数音乐，可想而知，这些音乐早晚也将以数字形式重现。另外，世界上还有不计其数的“车库乐队”和“卧室混音师”，它们也在制作和传播音乐，但从未发行过一张CD。若加在一起，这些音乐凑成另外100万张唱片也是不在话下的。所以，不管亚马逊有多少经济上的优势，它实际上只能沿着音乐长尾前进1/4的路程而已。

要想一路走到长尾之末，也就是从最热门的金曲一直走到所有的新老车库乐队，唯一的方式就是彻底抛弃“原子”，将前前后后的所有交易都建立在“字节”的基础上。这恰恰就是我们所说的第二类集合器——纯数字零售商。

在纯数字模式下，每一种产品都只是数据库中的一个条目而已，实际上没有任何存储成本。传输成本只是宽带字节——这种东西可以大批量购买，价格也正迅速降低，而且仅在产品已被订购的情况下才需使用。再者，纯数字零售商可以在两种模式中做出选择：第一是将产品当成独立个体出售（就像99美分下载一曲的iTunes），第二是提供整体服务（就像Rhapsody的无限量音乐订阅）。

这些商业数字服务不仅有亚马逊在线CD业务的全部经济优势，还多了一个运输成本的优势：它们可以通过宽带网运送货物，实际上没有成本。这就是零售行业的最高境界——近乎为零的边际生产和销售成本。既然数据库中的一个条目和服务器上几个兆的存储空间其实没有任何成本，这些零售商没理由不去经营所有可以经营的产品。在未来的某一天（当他们解决了像权利清算和合同这样的棘手问题时），它们一定能做到这一点。

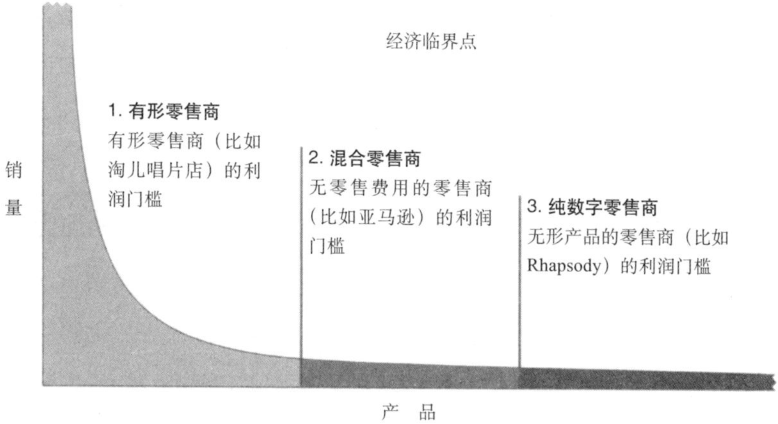

图 6–1　迈向无限多样性的三个步骤

这样来看，我们并不能在传统零售商和长尾零售商之间划出一道简单的界限。事实上，这里面存在一种渐进式的过渡：先是纯原子经济学，再是字节和原子的混合，最后是纯字节的理想世界。有形产品的数字目录可以降低销售成本，令商家沿着潜在长尾大大前进一步。剩下的尾巴则全部留给了更有效的纯数字模式。两者都是长尾，但后者可能比前者更长。

开拓长尾

现在让我们回到亚马逊的故事，看一看这种渐进式过渡在现实中是如何发生的。亚马逊身兼混合和纯数字两种模式，后者的出现正是因为亚马逊已经开始尝试用新的方法降低成本，进一步沿着长尾向前迈进。

正如我们在前文中所说，亚马逊的第一个革新就是贝佐斯的最初设想：在线商业既可以拥有邮购商家的集中化配送这一基本优势，也可以拥有一家目录零售商的直销优势，而且无须负担印刷和邮递上百万份目录的成本。于是1.0版亚马逊问世了（1994~1996年前后）。

下一步就是继续降低公司的存货风险，不再毫无必要地为存在自家仓库中的产品付出成本。亚马逊用一个寄售工程做到了这一点。这一次，公司还是从书入手的。这个“亚马逊优势”工程给作者们的建议乍一听就像是个一边倒的霸王交易：支付29.95美元的年费，把你的书送到亚马逊，如果它卖掉了你的书，那么将55%的销售额留给它。一个作者为什么愿意这样做？因为这种方式进一步杜绝了特定订单的迟滞性和不确定性。简言之，它能确保一个作者的书存在库中，轻松可得，而且无须作者低声下气地乞求一个出版商提供这样的服务。

降低成本的第三个步骤就是将虚拟存货模式加以扩展，引入其他大零售商，利用他们与生产商和分销商的现有关系。亚马逊将成熟的电子商务技术提供给了像玩具反斗城（Toys“R”Us）和Target这样的一流零售商，为这些巨人伙伴设立了网上店面，让它们自行处理自己的全部存货。每得到一个新伙伴，亚马逊的实际存货中就会多出上百万种新产品。

当然，并不是所有的大零售商都愿意将自己的数字化前景置于亚马逊的掌控之中，那些愿意这样做的零售商也常常要求成为本领域（比如家庭用品或玩具）的独家供应商。尽管这限制了亚马逊的扩展空间，但总的来说，扮演这样一个“租用集合器”的角色使亚马逊享受到了这种服务模式的经济优势，免去了亲自执行交易的麻烦。用你的软件和服务器换取服务费也许是最为有利可图的生意，eBay 就是这方面的一个典范。

但事实证明，虚拟存货模式的大发展是一个“向下”而非“向上”的过程：亚马逊的合作伙伴并非越来越大，而是越来越小了。1999 年，亚马逊开始用它的“市集”工程为大大小小的所有商家提供服务，就此将店面服务模式拓展到了 eBay 的领地中。从专营店到个人，任何规模的零售商和分销商都可以把自己的产品陈列在亚马逊上，与亚马逊自家仓库中的存货没有两样——而且顾客购买这些产品与购买亚马逊的产品同样轻松。到 2004 年年末，已经有超过 10 万个“市集”卖家加入了亚马逊，而且这些第三方商家的销售额占亚马逊总销售额的比重已经接近 40%。

这种虚拟销售模式的兴起令传统存货模式的问题更为突出了。我们知道，一个像 Best Buy 这样的连锁零售商必须将它的产品（比如摄像机）分配到各个商店中，大致猜出哪里存在需求，需求能有多大。不用说，人和产品必须聚在同一个地方——需求和供给必须在商店的货架旁相遇。但这个零售商不可能总是猜对，至少在一定程度上是这样。一旦猜错，供给就会失衡：在某些商店供不应求的同时，另外一些商店却出现了多余存货，既造成产品贬值，又白白挤占宝贵的存货空间。

在亚马逊“市集”工程的分散化存货方式下，产品仍然摆在全国各地的货架上，但是它们已经被编入统一的目录，列在同一个中心市场——亚马逊的网站。这样一来，只要顾客订购一样产品，持有存货的小商家就能直接包装和递送产品。像连锁零售商一样，亚马逊也能将集中化的供给和分散化的需求联络在一起，但它的模式还有一个独特之处：商店和顾客无须处于同一个地方。有点讽刺意味的是，这种分离反倒使供给与需求更有可能真正相连了。不管怎么说，就算供求匹配的效率没有提高，亚马逊毕竟不再负担任何成本了——多余存货只会在第三方卖家的货架上慢慢贬值。

随着这一工程的不断进步，亚马逊正在步步为营，眼看就要彻底打破有形货架的专制地位。它不需要猜测哪个地方会存在需求，也不需要猜测这个需求会有多大。“市集”工程中的全部风险都转嫁给了一个小商家网络，这些小商家会根据自己的经济特征自行决定去经营什么样的产品。（我们将在第 9 章里更详细地谈谈有形货架的专制问题。）

即需即印

虚拟和分散化存货是沿长尾前进的一种绝妙方式，但彻底摆脱有形存货甚至能让你更上一层楼。迈向这个经济天堂就是亚马逊的下一步行动。它准备创造一种新模式，让所有存货都以字节的形式存在，直到把产品运送出门。

经营图书有一个大难题：有很多书一年下来也只能卖出一两册而已。对这样的书来说，就连 10 册的订单（更别说 100 册或 1 000 册）也不敢指望。即使一本书在售出之前的存储成本（有可能要存上整整一年）只有 1 美元，零售商也会问自己这样一个问题：如果这本书只能卖这么几册，我值不值得销售它呢？要想经营一本每年只能卖一册的书，零售商需要一种在经济上可行的高效方式——这就意味着近乎为零的存货成本。

亚马逊的对策就是“即需即印”。在理想化的形式下，一本书在出售之前一直只是数字文件而已。一旦有人订购，激光打印机马上开动，一本新书很快就被生产出来，看起来与一般的平装本并无二致。由于字节只有在订单到来的情况下才会转化成原子，成本是与收益完美对应的——或者用最简单的话说，如果一本即需即印的书从来无人问津，那么它的生产和存储成本始终为零。这种模式的潜在效率高得难以估量，也许某一天会让有史以来的所有书籍都能上市销售。如果你是一个书商，这意味着你无须琢磨哪些书值得经营，哪些书不值得经营，因为对即需即印模式来说，犯错误的成本同样为零。

这只是理想形式。在目前，即需即印的方法主要是用来补足存货的：如果存货少了那么几百本，那就再印一次。但随着技术成本的降低，每次印刷的数量正在下降，逐渐向理想形式下的单册印刷靠近。

亚马逊最初的做法是在自己的仓库里放置一些工业打印机，随后，它在 2005 年年中实现了一大飞跃，收购了顶尖的即需即印企业 BookSurge 公司。几个月之后，它将同样的方法用于电影业，买下了 CustomFlix 公司——一个即需即出的 DVD 制作商。现在的亚马逊可以持有不占用空间也没有任何成本的存货：这些图书和电影在被订购之前只是数据库中的一个文件罢了。

当然，即需即印的概念并不是亚马逊发明的。这早就是图书业的一个梦想，只是一直受制于技术和经济上的限制，直到不久之前还未能实现。令人惊讶的是，印出一本看起来像模像样的平装书并不是问题所在。当你收到亚马逊寄给你的一本平装书时，除非你知道区别在哪里（主要在里页插图的复印质量上），你也许说不出这本书究竟是原出版商批量印刷的5万册之一，还是亚马逊某个仓库中的一台激光打印机单独印制的。

尽管即需即印模式的经济优势显而易见，但出版业还远没到普遍转向这种模式的时候。对大批量印刷来说，传统印刷方法的成本还是要低得多。把一部书稿转化成适合即需即印模式的文件仍然成本不菲。而且即需即印模式仅局限于一定型号的纸张，也就是说，如果一本书的纸张大小超出或低于某个特定的标准，那么它就必须重新设计，重定版式。另外，版权问题也不易处理。对一些比较老的书来说，制作即需即印版本需要征得作者的同意。但许多作者不会同意这样做，因为他们担心即需即印模式下的溢价（即需即印图书的价格要高上几美元，因为制作成本比大批量印刷要稍高一点）会影响销量。

但即需即印模式的潜力是无穷的，而且这种潜力并不局限于零星印刷的图书。出版商最大的成本就是退货成本——如果书商把卖不掉的书退回，出版商只能遵照行业惯例无条件接受。书商之所以会超量订货，是因为他们不希望在两次印刷的间隔期内陷入缺货的窘境，而既然供给过剩的成本全部由出版商承担，那么多进几本书也没有什么风险。但是，如果书商知道两次大批量印刷之间的需求可以用小批量的即需即印方式来满足，那么他们或许会愿意根据他们的实际需要来订货，这有可能大大降低出版商的退货成本。

所以，即需即印模式的经济效率不仅有开拓长尾的潜力，也能给头部的大热门带来利益，而赌在大热门上的美元显然要比长尾多得多。不用问，这是一种强大的诱惑，必然会使各路商家更快地接受这种新技术。

存货的消亡

降低成本的终极方法就是完全消灭原子，用字节处理一切。纯数字集合器企业只需把产品储存在硬盘上，然后通过宽带运送它们。生产、存储和销售成本接近于零，版税只有在产品售出的时候才需支付。这是最高境界的即需印市场：由于产品都是数字的，它们可以根据需求状况克隆和传送无数次——可能是零次，也可能是数十亿次。一个畅销大热门和一个无人问津的大冷门只是数据库中的两个不同条目而已，在新技术和硬盘经济学的时代，两者没有任何区别。

今天，iTunes、Rhapsody 和其他一些数字音乐服务商正在为我们上演这样的精彩好戏。但这样的机会绝不是音乐界的专利。掌握过去的有形产品，想办法把它们转化成数字，然后将它们直接传送到你的家中，这就是这个时代的大势所趋。

对视频产品来说，纯数字市场有多种形式，既包括有线电视公司提供的即需即播服务，也包括 Google 视频一类的网上视频集合器。像 BitTorrent 这样的对等文件交换技术是数百个非商业数字视频市场的定海神针，而 iTunes 正在为它的视频 iPod 打造一个兴旺的付费视频下载市场。某些视频属于电视内容，已经把这类以网络为基础的数字视频市场变得就像空中的一个 TiVo。还有一些集合器提供电影内容，这个市场也许会在某一天击败 Netflix 的多样性，将所有产品变得瞬间可得（引领这一行动的也许就是 Netflix 自己）。

曾经储存在卡带和 DVD 上的视频游戏现在正逐渐转化为字节，可以直接传送到卧室中的游戏主机上。这种变化为各种新老游戏创造了一个新市场，也为新角色、新版本一类的补充性内容创造了一个新市场。任天堂公司正在用它的新一代主机阐释这种理念，这种代号“革命”的主机将向后兼容之前的各代主机，把大多数久违多年的老游戏变成可以选择的长尾内容——或为娱乐，或为怀旧，你只需支付少许费用就可以下载和重温这些游戏。

其他内容也是同样，无论是电脑软件、电子和音频图书，还是网上报纸和杂志。过去，我们只能用纸张或塑料作为载体，不得不处理复杂的仓储和运送问题。现在，它们都迎来了数字版的伙伴和随之而来的数字经济学。两种体验不会完全相同，所以很多人仍然更喜欢纸面版的书籍和杂志。但两者的功能差距正在缩小，而且，数字版本的传播优势是不可抗拒的。

07 新时尚领军人

如果蚂蚁也有扩音器，它们会说些什么？

曾几何时，捧红一张唱片只有一种方法：广播。因为没有其他渠道能将信息传递给这么多的人。挤进播出节目表得费一番功夫（特别是在行贿受贿被明令禁止之后），但一旦一首歌开始热播，它就很有可能成为畅销金曲。随后，MTV（音乐电视）在20世纪80年代问世，变成了制造大热门的第二个途径。对新音乐来说，MTV的传播空间比广播还要有限，但是它对一整代人的影响力是空前绝后的。对音乐公司来说，那是一段美好的时光。MTV是个竞争惨烈的行业，但也是音乐公司熟门熟路的行业。它们了解其中的规律，也能靠遵守规律来维持生计。

但现在，摇滚广播电台似乎已经走到了末路，MTV也难现昨日辉煌。那么，音乐该靠什么来推广呢？商家知道答案就在网上，他们应该利用口头传播效应来创造需求，因为这种力量正在取代传统的营销方式，但他们仍在绞尽脑汁地思考最好的方法。

对营销商来说，这是个巨变的时代。人们对广告和花钱做广告的机构已经不再那么信任，对个人的信心却呈上升之势。同类人相信同类人。自上而下的宣传正在失去效力，自下而上的口头传播正在赢得力量。戴尔公司每年都要花上数亿美元鼓吹它的产品质量和顾客服务，但如果你在 Google 上搜一下“戴尔去死”这个词，你能搜出 55 000 个相关网页。即使你只搜“戴尔”这个词，排在第二位的搜索结果也是顾客的抱怨。从单个产品到某一个人，这样的力量逆转正在改变一切事物的营销游戏。大众群体现在已经控制了宣传信息。

对习惯于使用搜索引擎来评判产品的新一代消费者来说，一个公司怎样宣传它的品牌并不重要，重要的是 Google 搜索出的条目怎样评价它。新时尚领军人就是我们自己。口头传播现在已经演化为公共讨论，博客上的评论和顾客评价就是载体，消费者会用尽一切方法比较和衡量各方的意见。一句话，蚂蚁现在也有扩音器了！

群体智慧的力量

雅虎上的音乐打分，Google 上的网页级别（PageRank），MySpace 上的“好友”注册，Netflix 上的用户评论——这些都是群体智慧的例证。千千万万的普通人就是新时尚领军人。有些人是独立行动的，有些人则加入了围绕某个共同兴趣组成的网络群，还有一些人只是普通的大众消费者，不知不觉地被那些网络软件自动地追踪着每一天的一举一动。

史无前例的是，我们现在可以实时地判断人们的消费方式、消费倾向和整个消费市场的品位，然后以同样快的速度调整市场，适应变化。这些新时尚领军人并非人中龙凤，并不比我们强，因为这些人就是我们自己。

在 Frog Design 咨询公司的时尚观察家看来，这不啻为一种划时代的变迁：

> 我们正在离开信息时代，迈入推荐时代。今天，信息唾手可得，你实际上是踩着信息走路的。收集信息不再是问题——根据信息做出聪明的决策才是奥妙之处……别人的推荐成了穿过信息丛林的捷径，就像一个酒店的老板向我推荐不知名的法国葡萄酒，还建议我在喝酒的时候用意大利面助兴一样。

被放大的口头传播效应印证了长尾的第三种力量：利用消费者的情绪来联结供给与需求。普及生产工具是第一种力量，是它让长尾壮大起来。普及传播工具是第二种力量，是它将长尾变得人尽可得。但光有这两种力量还不够。直到这第三种力量发挥作用，帮助人们在数之不尽的选择中找到自己的最爱，长尾市场的潜力才会真正发挥出来。

新时尚领军人没有什么特别之处，只是观点能得到其他人的尊重。他们能影响其他人的行为，常常鼓励其他人去尝试他们原本不会尝试的事情。在这些新时尚领军人中，有些就是传统的职业专家：电影和音乐评论家、编辑，或是产品测试师等等。当我们的兴趣随着选择的剧增而迅速扩展时，无数最狭隘的利基也开始需要这类有见地、可信赖的建议。像 Weblogs, Inc. 这样的公司已经围绕这种需求开拓出了一片繁荣的新天地，它们开通博客，专门服务于五花八门的小兴趣范围，比如潜水、WiMax 无线电标准或是医疗信息学。

其他一些时尚领军人是名人，他们是另一种被人信赖的向导，而且他们对消费行为的影响力正在与日俱增。从电视节目中的产品宣传到《造型》(*InStyle*) 的巨大成功（这份杂志有个绝妙的创新之处：它的编辑在处理人物图片时从不把膝盖以下的部分裁掉，这样就能展示他们脚上的鞋子了)，推广商品的能力越来越像是评价名人影响力的一个指标。不管你喜不喜欢，杰西卡·辛普森就是个时尚先锋。

但并非所有的名人都是好莱坞大明星。当我们的文化碎裂成千千万万的小文化碎片，小名人也随之崛起了。在技术世界中，那些顶尖的博客就是这类小名人：比如时尚博客 DailyCandy 的创作者，再比如编写 BoingBoing 的那些人——在我写这本书的时候，这个以技术和亚文化为主题的博客已经是世界上最受欢迎的博客。BoingBoing 的威力无可匹敌：它可以发现一种新奇的产品，比如网上的一个 15 美元的“20 问”游戏，然后号召大批网友涌向一个在线市场，在一天之内把它卖光。其他一些小名人甚至更“小”，比如在 iTunes 上贡献热门播放列表的那些人，或是 Pitchfork Media 这类流行音乐博客上的幕后鉴赏家。

接下来就是群体行为了，可以说，这类行为是分散化智慧的一种表现。“群体”的例子有很多，比如给 Flickr 上的图片贴标签的网友们——这个图片共享网站鼓励你发明你自己的图片类目：你或许在一张图片中看到了帕丽斯·希尔顿，但我注意到的是她的 Sidekick 手机，所以我给这张图片贴上了“Sidekick”的标签。还有很多网友创建了在线网页列表，收录了他们希望再次访问的网页，这也是一种群体行为。

这类群体中的人也许根本不会把自己看成一个推荐者或向导，他们只是在做自己想做的事。但每一天都有越来越多的软件在观察着他们的行为，然后从中得出指导性的结论。搜索引擎之所以成为硅谷的一大经济力量，只是因为我们认识到了衡量和分析大众行为的价值。

过滤器法则

推荐系统和其他类似工具都能帮助你在长尾中找到合适的产品，我们用一个词就可以完美地概括所有这些工具——过滤器。这些技术和服务可以细查数之不尽的各种选择，然后把最适合你的那一个摆在你的面前。这就是Google给搜索结果分类的奥妙所在：它会把网上信息过滤一遍，只把与你的搜索关键词最相关的网页呈现给你。在Rhapsody上，酸性爵士（acid jazz）亚流派中的那个“最流行曲目”功能也在做这样的事情。

正是这些过滤器组成了Listen.com创始人之一罗布·里德（Rob Reid）所说的那种长尾“探索层”（navigation layer）。这并不是互联网的特有功能，也不是一种新事物，正如里德所说：

> 有趣的是，探索层的力量和重要性并不完全是一种网络现象。有许多年，美国航空公司从它的Sabre电子预订系统（实际上就是七八十年代的旅行业共享探索层，针对的是那些纷乱复杂的旅行路线和票价标准）中赚到的钱比整个航空业靠卖机票赚到的钱还要多。有时候，某些小贝尔[①]公司（Baby Bells）

① 小贝尔：原美国电话电报公司的市话部门在1984年的一次反垄断行动中被拆分为7个地区性公司，这些小公司被统称为“小贝尔”。

靠它们的黄页（实际上就是网络问世之前的地方事务探索层）赚的钱比它们靠传统垄断地位赚的钱还要多。在《电视指南》的巅峰时期，它的利润水平已经与电视网不相上下。

在一个无限选择的时代，统治一切的不是内容，而是寻找内容的方式。

在当今的长尾市场中，过滤器的主要作用在于一种转变：帮助人们沿着一条既舒适又符合个人品味的道路从已知世界（大热门）走向未知世界（利基产品）。从某种意义上说，好的过滤器有推动需求向尾部移动的作用，它们可以发现新的产品和服务，而这些新事物比传统大规模传播渠道中的那些千篇一律的东西更有吸引力。

Netflix 的首席执行官里德·黑斯廷斯就曾说过，Netflix 上的过滤器（这里是指成熟的推荐引擎和评分算法）正在推动需求沿 DVD 长尾下移：

> 过去，百视达曾报告说它们所出租的电影中有 90% 都是刚刚上映的。有了网络之后，市场更细分化了：它们通过网站出租的影片中有 70% 是新片，剩下的 30% 是老片子。但 Netflix 不是这样。我们出租的 DVD 中只有大约 30% 是新片，其余 70% 左右是老片，而且这不是因为我们的用户群与它们不同。这是因为我们可以创造需求，帮助你找到你真正喜欢的好电影。而且我们靠的是计算机算法，是推荐和评分。

黑斯廷斯相信，推荐引擎和其他过滤器是 Netflix 最大的优势之一，对非热门影片来说尤其如此。自动推荐完全具备广告那样的宣传力量，而且几乎没有任何成本。假如 Netflix 根据你的个人品味和其他用户的评价向你推荐了一部电影，这种影响力恐怕比不加区分地面向所有潜在观众的广告牌要大。这些推荐实际上是从 Netflix 的顾客数据库中自然生成的，而且 Netflix 有无数个可以展示推荐影片的“广告牌”（针对每一个顾客和每一次访问的定制化网页）。

一部好莱坞大片可能把一半以上的成本耗在广告和其他营销手段上，小影片是玩不起这个游戏的。Netflix 的推荐系统提供了一个公平的竞技场，为负担不起营销成本的影片提供了免费的营销服务，这便使市场需求在大热门和小制作之间实现了更均匀的分配。在这个极度不民主的行业中，这是一种非凡的民主力量。

排行榜未必公平

就在不久之前，寻找新音乐的方法还远不像现在这样多。除了个人推荐，只有那么三种途径：第一，杂志上的编辑评论；第二，唱片店中的某个见多识广的店员可能给你一点建议；第三个也是最重要的一个，即电台的节目。在各种各样的过滤器中，流行度排行榜可谓是最著名的一个，而电台的节目表（特别是现在的节目表）就是这种过滤器的一个绝佳的例子。从尼尔森公司的收视率统计到《纽约时报》的畅销书排行，10 佳榜、40 佳榜和 100 佳榜等各类排行榜就是大热门世界的风向标。但在长尾世界中，在诸多其他过滤器的映衬下，排行榜的弱点正变得越来越明显。

根据流行程度排名并没有错，毕竟，这正是“群体智慧”过滤器的又一个例子。但问题是，这些排行榜经常不加区分地把各种各样的利基、流派、亚流派和类目不伦不类地混杂在一起。

在这方面，博客就是一个例子。在我写到这里的时候，Technorati公司评出的十大博客如下所示：

1. BoingBoing：妙事大全
2. Daily Kos：国家现状
3. 德鲁·柯蒂斯的 FARK.com
4. Gizmodo：小工具博客
5. Instapundit.com
6. Engadget
7. PostSecret
8. 乔舒亚·迈卡·马歇尔的 Talking Points Memo
9. Davenetics Politics Media Musings
10. dooce

我们看出了什么？很遗憾，什么也没看出来。里面有两个小工具博客，两三个政治博客，几个没法归类的亚文化博客（BoingBoing，FARK，PostSecret），还有一个个人博客（dooce）。

换句话说，这个排行榜只是一些迥异事物的半随机组合。打个比方来说，这样的博客排行榜就像是下面这个超市畅销商品排行榜：

1. DairyFresh 的 2% 维生素 D 奶
2. Hayseed Farms 的混合谷物面包
3. 成捆的各品种香蕉

4. Crunchios 谷物，大号

5. DietWhoopsy，12 包，罐装

6. 其他商品

显然，这个排行榜没有什么意义。没人关心香蕉的销量是否超过软饮料。哪一种软饮料卖得比其他软饮料好才是人们要问的问题。排行榜不能脱离背景，同一类别中的类似事物相比才有意义。

这又一次提醒我们：利基就是利基。如果你用一个一维透镜来观察一个丰富多彩的三维世界，你什么也看不到。你确实有一个排行榜，但这是个没有意义的排行榜。重要的是一个流派或亚流派内的排名，而不是跨流派的排名。

让我们回到音乐话题。在我写到这里的时候，Rhapsody 上排名前 10 位的艺术家是：

1. 杰克·约翰逊（Jack Johnson）

2. 痞子阿姆（Eminem）

3. 酷玩（Coldplay）

4. 打倒男孩（Fall Out Boy）

5. 约翰尼·卡什（Johnny Cash）

6. 五分钱（Nickelback）

7. 詹姆斯·布朗特（James Blunt）

8. 年轻岁月（Green Day）

9. 俏妞的死亡出租车（Death Cab for Cutie）

10. 凯利·克拉克森（Kelly Clarkson）

照我看，这个排行榜中包括两个“成人另类”派，一个“过渡说唱乐”（crossover/hiphop）派，一个“英伦摇滚”（Brit-rock）派，一个“情绪摇滚”（emo）派，一个“叛道乡村”（outlaw country）派，一个“后车库”（post-grunge）派，一个“朋克流行”派，一个“独立摇滚”派，还有一个“少年打击”（teen beat）派。谁会在意叛道乡村乐和少年打击乐在这个星期中谁更胜一筹？假如歌迷们被吸引到上述的某一个类别中，这个排行榜能帮助他们找到更多爱听的歌吗？答案自不待言。但是，在过去的将近半个世纪的时间里，我们一直是透过10佳榜（还有40佳榜、100佳榜）来观察音乐文化的。这样的排行榜大多是没有意义的，但我们只有这样的排行榜。

现在让我们看看下面这个截然不同的排行榜：“非洲－古巴”（Afro-Cuban）爵士乐这个亚流派中的十大艺术家（或团体）：

1. 蒂托·普恩特（Tito Puente）
2. 好景俱乐部（Buena Vista Social Club）
3. 卡尔·杰德（Cal Tjader）
4. 阿图罗·桑多瓦（Arturo Sandoval）
5. 庞曹·桑切斯（Poncho Sanchez）
6. 迪吉·葛拉斯彼（Dizzy Gillespie）
7. 佩雷斯·普拉多（Perez Prado）
8. 伊布拉西姆·法瑞尔（Ibrahim Ferrer）
9. 埃迪·帕尔梅埃利（Eddie Palmieri）
10. 迈克尔·卡米洛（Michel Camilo）

这才是个真正的10佳榜。它比较的是同类音乐，所以从上至下都有意义。我们完全可以列出这样的排行榜，因为我们既可以了解消费者的偏好，又有足以容纳无数个 10 佳榜的充足空间——别忘了，10 佳榜未必只能有一个。在这个例子中，蒂托 · 普恩特是一个小流派中的一号人物——也就是小池塘中的一条大鱼。对喜欢这个流派的人来说，这可是件大事。对不喜欢这个流派的人来说，他无非是又一个不知名的艺术家，大可以不必留意。蒂托 · 普恩特的专辑不会登上音乐世界总排名的榜首宝座，因为它们不是大热门。但它们确实在本流派中鹤立鸡群，正可谓作家埃里克 · 舍恩菲尔德（Erick Schonfeld）所说的那种"小众市场大热门"。过滤器和推荐系统在这个层面上最为有效，在这里，它们把主流的探索和营销技巧带到了小众市场中。

长尾中满是垃圾？

为什么过滤器对长尾来说如此重要？原因很简单：如果没有过滤器，长尾有可能只是一个恼人的噪声源而已。

"信息理论"这门学问研究的主要是一个信息采集问题：从随机性的电子噪声中分离出连贯有序的信号。这最初是无线电广播领域的课题，后来延伸到了所有类型的电子传输技术上。"信号－噪声比"这个概念现在已被广泛应用，任何需要清除干扰的传播渠道都要考虑这个比率。在传统的"短头"市场中，这不是个多么大的问题，因为货架上的所有东西都已经过事先过滤，另类的玩意儿和其他非大众化的产品都已经被清除一空。但在一个无奇不有的长尾市场中，噪声有可能成为一个大问题。事实上，如果不加约束，噪声（乱七八糟的内容或质量低劣的产品）有可能毁掉一个市场。如果噪声太多，人们就不会掏钱光顾。

过滤器的职责就是清除这些噪声。就像是小麦脱粒机或是打磨钻石的设备一样，过滤器的任务就是挑选出人们想要的精华部分，滤除人们不想要的多余部分。我可以用一个常见的认知盲点来解释一下这个过程。

说到长尾，人们最常犯的错误之一就是根据销售状况来判断产品优劣——也就是说，卖得不好的东西一定比卖得好的东西质量“差”。换句话说，他们认为长尾中满是垃圾。毕竟，如果一张专辑、一本书、一部电影或是其他任何东西真的非常出众，那它应该是个大热门，对吗？答案很简单：不对。

利基市场的经济学不同于主流经济学。明白其中的原因有助于我们理解长尾为什么有这么多有悖直觉（特别是在我们习惯性地假定资源匮乏的时候）的地方。

首先，我们可以坦率地承认一件事：长尾中确实满是垃圾。但长尾中同样有许多相当出色也相当有深度的精品——介于精品和垃圾之间的东西就更是数不胜数了。实际上，网络本身就是这副样子。10 年以前，人们抱怨互联网上垃圾太多，而且毫无疑问，随便上网浏览一下就能证实这一点。随后，搜索引擎应运而生，帮助人们从噪声中分离出了一些有价值的信号。最终，Google 利用了群体智慧的力量，利用一大堆杂七杂八的资讯把自己转化成了一个神通广大的信息使者。

这并不是网络的特有现象——任何领域都是如此。斯特金法则[Sturgeon’s Law，以科幻作家西奥多 · 斯特金（Theodore Sturgeon）

的名字命名］认为“任何事物都有 90% 是无用的渣滓”。想想艺术品就知道了——不要去想艺术展览馆，想想旧货市场上的那些艺术品。那里面，至少有 90% 是“渣滓”。音乐、图书和其他所有东西也都一样。我们之所以没有认识到这一点，是因为这些“渣滓”大多都被商业零售渠道的过滤网滤掉了。

在商店的货架或其他任何一种有限的销售平台上，好坏产品的比例都很重要，因为这是一种零和游戏：一种产品得到了空间，另一种产品就会失去空间。突出一样东西，另一样东西就会暗淡无光。如果每个好玩具的周围都摆着 10 个蹩脚的玩具，你对这个玩具店的印象可想而知，一定没兴趣继续逛下去。同样，如果一箱又一箱的 CD 里没有一张是你听说过的，你恐怕不会开心。

但如果你有无限的货架空间，这就变成了非零和游戏。网上有数十亿个垃圾网页并不是多大的问题，但淘儿唱片店里若有数十亿张垃圾 CD 就是个灾难了。在网上，存货是“非排他性”的，好坏产品的比例只是个“信号 – 噪声比”的问题，用信息技术就可以解决。也就是说，这根本就不算一个问题。你只是需要更好的过滤器罢了。换句话说，噪声依然存在，但 Google 允许你有效地忽略噪声。过滤器才是主宰！

长尾的与众不同之处正在于此。长尾内容不会被供给瓶颈和各种各样的关口（编辑、官员、星探、沃尔玛的采购经理等等）预先过滤掉。正因如此，它们的质量千差万别，正如世界上的任何事物一样。

我们可以用一句话概括这个特点（再次使用信息理论的语言）：长尾的动态质量范围相当宽广，即最差的差到极点，最好的无与伦比。相比之下，普通商店的动态质量范围相对狭窄：大多数产品都介于中等和良好之间。(也有一些非常出众的东西，但它们对普通商店来说往往太过昂贵；质量范围的两端都是利基产品。)

简言之，需求曲线尾部的动态质量范围较宽，而头部的动态质量范围较窄。如下图所示：

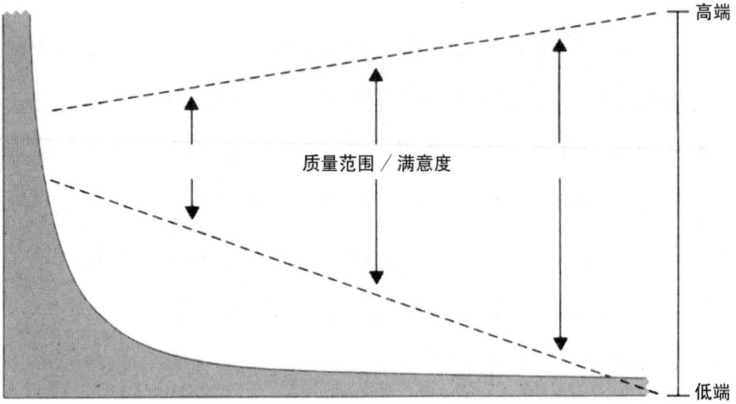

图 7–1　质量

有一点必须注意：从头部一直到尾部，曲线的每一个部分都有高质量的产品。没错，尾部的低质量产品更多，沿曲线向右看，平均质量水平呈下降趋势。但如果有好的过滤器，平均质量并不重要。任何地方都可能发现宝石。

考虑一下人们常用的产品评价标准有助于我们理解这个问题，以下是几个例子。

很明显，所谓的“高质量”和“低质量”完全都是主观性的，所以这些评价标准全部是评判者自身的感受。因此，内容质量并没有绝对的衡量标准。一个人眼中的“好”东西很可能是另一个人眼中的“坏”东西，事实上，现实世界几乎一直如此。

这就是利基的不同之处。某个人的“噪声”却是另一个人的“信号”。如果一个生产者想让某种产品绝对符合某一类顾客的需求，那么，这种产品注定不会符合另一类顾客的需求。要想让某种东西对所有人都有吸引力，一种折中是必不可少的，这意味着这种东西对任何一个人来说都不是完美的——所以人们才把这种东西称为“大众产品”。

图 7–1 给了我们一个重要的启示：对许多人来说，最好的东西就在长尾中。如果你对高保真立体声设备感兴趣，那么你会发现，最好的这类设备不会是 Best Buy 上的畅销产品之一。它太贵，太复杂，也太难推销给普通的顾客。你只能在专卖店中找到最好的，而且若按总销量排名，它只能排在长尾中。由于它对高保真立体声音响迷们来说实在太合适，它对其他没有这么大兴趣的消费者来说或许就不合适了。利基产品本身就不是给所有人准备的。

表 7–1　产品评价标准

“高质量”	“低质量”
正是我喜欢的	不合我意
做工优良	做工拙劣
新奇	陈腐
深刻	肤浅
引人注目	令人厌倦

在这个低销量的长尾世界中，也有一些确实不算好的产品。过滤的艺术就在于区分好坏。如果你能得到帮助（强大的搜索引擎、推荐系统或其他过滤器），那么你在长尾中实际上更有可能发现合意的产品。畅销产品往往对大众化品味有吸引力（至少是表面上有吸引力），而小众市场产品针对的就是独特的个人品味。这就是过

滤技术如此重要的原因。它们不仅能把需求推向长尾，还能提高消费者的满意程度，因为相比头部的大众化产品来说，它们能为消费者找到更适合他们的产品。

纷杂的长尾

图 7–2 用另一种方式示意了上述状况。随着尾巴向后延伸，信号 – 噪声比越来越低。所以，唯有在过滤器变得越来越强大的情况下，信号的质量才能保持不变，继续帮助消费者找到他们真正想要的东西。

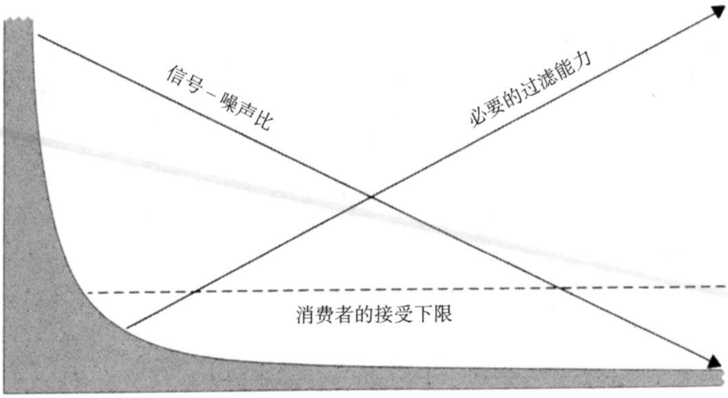

图 7–2　从噪声中得到信号

沿长尾向后看，信号 – 噪声比为什么越来越低？因为长尾中的东西实在太多，你正在寻找的东西被你不需要的那些东西掩盖住了。长尾中的东西为什么这么多？原因很简单：世界上的绝大多数事物都是长尾事物。

当我们生活在热门中心主义文化中时，我们很容易大大高估热门产品的市场份额。事实上，热门产品只是罕见的例外罢了。这就是纳西姆·塔勒布（Nassim Taleb）所说的那种“黑天鹅问题”。

这种提法源自18世纪的苏格兰哲学家休谟。当时，他以黑天鹅为例解释了从观察结果中得出一般性法则的复杂之处。在提出我们现在所说的“休谟归纳问题”（Hume’s Problem of Induction）时，他问了这样一个问题：一个人在观察到多少只白天鹅之后才能断言所有的天鹅都是白色，黑色天鹅并不存在？100只？1 000只？我们不知道。（黑天鹅问题并不只是一个假设性的比喻：在发现澳洲大陆之前，所有人都认为世界上只有白天鹅。直到有人首次看到了黑天鹅，这种观念才被舍弃。）

这里的问题在于，我们很难把罕见事件放到恰当的大背景中。在任意给定的一群人中都会有那么一两个富翁，还有某些人很聪明，某些人很幸运，但我们并不知道某一个人属于哪一类人。在《随机漫步的傻瓜》（*Fooled by Randomness*）一书中，塔勒布嘲笑了一本名为“隔壁的百万富翁”（*The Millionaire Next Door*）的畅销书。这本书总结了百万富翁们的投资技巧和工作习惯，号称你只要向他们学习，你也能变成富翁。但正如塔勒布所说，隔壁那个百万富翁的成功也有可能是随机性因素造成的，未必就是投资策略的功劳。

他是这样定义黑天鹅问题的：

> 一个随机性事件满足以下三个条件：重大影响、无法计算的概率、意外效应。首先，它一旦发生，就会造成与其本身不成比例的重大影响；其次，它的发生概率很小，而且根据发生前的可用信息也无法计算这个概率；第三，黑天鹅问题的恶性

特征就是它的意外效应：在任意一次观察中，不会有任何有说服力的要素可以证明这个事件的发生概率正在提高。

我们完全可以把他的话用在那些热门产品上。

绝大多数产品的内容（从音乐到电影）都不是大热门。事实上，绝大多数内容离大热门这三个字都有十万八千里的距离，它们的顾客人数是百位数的，不是百万位数的：有时候这是因为它们本身不够好；有时候这是因为宣传力度不够或是创作者缺乏人脉背景；还有的时候，这是因为某些随机性因素制造了障碍，就像是随机性因素有时候能把最浅薄的新奇玩意儿变成大热门一样——想想《谁把狗放出来》（*Who Let the Dogs Out*）这首歌就知道了。

这只是所谓的"幂律"（power-law）分布的自然结果，在这种分布曲线中，少数事件的值域（不妨理解为销量）较高，多数事件的值域较低。卖得好的东西寥寥无几，多数东西都卖得不好。（称它为幂律分布是因为这个曲线的方程是 1/x，也就是 x 的 –1 次幂）。

既然多数东西都不会卖得太好，那么随着长尾曲线的下坠，内容总量自然呈上升趋势（你不喜欢的东西当然也就越来越多了）。表 7–2 是图书业 2004 年的一组实际数据，我们可以看到每一个销量范围内的品种数。

这种规律的结果显而易见：无论你正在寻找什么，你沿着长尾走得越远，不合你意的东西就越多。所以信号－噪声比才会越来越低，尽管你发现合意产品的概率往往会越来越大（如果你有好的搜索工具和过滤器的话）。这听起来很矛盾，但实际上并不矛盾。这只是一个需要过滤器去解决的问题。

表 7-2　2004 年图书销量

销量范围	品种数	总销量
1 000 000 册以上	10	17 396 510
500 000~999 999 册	22	13 798 299
250 000~499 999 册	64	22 252 491
100 000~249 999 册	324	46 932 031
50 000~99 999 册	767	51 858 835
5 000~49 999 册	23 047	280 000 591
1 000~4 999 册	67 008	149 093 614
100~999 册	202 938	69 548 499
99 册以下	948 005	14 346 417
合计	120 万	6.65 亿以上

资料来源：书业研究集团

事前过滤器与事后过滤器

这个世界已经被各种各样的过滤器占据。在过去的一个世纪中，我们在大多数时间里都生活在一个匮乏市场中，货架、银幕和频道都是有限的，各个行业都是围绕寻找和推广好东西的目标成长起来的。这就是唱片公司的星探们要做的事，也是好莱坞的高管们和商场的采购经理们要做的事。在世界各地的董事会议室里，市场研究队伍天天盯着一堆数据，绞尽脑汁地预测什么样的东西可能卖得好，值得在宝贵的货架、银幕或页面上占据一席之地……当然还得预测什么样的东西可能卖不好，没资格得到这样一块风水宝地。

上面这一段的关键词是“预测”二字。这些过滤器和我所说的过滤器有一个本质的不同：它们是在产品上市之前实施过滤的。事实上，它们的任务就是决定哪些东西能上市，哪些东西不能上市。我把它们称为“事前过滤器”。

相比之下，我所说的那些推荐和搜索技术都是“事后过滤器”。事后过滤器会鉴别特定兴趣领域内已经存在的东西，突出那些精华(也就是中肯、有趣、新颖的东西等)，压制甚至忽略那些糟粕。你大可以把任何东西扔进市场，由市场本身来完成去伪存真的任务，而事后过滤器就是市场的心声。它们会疏导和放大消费者的行为，而不是试图预测这些行为。

表 7–3 是两类过滤器的一些例子：

表 7–3　两类过滤器

“事前过滤器”	“事后过滤器”
编辑	博客
唱片公司的星探	播放列表
电影公司的高管	评论
商场采购经理	顾客
营销商	推荐
广告商	消费者

放大而不是预测消费行为是事后过滤器的一个极为重要的特征。在现在的“短头”市场中，销售成本太高，货架空间太宝贵，市场中的供给方不得不极度苛刻地筛选产品。这些生产商、零售商和营销商试图猜测消费者的意愿，提高自己创造大热门的概率，而且已经把这种事发展成了一门学问。显然，他们不可能每次都猜对。值得推向市场但被忽视的产品与推向市场但一败涂地的产品一样多。但幸存者总会获得一种荣誉：他们对消费者的精神世界似乎有某种神秘的洞察力。

但在长尾市场中，销售成本很低，货架空间有的是，你完全可以相信任何东西都有上市的那一天。

所以，在长尾市场中，过滤器的角色已经由守门员变成了顾问。像 Google 这样的过滤器不会去预测品味，只会去评测品味。像 Netflix 这样的事后过滤器不会把消费者一股脑地归入既定的人口和地理类别中，只会把消费者当成一个个不同的个体，根据他们的行为判断他们的独特兴趣。像 MP3 博客这样的事后过滤器不会把产品赶出市场，只会刺激新的需求，为业已存在的产品创造市场。杰夫·贾维斯把这称为“第一人称市场”和“第三人称市场”的不同。

总的来看，博客正在成长为推荐信息的一种强大源泉。我们有 PVRblog 和 Horticultural（一个有机园艺博客）这样的独立爱好者博客，有 Gizmodo 和 Joystiq 这样的商业博客，还有随时可能偶然读到的其他任何博客的建议。(世界上似乎存在一个天然的行家联络网，他们知识丰富，也愿意通过博客分享他们的知识)。他们或许不够风光，影响范围也有限，但他们的可信度大可以弥补这些不足。他们的读者知道，这里有一个自己可以信任的真实存在的人。

当然，正如事前过滤器并不完美一样（星探们挑出的歌手并不一定都能成功），事后过滤器也不完美。由于事后过滤器往往都是业余性的，有时候独立的评论不足，随性的恶意诋毁有余。另外，用户反馈都是在信息发表之后才出现的。这样一来，原本可以被编辑发现的错误有可能悄悄渗入，即使事后过滤器的集体反馈能最终纠正这些错误，它们可能永远也不会彻底消失。

08 长尾经济学

匮乏世界、丰饶世界与 80/20 法则的灭亡

在1897年夏天的瑞士，一个名叫维弗雷多·帕累托（Vilfredo Pareto）的意大利博学家在他的大学办公室中研究19世纪英格兰的财富和收入结构。那时候正是马克思时代，财富分配问题悬而未决。帕累托发现，英格兰的财富分配实际上并不公平——大多数财富都落到了少数人的手中。在计算了确切比率之后，他发现大约20%的人口掌握了80%的财富。更重要的是，他还发现其他许多国家和地区的这一比例与英格兰一致。

帕累托由此得出了一个结论：在财富和人口的分配结构上存在一种可预测的数学关系。他把这称为“重要少数法则”（Law of the Vital Few）。这一规律似乎通行于各个时代和各个国家。帕累托是个杰出的经济学家，只可惜解释能力太差，所以有很多人并不明白他的发现有多么重要。他陆续写了许多有关精英阶层的社会学文章，遗憾的是，这些作品在他晚年的时候被墨索里尼的法西斯政府利用了。但不公平分配理论自有它的生命力，现在，帕累托的结论被称为“80/20法则”。

1949年，哈佛大学的语言学家乔治·齐普夫（George Zipf）在文字应用中发现了一条类似的原理。他观察到，有少数几个词汇经常被用到，而其他大多数词汇却很少用到。这一点并不奇怪，但齐普夫还发现，这种关系是完全可预测的，实际上与帕累托的财富曲线并无两样。用1除以一个词在所有词汇中的应用率排名可以得出一个比例，而这个比例与这个词的应用频率是密切对应的。也就说，第二常用词的应用频率大约是第一常用词的1/2，而第三常用词的应用频率是第一常用词的1/3，以此类推。这被称作“齐普夫法则”（Zipf’s Law）。

齐普夫还发现，从人口统计数字到工业生产过程，其他许许多多的现象也符合这一规律。他在费城的一个横跨20个街区的地区研究了区域内的所有结婚证书，结果发现有70%的夫妇婚前彼此居住的距离不超过该区域总长度的30%。

自那以来，其他研究者已经将这个法则扩展到了所有事情上，比如血浆中的原子或是城市的规模。这些观察结果都符合幂律分布，也就是帕累托最先在财富曲线中观察到的1/x形态。

从生物学到书籍销量，你实际上可以在任何领域中发现幂律曲线。长尾就是一个幂律曲线，它不会被有限货架空间或可用频道这样的供给瓶颈残忍地截断。由于幂律曲线的值域无限接近但永远不会下降至零，它也被称为“长尾”曲线，这就是本书书名的由来。

只要消费市场存在，幂律曲线就会在3个条件成立的情况下出现：

1. 多样性（有很多不同种类的事物）。

2. 不平等性（某些事物的质量高于其他事物）。

3. 存在某种网络效应，比如声誉或口头传播效应，这些效应容易将质量的差别成倍放大。

换句话说，只要存在不同事物，某些事物优于其他事物，而且像声誉这样的网络效应能进一步推广好事物、压制坏事物，幂律曲线就会出现。这会造成市场、文化和社会的一种“可预见的不均衡”（如帕累托所说）：成功带来更多成功。不用说，我们的世界有很大一部分是由这些力量塑造的。

供给瓶颈如何扭曲市场

为了认识现实世界中的幂律曲线，让我们来看看好莱坞票房的例子。如果你按一般的方式把票房数据绘制成图，曲线会呈现出熟悉的形状：少数热门大片统治了左侧的高端部分，大批其他影片（用最客气的话来说就是“非热门”）构成了右侧的低端部分。

如果这样画图，所有幂律曲线的样子都差不多。因此调整一下刻度往往是有必要的，这能让不同曲线的区别更明显一些。方法之一就是使用对数刻度，每一个刻度值都是上一个的10倍：10、100、1 000，依此类推。里克特（Richter）地震刻度和音量的分贝刻度都是对数刻度的常见例子。

如果在横轴和纵轴都采用对数刻度的情况下绘制幂律曲线（称做“双对数曲线图”），你会画出一条向下倾斜的直线。不同市场的直线斜率也不尽相同，但无论你画的是汤料销量图还是上市公司的市值分布图，市场的天然形状都是一条直线。

但在现实世界中，市场的状况往往不是这副样子。事实上，曲线的前端会呈直线状，但接下来就会骤然一泻千里。在好莱坞票房一例中，曲线的形状如下所示：

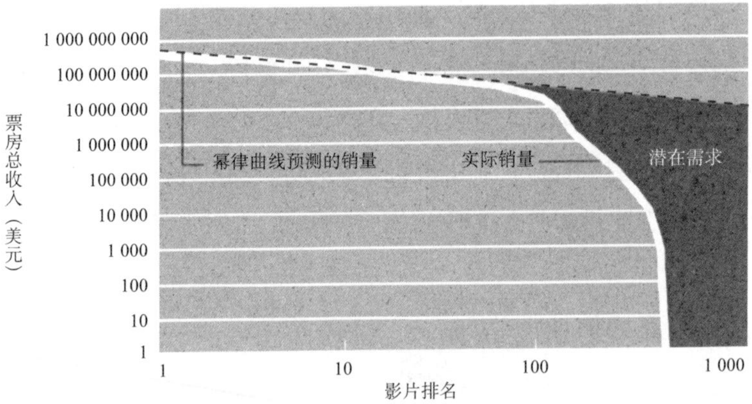

图 8–1　2005 年好莱坞票房收入

请注意排名 100 位左右的影片。票房收入从这里开始急剧下降，直到在 500 名左右滑至零点附近。事实上，该年度的最低票房纪录是《黑夜时刻》（*The Dark Hours*）：423 美元。这部加拿大恐怖片是一班无名之辈用少得可怜的预算拍出来的，但根据看过这部片子的人所说，它实际上一点也不差。

这是为什么？是不是排在 100 名左右的电影突然变差了？是不是好莱坞只拍了 500 部电影？或者，这种让人心惊肉跳的下滑只是一个统计错误？

遗憾的是，以上答案都不对。这不是个统计错误，电影不会在 100 名左右突然变差（说不定有人会认为越变越好了），好莱坞也不会只拍 500 部片子就罢手。事实上，单在美国这一个国家，每年就有约 13 000 部影片在电影节中上映，且不说没有在美国上映的数万部外国影片。

100 名之后的电影之所以票房不佳，只是因为它们没有得到电影院的足够支持。换种方式说，美国影院业每年的“承载量”只有100部影片左右。地方电影院的经济法则残酷而又无情。一部电影在孟买很受欢迎是没用的，它在美国的城市也得叫座才行，不管是康涅狄格州的斯坦福德还是其他任何有电影院的城市，因为电影院必须在两个星期的档期内招揽几千个以上的顾客才有钱可赚。通常来说，这需要一笔巨大的宣传预算、一个发行协议，可能还需要一两个大明星——如果你能负担得起的话。

不具备这些条件的片子不会被大连锁影院看上。事实上，这些影院在看不到经济利益的时候就会停止电影的放映。也就是说，它们会简简单单地把曲线截断。当然，电影制作者不会停止拍摄。我们可以在截点之后画出一条虚构的直线，如果那些非热门影片没有被抛弃，它们的票房就在这条直线上。但在“现实世界”中，这些影片已经在商业主流中消失了。简单地说，它们被截掉了。本应呈长尾状的曲线大致变成了下面这副样子：

我承认，实际情况并不像我画的这样糟糕。如果够幸运，也有那么几部能在圣丹斯电影节上征服观众的好片子可能被大学城中的一两家剧院选中。这些幸运儿最有可能出现在第100名~第500名之间，也就是票房虽低但还没有低到零点的那些片子。剩下的片子（第500名一直到至少第13 000名）呢？很遗憾，它们大多都没有在电影院露脸的机会。如果你在电影院里看不到它们，票房收入自然就无从谈起了。结果可想而知：从图8–2来看，它们根本就不存在。

它们当然是存在的。只不过在一个以票房数据判断产品优劣的行业中，它们不会出现在需求曲线中。那么这些影片到哪里去了呢？它们大多只在电影节或私人放映场所亮过相；有一些能上电视或 DVD——如果制作者能得到音乐使用权和其他必要许可的话；还有一些可能会在网上免费传播。

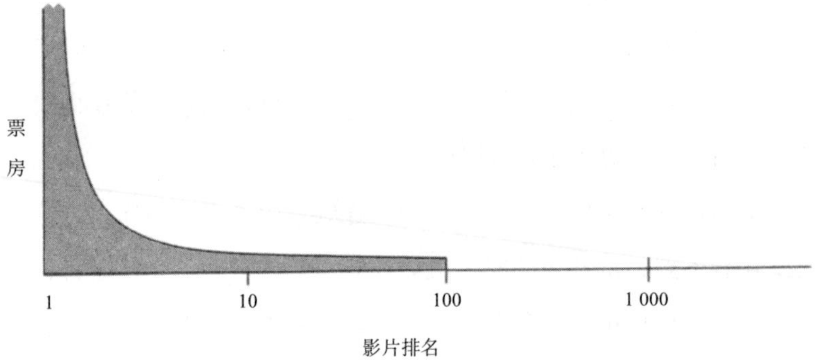

图 8–2　被截断的需求曲线

这听起来颇为凄凉，但事实上，某些为人耻笑的非影院传播渠道（比如直接转录 DVD 和互联网）正在变成重要的市场。DVD 电视节目绝对是 DVD 行业中成长最快的领域。网上视频市场尽管刚刚成形，但同样越来越大。随着票房收入的萎缩和 DVD 销量的攀升，影院已经不再是唯一有价值的营销渠道。

我们原以为曲线的急剧下坠反映了电影需求在一定分界点之后的自然锐减，但实际上这只是传统供应瓶颈的产物。换句话说，只要人们有无限的选择空间，而且很容易就能找到这些选择，你就会发现他们的需求会一直延伸到你想都想不到的利基中——预告片、卡拉 OK、土耳其电视台等。Netflix 便改变了供应小众市场影片的经济学，让我们对大众消费者的真正品味有了崭新的认识。

实际上，你能想象到的任何一个市场都是这副样子。在图书业中，巴诺书店发现排在末尾的 120 万种书只占公司店内销量的 1.7%，但在网上（bn.com）销量中却占去了整整 10%。PRX 公司已经授权建立了一个庞大的网上公共广播节目库，据它显示，排名后 80% 的内容已经占据了公司销售额的半壁江山。在印度，当手机铃声的需求驱动力从报纸上的铃声排行榜转向了网上的搜索时，最大的网络门户和铃声供应商之一的 rediff.com 感受到了巨大的变化。排行榜上的 20 大热门铃声曾在报纸时代垄断 80% 的销量，但现在已经下滑至 40%，因为今天的用户可以在一个包含近 2 万首曲子的网上铃声库中搜索铃声。

某些最具戏剧性的效果都体现在了音乐业中。根据尼尔森音像调查公司的统计，在传统零售业中，新发行的唱片占唱片总销量的比重在 2005 年是 63%，剩下的都是较老的“旧歌翻新”唱片。但在网上，两者比例完全逆转了：新音乐占据了销量的 1/3 左右，剩下的 2/3 都留给了老音乐。

80/20 法则

帕累托 / 齐普夫分布最著名的体现之一就是 80/20 法则。人们常用这个法则来解释 20% 的产品带来 80% 的收益，20% 的时间里发挥 80% 的生产力，或是其他任何小比例付出创造大比例成果的现象。

长久以来，80/20 法则一直没有被正确地解读，原因有三。首先，确切比例几乎永远不会是 80/20。我研究过的大规模市场大多呈现出 80/10 的比例，甚至可能更低（不到 10% 的产品带来 80% 的销量)。

如果你质疑 80 加 10 并不等于 100，那么你已经发现了 80/20 法则的第二个令人迷惑的地方。80 和 20 是两种不同事物的比重，因此没有合计为 100 一说。前者是销量的比重，后者是产品的比重。更糟糕的是，对于如何表达两者之间的关系，或是将哪一个变量定为常量，我们并没有标准的惯例。你可以说一个市场呈现出 80/10 的形状（10% 的产品带来 80% 的销量），也可以说它的形状是 95/20 (20% 的产品带来 95% 的销量)。

最后，人们会用这个法则来解释截然不同的现象。80 和 20 的经典定义是收益和产品，但这个法则同样可以应用于利润和产品的关系。

最致命的误解之一就是把 80/20 法则看成一个指导方针：既然存在 80/20 的规律，那不妨只经营那 20% 的产品，用它们来实现大多数销量即可。这种想法源自这样一种认识：80/20 法则本质上是对差异化经营的一种鼓励，因为只要你猜对了，少数产品就能对你的企业做出不成比例的巨大贡献。

正因如此，我才把长尾称作 80/20 法则的灭亡，尽管它绝对谈不上灭亡二字。真正的 80/20 法则只是承认了帕累托分布的有效性，承认某些东西卖得远比其他东西要好，这在长尾市场和传统市场中都是成立的。

但是，长尾鼓励的不是遵循这个法则，而是拒绝被这个法则统治。就算 20% 的产品能带来 80% 的销量，我们也没理由不去经营其他那 80% 的产品。在长尾市场中，存货成本寥寥无几，完全有条件经营所有的产品，不管实际销量有多大。谁知道一个排在后

80% 的产品能不能跃入前 20% 之列（在好的搜索和推荐引擎的帮助下）？

由于传统的“砖头和水泥”零售商必须负担高昂的存货成本，卖得不好的产品往往没有利润可言。因此，几乎所有的利润都来自那 20% 的热销品。图 8–3 左半部分表明了这一点，这是一个假想传统零售商的理想化结果。

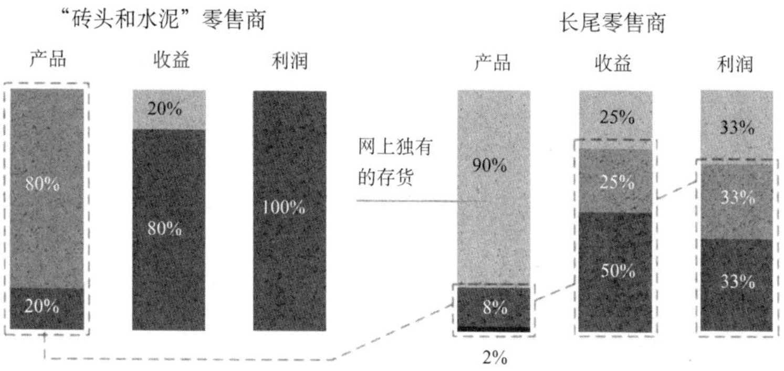

图 8–3 80/20 法则的演化

但对一个长尾零售商来说，情况就大不相同了。首先，让我们假设它的存货量是传统零售商的 10 倍，所以在上述理想化结果中，传统零售商的 20% 热销产品只相当于长尾零售商 2% 的存货，如图 8–3 右半部分的第一个条柱所示。

第二个条柱中的收益数据反映了幂律分布的自然结果。最好的 2% 的产品仍然占据了不成比例的销售份额，但这里的比例是 50%。接下来的 8% 的产品占据了另外 25% 的销售额。剩余的 90% 的产品占据了最后 25% 的销售额。（尽管这只是个假想的例子，但这些数据与来自 Rhapsody 和 Netflix 的实际数据非常相近。）

但长尾经济学的真正闪光点在于第三个条柱：利润。由于存货成本极低，非热门产品在长尾市场中的利润可能远超过传统的“砖头和水泥”市场。

以 DVD 为例。图 8–4 大致反映了一个沃尔玛一类的传统零售商的 DVD 经济学：

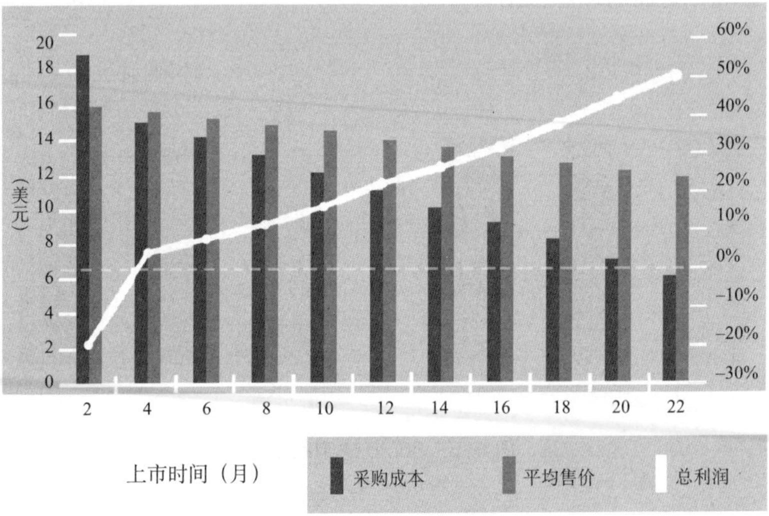

图 8–4 DVD 零售经济学

你可以看到，现在的新 DVD 生意相当难做。电影公司的 DVD 要价在 17~19 美元左右，而“大盒子”（big box）零售商（沃尔玛、Best Buy 等）在前一两个星期内只能标价 15~17 美元，平均每盘 DVD 损失 2 美元左右。（这还没有考虑管理费用，实际损失更大。）

大约一个月之后，DVD 批发价（分销商对商店的要价）的下降速度开始快于零售价（商店的标价），销售 DVD 渐渐变得有利可图了。但几乎有 80% 的销售额是由发行时间不超过两个月的 DVD

贡献的，而它们的利润率还不算高。商场为什么要以这么低的价格销售新 DVD？原因很简单：至少对大盒子零售商来说，这些新 DVD 属于廉价诱饵，全是为了吸引顾客购买 DVD 区的其他影片或商场其他区域的产品，这些东西的利润就比较高了。DVD 分销商也鼓励这种做法，他们允许商场退还卖不掉的新 DVD，大大降低了零售商的经营风险。

问题是，尽管这样的策略对产品种类较多的大盒子零售商来说是有意义的，但它也为其他所有商家设定了一个价格标准，包括百视达这样的 DVD 专卖店。所以，大盒子零售商实际上压低了整个行业的新 DVD 销售利润，把曲线头部的经济学变得更加严酷了。难怪百视达正在困境中挣扎。

但是，如果你能让需求向长尾深处转移，创造一个不太依赖于新产品的市场，你的利润水平就会飞跃一步。你在图 8–4 中已经看到，发行时间越长，销售利润越高。这就是长尾的优势所在——它们有摆放老 DVD 的货架空间。这也是推荐系统和其他过滤器对长尾市场的重要性所在。聪明的零售商正在鼓励人们从大热门世界（高采购成本）转向利基世界（低采购成本），完全有能力戏剧性地提高零售业的经济效率。顺便说一句，这就是 Netflix 的做法：它的新影片采购量往往低于市场所需（尽管缺货和延误也惹恼了一些顾客，制造了不少矛盾），因为这有助于它保持自己的利润水平。

现在我们知道长尾零售商的利润分布为什么比收益分布还要均匀了（见“80/20 法则的演化”一图）。长尾产品或许不是销售额的主要贡献者，但由于它们的采购成本通常较低，只要存货成本保持在接近于零的水平，它们就可以创造极高的利润。综上所述，我们可以说80/20法则在长尾市场中已经发生了3种变化：

1. 你能提供的产品远比从前要多。

2. 由于找到这些产品远比从前要容易（推荐系统和过滤器的功劳），销售额在大热门和利基产品之间的分配更加均匀了。

3. 由于利基市场的经济学与大热门市场相差无几，任何产品都能创造利润，无论流行程度是高是低。

80/20法则仍然生龙活虎地存在着，但在长尾市场中，它已经失去了霸权。

更长的尾意味着更短的头？

在我研究长尾市场的定量方法的时候，我碰到的主要问题之一就是产品多样性对需求曲线整体形状的影响。当集合器收纳了越来越多的产品，将那条长尾越拉越长，头部的少数大热门会怎么样？卖得比从前少？比从前更多？还是与从前一样？

在长尾市场中，有三种力量可以推动需求从头部移向尾部，从大热门移向利基产品。第一种力量就是品种的丰富性。如果你只给人们10种东西，他们只能十里挑一。如果你给他们1 000种东西，需求就不太会集中在前10种东西上了。第二种力量是较低的“搜索成本”，这既包括实际的搜索，也包括推荐系统和其他过滤技术。最后一种力量就是样本示范：对一首歌，你也许可以免费试听30秒；对一本书，你也许可以在网上试读一部分。这能降低购买风险，鼓励消费者进一步深入未知世界。

如果要用硬数据把这种效应定量化，我们有三种方法可用：第一，比较一下一个品种相对有限的市场和一个品种丰富的市场有什么不同；第二，长期追踪某个长尾集合器 / 零售商，研究一下存货扩充的效果；第三，观察一下较低的网上搜索成本的影响，然后与类似的非网上存货来一次同类对比。

麻省理工学院 2005 年的一项研究在一个女装零售商身上观察到了这种效应——有关亚马逊长尾存货的一些早期研究成果就出自这个研究队伍的领导者埃里克 · 布赖恩诺夫森之手。这个女装公司既做目录营销，也做网上零售，而且两个渠道的品类和价格完全一致。不同之处在于，网上渠道有搜索功能，用户可以轻松浏览所有产品和产品的所有细类，而且，顾客还可以用"根据……排列"过滤器重新整理产品列表。

我们发现，消费者在网上的购买行为更倾向于长尾产品，就连那些同时使用两个渠道的消费者也是如此。排名后 80% 的产品占目录销售额的比重是 15.7%，但在网上销售额中占了 28.8%。如果换个角度，根据前 20% 的产品来看，目录销售服从 84/20 法则，网上销售则接近于 71/20。

这就是更低的搜索成本对相同存货量的影响。为了衡量不同存货（一组存货比另一组存货大得多）的影响，我们需要对比一下一个货架空间有限的零售商和一个货架空间无限的零售商。在实际操作上，我们要对比的是传统的"砖头和水泥"商场和销售或出租同类产品的网上商场。我们决定从娱乐业入手，因为这个行业的网上市场足够成熟，可以准确衡量，而且有翔实的数据可用。我们同时观察了音乐和 DVD 市场的状况。

我们没有把目光锁定在某一个“砖头和水泥”零售商身上，而是使用了尼尔森公司的各研究部门整理出的全行业数据——音乐业数据来自尼尔森音像调查公司，电影数据来自尼尔森 DVD 调查公司。我们拿这些数据与来自 Rhapsody 和 Netflix 的数据分别进行了比较。

必须做几项修正才能确保这些比较的合理性。对音乐来说，我们必须想办法比较网下的唱片销量和网上的歌曲销量，而网上销售有很多种形式，既包括个别销售，也包括订阅计划下的流量。对 DVD 来说，我们要比较的是网下的销售、单碟出租数据和网上的订阅出租数据。尽管具体方法不在本书范围之内，但这里我想说明一点，它们都会大量使用其他数据系列（比如网上的“按曲付费”销售数据）来校准曲线，尽可能地消除系统性偏差。

在修正之后，结果令我们大吃一惊：网上需求曲线要平坦得多。一般的小众市场唱片（排名 1 000 位之后的唱片）在网上的销量大约是网下的两倍。而一般的非热门 DVD（还是指 1 000 名之后）在网上的流行程度更是网下的 3 倍之多。

我们也可以换一种观察角度——看看大热门产品对网上市场的统治力下降了多少。这里有一组音乐业的数据。对网下的“砖头和水泥”零售商来说，排名前 1 000 位的唱片构成了整个市场的将近 80%。（事实上，一个典型的大盒子零售商只会在市面上的 CD 中选择一小部门，所以 100 大热门唱片就可能占据它总销量的 90%。）相比之下，同样的 1 000 大唱片对网上零售商来说只代表着不到 1/3 的市场。换种方式说，有整整一半的网上市场已经被排名 5 000 之后的唱片统治了。

提高需求还是转移需求？

长尾究竟是将蛋糕变大了，还是仅仅改变了蛋糕的分配方式？换句话说，当虚拟零售商的无限货架空间令产品种类急剧增多时，人们究竟会去买更多的东西，还是仅仅将兴趣转向不太流行的东西？总的来看，答案与行业有关：广泛兴起的小众市场确实给某些行业带来了成长的黄金机遇，但也有些行业并没有这么幸运。

尽管人类的注意力和购买力是有限的，但同样的时间和金钱可以换来更多的东西。有些娱乐形式，比如音乐，对我们的注意力来说是“非排他性”的。也就是说，你可以在消费它们的同时做其他事情。比如，有人认为人们看电视的平均时间之所以会在20世纪七八十年代上升，是因为那一代人都是看着电视长大的。他们已经习惯了开着电视的生活，所以当新奇度逐渐消退，电视由一种排他性媒体转变为一种非排他性媒体，他们看电视的频率就提高了。

其他一些媒体，比如文字，也许无法加快消费速度，但我们可以通过预先选择来提高消费的效率和满意度。事实上，我们在信息消费上的进步已经相当惊人，凭借充裕的带宽，我们可以轻松地浏览Google的搜索结果，定制我们自己的博客频道。我读到的东西也许不会比从前多，但它们对我更有意义了，因为更好的过滤器（说它们更好，是因为它们对我的个人兴趣的针对性强于那些传统的过滤器——比如报纸编辑）可以帮助我筛选内容。我读到了更有价值的东西，就等于提高了我的实际带宽，某种意义上说，我已经压缩了我的阅读注意力。

但一旦你把可支配收入和时间的匮乏全部考虑在内，某些非排他性媒体就会变成排他性媒体。人们之所以会整日开着电视却不去看它，就是因为这样做没有什么成本。但如果那是付费电视，我打赌它会立刻变成所有目光的焦点。从一个消费者的角度看，这凸显了不限量订阅服务的优势，因为在这样的模式下，你可以毫无风险地沿着长尾探索。如果更多的消费并不会带来更多的成本，你就很有可能更多地消费。

总结一下：人类的注意力比金钱更容易扩散。长尾的主要效果就是将我们的品味转向非主流产品，但只要新发现的东西让我们更加满足，我们就会更多地消费它们。只不过，我们不必为得到这样的特权而付出太多的金钱。

价格该涨还是该落？

常有人问我这样一个问题：长尾对价格有什么影响？沿长尾向后看，产品价格是否应该随着需求的下降而下跌？或者它们应该上涨，因为更有针对性的产品对本领域内的消费者更有吸引力？

答案并非绝对，视产品性质的不同而不同。在这方面，我们可以把市场分为“需求”市场和“愿望”市场，两个市场的价格规律是截然不同的。

“需求”市场中的消费者知道他们正在寻找什么，只是这种产品难得一见，只有在某个地方（比如网上）才能找到——比如主题对你很有吸引力的一本非小说类书籍。当你找到了它，你对价格可能不会那么敏感。你在亚马逊的折扣政策上就能明显看出这种效应。这个网上书商给畅销书打 3~4 折不等，然后根据图书的流行程度逐渐降低折扣率，到排名在数十万左右的冷门书籍时，折扣率已经接近于零。

相比之下，音乐和其他一些娱乐产品一般属于“愿望”市场。只要价格合适，你就有尝试新产品的愿望，愿意深入长尾探索，因为损失风险会越来越低。正因如此，许多唱片公司已经开始尝试着用折价方法推广一些老歌和不知名的新作。

这种策略的最高形式就是动态可变定价，也就是说，音乐价格会随着流行程度的降低而自动下降。事实上，Google 的关键词广告自动拍卖就有这样的效果，eBay 的类似拍卖系统也有这样的妙用。需求越大，价格就越高。

在一个真正有效的可变定价市场中，销量的下降趋势应该更缓，需求曲线的整体形状应该更平。但至少对音乐市场来说，采用这样一种模式与单一定价的简单性（比如 iTunes 的 0.99 美元固定价格）有所矛盾，而且有可能与无法轻易改变价格的 CD 零售商发生令人担忧的“渠道冲突”。随着音乐业的处境越来越艰难，它可能会更加大胆地寻找新的商业模式。到那时候，我们会用更好的数据来回答这个问题。

长尾中的“微结构”

幂律分布的基本特征之一就是“分形”性，也就是说，无论你把它放大到什么程度，它看起来仍然是幂律分布。数学家把这称为“多比例自我相似性”，简单点说，这是指长尾由许多小尾巴组成，每一条尾巴都是一个别有洞天的小世界。

以音乐为例。如果你仔细审视那些数据，你会发现音乐界的那条庞大的幂律曲线实际上只是诸多小幂律曲线的叠加，其中的每一条曲线都代表着一个流派。音乐界由数千个利基市场组成，如果这些微型生态系统糅合成一个总排行榜，整个形状看来就像是一条长长的尾巴。但如果你靠近些观察，你会发现每一个利基市场都有它自己的头和尾。

举个例子。我曾经把Rhapsody上的音乐长尾按流派拆分，然后根据平均下载量将所有流派的排名画成散点图（如图8–5所示）。接下来，我进一步分离出了其中的一个流派——非洲—古巴爵士乐，画出了该流派内的流行度排行曲线。

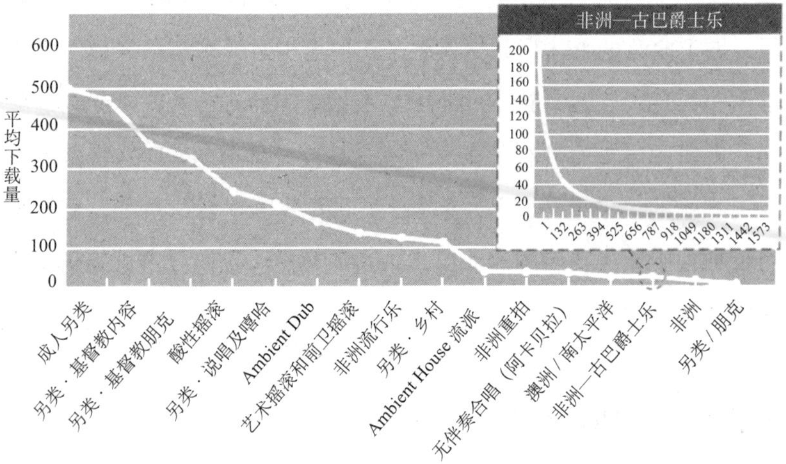

图8–5 长尾中的长尾

你可以看到，各流派的平均下载量本身也能构成一条长尾，而且每一个流派中都存在一条曲目长尾。整个音乐世界都是如此，它看起来像是一条长长的流行度曲线，但实际上是由曲线中的曲线组合而成的。

从图书到博客，其他市场也是同样。博客搜索公司 Technorati 的高管彼得 · 赫什伯格（Peter Hirshberg）曾提到，Technorati 一直在追踪的“主题长尾”正在兴起，像厨艺和子女教育这类主题的流行程度呈现出了幂律特征。“就像用一面棱镜反射白光一样，博客世界中出现了一道光谱，五彩缤纷的各种长尾社区尽在其中。”他说。最有意义的是社区内的排名，不是社区间的排名。

这一点为什么重要？原因有二。其一，这意味着过滤功能往往在一个流派内最为有效，而不是通用于整个市场。其二，这解释了长尾的一个明显的矛盾谜题。幂律曲线之所以呈陡峭下滑状，是因为强大的口头效应反馈环放大了消费者的喜恶倾向，让有名气的东西更有名气，没名气的东西更没名气了。这就是“成功带来更多成功”的道理。在网络理论中，这类积极反馈环很容易创造一种赢家通吃现象，换种方式说，它们就是那种令人恐惧的热门制造机。

更厉害的是，现在的各种过滤器已经把口头传播效应的威力进一步加大了，评论比过去多得多，评论者比过去多得多，被评论的产品也比过去多得多。既然这样，它们难道不应该把幂律曲线变得更加陡峭吗？难道不应该拉长大热门和冷门之间的距离吗？它们为什么反而起到了一种均等化作用？

换句话说，本质上正在推动需求向长尾转移的推荐系统为什么没有发挥相反的作用——将内容推向曲线头部，进一步放大大热门与冷门的差别？我们原以为更强大的网络效应会有这样的效果，但我们实际看到的长尾市场却是一条平坦化的曲线，大热门和冷门之间的差别并没有那么大。

原因就在长尾的微结构上：过滤器和其他推荐系统在非主流产品中最为有效，在流派和亚流派内部最为有效。但在不同流派之间，它们的作用会大打折扣。会有个别的经典杰作首先在本流派内登峰造极，然后继续跃升为主流大热门，在整个市场上大放光彩。但它们只是例外。更常见的是，一个领域内的热门音乐能够突破到整个市场的中游水平，但在这里，它们不得不与来自其他流派的热门音乐展开激烈的竞争，很难再更进一步。

正因如此，最受欢迎的“Ambient Dub”艺术家虽然能占据本流派的头把交椅，完全压倒本流派内的其他所有人，但这并不意味着这位明星能够把整个音乐世界搅得天翻地覆，把 50 Cent 赶出前 10 名之列。这种微结构分析告诉我们，流行度是一个多层次的概念，就算你统治了一个小派系，你也未必能变成返校节皇后。

时间长尾

为什么某些东西不如其他东西流行？到目前为止，我们关注的一直是特定事物的吸引力，是吸引力的深度和广度——它们属于主流还是利基，质量是高还是低。但我们还没有考虑另一个能够影响流行度的因素：新旧程度。就像吸引面较广的产品通常比吸引面较窄的产品卖得更好一样，新产品往往比旧产品卖得更好。

在一条基本的需求曲线中，某些产品更受欢迎的原因已经被综合化的排名掩盖了。但流行度实际上是多维的：比如，决定唱片排名的可能不光是唱片的质量，还有音乐流派、发行日期、乐队的名气和（或）国籍、与其他艺术家的相似性等其他因素。但所有这些因素都被混合进了一个一维的畅销榜中，在这个大杂烩中，它们都被模糊了。

可想而知，今天的大热门就是明天的小冷门。几乎所有产品的热度都会随着时间的推移而消退，热门产品也不例外。《龙卷风》（*Twister*）是1996年的第二大卖座影片，但在今天的亚马逊上，历史频道2005年拍摄的一部有关法国大革命的纪录片远胜于《龙卷风》，销量是它的两倍之多。

爱因斯坦将时间描述为空间的第四维，你也可以把时间看作长尾的第四维。热门和冷门产品的销量都会慢慢下滑，热门产品的起点或许更高一些，但早晚也会落入长尾之中。这个结论的量化研究仍在进行中，但从概念上说，整个过程看起来就像图8–6一样：

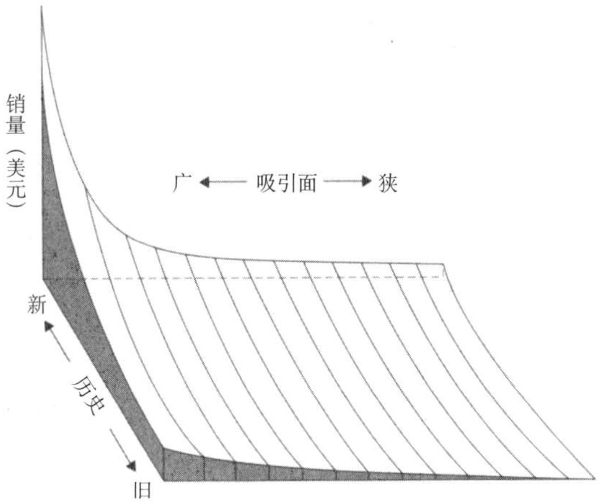

图8–6　时间长尾

说到时间与长尾的关系，有一点特别有趣：Google似乎正在改变游戏的规则。像其他所有媒体一样，网上媒体也存在新产品的专制。昨天的新闻是今天的老皇历，一旦某个内容从网站的主页上撤下，它的流行度就会直线下降。但是，当各网站发现越来越多的访问者是被 Google 指引而来时，它们看到了这个法则的破灭。

Google 并非对时间因素漠不关心，但它衡量相关性的主要标准确实不是新旧程度，而是导入链接。所以，当你搜索一个关键词的时候，你得到的通常是最好的网页，而不是最新的网页。而由于更老的网页有更多吸引导入链接的时间，它们有时候强于新网页。在搜索引擎的引导作用下，现在的博客帖子和网上新闻的过时速度已经远比从前要慢。某种意义上说，Google 正在扮演时光机器的角色，而且我们已经有能力衡量这种魔力对出版业、广告业和大众注意力的影响。

被忽视的丰饶经济学

广义来说，长尾是丰饶世界的一种现象。我们有充足的货架空间，充足的流通渠道，充足的选择。这样看来，维基百科中的经济学定义之一实在是难以服人：

经济学：名词，一门社会科学，研究的是稀缺资源下的选择。

还有其他一些定义（比如“为满足无限需求而进行的稀缺资源的分配”等等），但许多定义都有一个让人头疼的基本特征：强调稀缺性，尤其强调稀缺资源的分配方法。从摩尔法则（Moore's Law，电脑的性能每 18 个月就会提高一倍）到存储量和带宽的飙升，我们看到的是一个丰饶的世界。在这样一个时代，稀缺性假设是有疑问的。

经济学中确实有一个根本性的概念：你不可能免费获得所有东西——整个经济学就是围绕着利益权衡和权衡方法建立起来的。比如，亚当·斯密就是用时间（或便捷性）和金钱的权衡理论开创现代经济学的。他曾说过，一个人可以住在城市附近，但要支付更高的房屋租金；也可以住在离城市比较远的地方，这样租金较低，但“要牺牲一定的便捷性”。自此之后，有限蛋糕的分割方法就成了经济学的核心问题。

经济学的研究方法就是这样。新古典经济学明显没有考虑要素投入的丰饶性。它并没有否认一个点火的人可以免费使用无限多的氧气，它只是没有把这个因素放到它的公式中。它把这个问题留给了其他学科，比如化学。

但我们正在迈进一个空间无限的时代。在数字产品的长尾市场中，传统经济学的两个重要的稀缺性函数——边际生产成本和边际销售成本——正在趋近于零，因为字节可以在几乎毫无成本的前提下复制和传输。经济学一定能解释这个问题吗？

丰饶性（也可以称为“充足性”）随处可见，特别是在技术领域。摩尔法则就是一个经典范例。半导体先驱及加州理工学院教授卡弗·米德（Carver Mead）曾在1970年鼓励他的学生们“浪费晶体管”，因为他已经意识到晶体管正在变得越来越充裕，实际上已经近乎免费。过去人们想的是如何最大效率地使用稀缺的计算资源，现在人们都在肆无忌惮地“浪费”中央处理器的性能（比如在屏幕上拖动窗口和图标），正是这种转变铸就了Mac电脑和个人电算化革命。更不必说Xbox游戏机（一台专用于娱乐的超级计算机）的那副令人反感的贪婪嘴脸了。

类似的丰饶法则也存在于存储量、宽带和其他任何一个数字领域中。在技术世界之外，绿色革命已经把农业带入了丰饶时代（为了撑住农产品的价格，现在我们得花钱请求农民们不要耕种他们的庄稼）。中国和印度的丰饶的劳动力正是它们腾飞的一个依托。

某种程度上说，就连理念也是丰饶的，因为它们的“非排他性”允许它们无限制地传播。正如美国专利系统之父托马斯·杰斐逊所说：“他可以从我这里得到一个理念，自己得到启示而又不会湮没我的思想；正如他用我的蜡烛点燃他的蜡烛，自己得到光芒而又不会把我置于黑暗之中。”

十多年前，丰饶理念的倡导者乔治·吉尔德（George Gilder）精辟地阐释了这一点：

> 在人类历史上，大多数人都相信经济学是一个零和游戏——稀缺性终究会压倒丰饶性。马尔萨斯就是这种观念的一个著名的拥趸：他认为人口会以几何级数增长，而农业产出只能以算术级数增长。根据马尔萨斯的观点，食物匮乏最终会扼杀经济增长。
>
> 经济学家之所以强调稀缺性，是因为资源短缺可以衡量，到零为止。稀缺性可以给经济模型设定一个限度，令它们得出一个明确可数的结果，得出产业系统中的一个可辨识的瓶颈点。而丰饶性既不可数，也没有明显的上限。它们像空气和水一样无处不在，而且它们是不可见的——此所谓“外部性”。然而，丰饶性实际上是所有经济进步和变化的驱动力。

那么，这一点怎样才能与新古典经济学协调起来呢？吉尔德建议我们去“浪费”资源：

> 在每一次工业革命中，总会有一些主要生产要素的成本急剧下降。相比从前的成本，新要素几乎是免费的。相比牲畜和人类挥汗如雨的时代，工业革命中的物理动力几乎是免费的。突然之间，你可以做到你从前做不到的事了。你可以让一个工厂保持24小时连续运转，以工业时代之前不可想象的方式进行大规模生产。这确实意味着物理动力的成本已经在某种意义上变成了零。整个经济不得不重新认识自己，拼命去利用这些物理动力。你不得不去“浪费”蒸汽机和它的衍生物的力量，唯有如此，你才能胜人一筹，无论是在战争时期，还是在和平时期。

这段话暗示，我们可以把丰饶性放到经济大背景中来考虑。如果丰饶的资源只是一个系统的要素之一，而这个系统仍然在其他方面受到稀缺性的限制，那么这些丰饶的资源也许不能改变经济的正统状态。在这种情况下，它们的角色就像是学习曲线或是最小化的交易成本——都是生产效率的驱动器，有助于降低价格并提高生产率，但并不能打破经济学的法则。

显然，长尾的丰饶性便难以摆脱这样的限制，不管它有多么大的威力。尽管所有媒体上的选择空间或许是无穷无尽的，但人类的注意力和时间仍然是有限的，我们的可支配收入也是有限的。在某种程度上说，蛋糕的大小仍然是固定的。就算你向一个闲散在家的懒汉提供100万个电视节目，他看电视的时间也许并不会超过从前，只不过可以挑选更适合自己的节目罢了。

最后要说的是，经济学并不能解决所有的问题，不管它有多么迷人。有许多现象有待其他学科来解释，比如心理学和物理学等等，还有许多现象根本没有学术理论可以解释。就像经济增长一样，丰饶性正在以一种我们司空见惯的方式改变着我们的世界，无论我们能否用一个等式来描述它。

09 货架争夺战

有限货架的世界

大热门已经在这个世界牢牢扎根，无论你喜不喜欢。那些货架有限的零售商店、广播电视网和千篇一律的大众化产品同样无处不在。尽管电子商务进步神速，但在线购物占美国零售业的份额仍不到 10%，只是刚刚超过目录购物而已。即使是在线购物模式最狂热的支持者也不敢奢望这种模式能占据消费者长期支出的 1/4 以上。

这不光是因为“砖头和水泥”企业有瞬间购物的便捷性和触觉上的优势。我们也是一种群居动物，有时候，我们希望与其他人一起做一件事。这是一种安慰，而且共同的体验能拉近我们的距离。

这就是幂律曲线总会呈现不均衡状的原因。长尾市场的曲线通常比传统市场略平一点，但它们也有自己的大热门。不管我们之间有多少不同之处，我们之间的相似之处总是更多。这一点不仅不可避免，实际上也对推荐系统和其他过滤器的运作至关重要，而正是这些过滤器让在线市场充满了活力。

在这一章里，我们将回到幂律曲线的最左端，也就是大赢家的领地。我们会谈一谈货架的优势和成本，也看一看广播技术和好莱坞造星机器的优势和成本。让我们从优势开始。

大热门对社会和商业的统治力也许已经不像过去一个世纪中那

样强，但它们的影响力仍然是无可比拟的。其中一个体现是，它们可以创造大众文化热点，然后围绕这些热点孕育定位更加明确的细分市场。

成功的长尾集合器既需要冷门产品，也需要大热门产品。它们必须跨越整个多样性光谱，从吸引面最宽的流行产品一直延伸到吸引面最窄的另类产品。唯有如此，它们才能整合信息资源，指明一条对所有人都有意义的长尾探索之路。

消费者喜欢一站式购物。他们希望自己正在寻找的东西就在某个地方等着他们。只要一家商店能让消费者坚信这一点，它就能获得成功。这是一种最高境界的选择过程，你知道有些过滤器正在从所有产品（至少是那个领域内的所有产品）中挑选最好的。这个概念就是长尾集合器如此令人心动的原因。

如果你只有头部中的产品，你很快就会发现你的顾客有更多的要求，而你无法满足他们的要求。如果你只有尾巴中的产品，你会发现顾客手足无措，不知该从哪里看起。他们会失去方向，因为你提供的所有东西都是他们不熟悉的。同时供应头部和尾部产品的重要性正在于此：你的起点是消费者已经了解的一个世界——主题明确的地点和熟悉的产品。

这方面的一个经典范例就是 MP3.com——最早的在线音乐服务商之一。1997 年，一个名叫迈克尔 · 罗伯逊的企业家创办了一个看似典型长尾企业的网站。它允许任何人上传音乐文件，也允许所有人分享这些音乐。罗伯逊认为这样的服务能绕开传统的唱片公司，为艺术家和音乐迷搭建一个直接联系的桥梁。乐队支付的网站宣传费将是 MP3.com 的收入来源。唱片公司的专制将被粉碎，一个百花齐放的新时代将会来临。

但是，尽管 MP3.com 的成长速度快得惊人，没多久便拥有了数十万首曲目，但那些苦苦拼搏的乐队仍旧找不到足够多的新听众，独立音乐圈也没有任何革命可言。事实上，MP3.com 被扣上了一顶名副其实的臭帽子：一个良莠不分的蹩脚音乐大杂烩。

MP3.com 的问题很简单：它只是一个长尾网站。在大多数时间里，它根本没有与唱片公司签订供应主流素材和流行商业音乐的许可协议。因此，消费者找不到他们熟悉的条目，自然也就找不到探索长尾的起点了。（后来，MP3.com 在寻找可行商业模式的过程中开始提供一种新服务，允许用户上传他们手中的商业 CD，结果引发了唱片业铺天盖地的法律诉讼。最终，MP3.com 被迫关闭了。）

MP3.com 模式之所以失败，iTunes 模式（对独立音乐家并没有太多的倾向性）之所以成功，原因就在起点的不同：iTunes 一开始就与各大唱片公司达成了协议，因此拥有足够多的主流音乐。同时，它也添加了越来越多的非主流音乐，“版权集合器”将数十万独立音乐家的作品带到了它的硬盘中。因此，iTunes 的顾客可以在一个业已存在的市场中开始探索。在这个市场中，大名鼎鼎的商业音乐分别代表了各个音乐类别，就像是探索小众音乐的天然起跑线。

（顺便说一句，我们有必要思考一下这样一个问题：既然 MySpace 的自由独立音乐模式与 MP3.com 是如此的相似，它又为什么如此成功呢？原因似乎在于网络社区和音乐内容在这个网站上的有效结合。广大歌迷之间的强大社交纽带能帮助他们找到他们原本找不到的内容，而这些内容又给了他们一个继续访问这个网站的理由。这样的良性循环帮助MySpace避开了致命的耗竭现象——正是这样的现象令从前的那些为了联系而联系的社交网站毁于一旦。）

城市长尾

大城市也是一种“大热门”。如果你把全球各地的人口聚居状况画成一幅图，你也能得到一条幂律曲线。从上海到巴黎，少数大城市中聚集着大量的人口，而其他城市大多人口较少。正如理查德·佛罗里达（Richard Florida）在《创新阶层的崛起》（*The Rise of the Creative Class*）一书中所说：

> 人们之所以聚在一起，不光是因为他们愿意彼此靠近，也不光是因为他们喜欢那些设施齐全的都市中心，尽管这两者都很重要。他们和他们的公司聚在一起，也是为了利用密集人口所带来的生产率优势、规模经济和知识外溢效应。如果不计其数的创新者、执行者和金融支持者都能不断地在办公室内外彼此接触，那么理念就能传播得更加自由，锤炼得更加锐利，实践得更加迅速。

这些大城市之所以存在，是因为密集聚居的文化和经济优势完全可以弥补城市生活的成本。颇有讽刺意味的是，其中一个优势就是无奇不有的细分市场。

像纽约、伦敦、巴黎和东京这样的地方实际上可以供应世界上的任何东西。想吃异国食品？没问题，各种风味应有尽有——有厄立特里亚风味，有孟加拉餐，还有蒙古国的罐焖土豆牛羊肉。每一种娱乐都有，迎合每一种需求的服务都有，如果你知道哪一条小巷或墙上的哪个洞里别有洞天，你会发现城市产品之丰富大可与亚马逊比肩。

为什么？因为城市人口太过密集，以至于通常散布四方的需求变得集中化了。某种意义上说，你可以把城市想象成都市空间的长尾，就像互联网是理念空间或文化空间的长尾一样。

就像作家史蒂文·约翰逊（Steven Johnson）所写：

> 一个只卖纽扣的商店在一个5万人的小镇里很可能找不到市场，但纽约市却有一个完整的纽扣商店区。亚文化在大城市中如此兴旺也是出于这样的原因：如果你有某种特殊的品味，你在一个有900万人的城市里更有可能找到你的知音。

城市理论学家简·雅各布斯（Jane Jacobs）多年前就已提出，大城市为小众文化领域的兴起创造了绝妙的环境：

> 小镇和郊区……天生就是大超市的落脚点，没给其他商店留下多少空间；它们天生就是标准电影院或汽车影院的落脚点，没给其他影院留下多少空间。它们没有足够多的人口来支持进一步的多样化，尽管新的品种也可能引来顾客（恐怕寥寥无几）。
>
> 城市就不同了。它们不仅是大超市和标准电影院的天然

之家，还有熟食店、维也纳面包店、外国杂货店和艺术电影院等。所有这些事物都能共存：标准与奇异的共存，大与小的共存。无论你在哪些地方发现了城市中的活跃而又流行的成分，小成分的比例一定远远超过大成分。

为货架辩护

在我们埋葬货架之前，我们首先应该肯定它的功绩。今天的零售陈列架就是人类与产品供应链的互动界面，这个高度发达的供应链以最大效率地利用时间和空间为原则。一般的超市货架可能有7英尺高，4英尺宽，最多可至2英尺深，这样的立方容积已经可与一辆小型货车媲美。

一排排货架上摆满了根据行业标准货架的尺寸量身设计的包装商品，这已经成为现代社会丰饶性的象征。今天的一家普通超市有不下3万种不同商品，每一种都被巧妙地归置和展示在货架上，以便以最低的成本实现最大的销量。它既是一个高效仓储的奇迹，也是一台马力强劲的销售机器。

货架反映了零售科学的最高发展水平。超市货架上的产品都是根据仓储算法和市场需求弹性包装和排列的。最优存货方法每天都要在连锁零售店的总部中重新计算一次，而且随时会根据实际销售数据迅速调整。

这种货架仓储模式旨在启动零售机器的每一台引擎：满足消费者现有需求，激发他们新的需求，从最小的空间里榨取最高的销售业绩。超市货架的每一个维度都被详细地研究和抽样调查过，还有一帮零售人类学家用隐藏的摄像头和无线射频识别标签观察着它们的效果。对占据美国经济近 60% 江山的零售业来说，货架就是前沿阵地，而致力货架科学的研究行业也是一个当之无愧的重要行业。

我们知道一个货架从上至下的精确价值梯度，无论对哪一种零售业态和哪一类商品来说，我们都知道稍低于顾客视平线的黄金位置值多少美元（比如在超市中，中部神奇货架的销售力是底部货架的 5 倍还多）。所以，商店可以精确地算出它们应该向生产商索取多高的“位置费”才能把它们的产品放在这些风水宝地，既提高厂商的销量，也提高自己的零售利润。

水平方向的设计则是一门品牌展示的学问。现在我们知道一个公司的产品占据多宽的空间才算恰到好处，既能吸引顾客的眼球，又不至于铺得太宽，白白浪费稀缺的前沿展区。凭借条形码，凭借销售现场与存货补给软件的珠联璧合，我们也知道如何让所有货架在任何时间都摆满正确的商品。

简而言之，得益于超市专家数十年来的苦心研究，我们已经知道如何最大效率地利用每一平方英寸的零售空间。只要你想想我们惊人的进步，想想丰饶性和多样性的大发展和全球供应链的降价效应，你就很难否认货架的贡献。可以说，它就是资本主义进步的化身。

一寸货架一寸金

但是，货架在很多方面过于浪费了。让我们从最明显的一点开始。对一块长 4 英尺、宽 2 英尺的板子来说，那样的月租水平高得离谱了。没错，你可以在一平方英尺的建筑面积上堆积出 6 平方英尺的货架面积，但零售业的经验法则告诉我们，用于安置货架的建筑面积每多 1 平方英尺，用于过道、收银台和公共区域的建筑面积就要多上两三平方英尺。视商店类型而定，后屋的仓储和管理用地可能让必要建筑面积再大上 25%。2005 年年初的时候，美国主要地区的零售场地平均租金接近 40 美元每平方英尺，这意味着每平方英尺货架面积的净成本在每月 26~33 美元之间。

而且，“砖头和水泥”零售商还要承担其他日常成本：职员工资、存货贬值、供电和其他公用设施、偷盗和其他“外漏”问题、退货、保险、宣传费用等等。加在一起，这些成本几乎与场地成本相当，足以把 12 平方英寸货架面积的总租金抬高到每月至少 50 美元的水平。按 40% 的平均零售溢价率来算，这意味着每平方英尺的货架面积每月必须要创造 100~150 美元的收益——而且这仅仅能维持收支平衡而已。

正因为货架上的每一个位置都是如此宝贵，只有那些最有希望的产品（受欢迎程度或利润水平有一定保障的产品）才能得到这些位置。这是一种残酷的检验，绝大多数产品都难逃被淘汰的厄运。超市每年都会考虑 15 000 种新产品，但根据消费者联盟的统计，侥幸过关的少数产品中有 70%~80% 支撑不了太长的时间。今天，一家音像租赁店经营一张 DVD 的平均成本是每年 22 美元，而只有最流行的影片才能承担这个成本。

如果你认为这还不算糟糕，那么请不要忘记，在货架上销售产品的隐性成本有可能比直接成本还要高。这些成本大多是机会成本，也就是产品短缺和潜在需求得不到满足的成本，这是由货架的物理限制决定的。Google时代已经让我们见识到了搜索便利性的经济价值。我们只需输入我们想找的东西（写错点都没有关系），它就会突然出现在我们的眼前。我们已经被有价值的推荐信息（其他人的经验教训）宠坏了，没有这些信息，我们永远也不会考虑或自己寻找某些东西。

但这些工具没有一个能用在你们本地的Safeway商店里，在这些地方，所有产品都被塞进了某个模棱两可的类别中（比如“罐装食品”），顾客的购物模式只有管理人员才知道，唯一可用的搜索引擎就是某个拿着最低薪水的存货管理员。其实这不是Safeway的错，也不是其他任何“砖头和水泥”零售商的错。因为这些零售商注定要生活在一个由货架和过道组成的非流动世界中，在这样的世界里，统治商品的是无从妥协的原子物理学，不是字节。

对这类有形事物来说，最不幸的规则之一就是固定性：它无法超越时间和空间。显然，一个有形物体在任意一个给定时刻只能待在某一个地方。一罐金枪鱼罐头不可能同时出现在多个商品区中，尽管每一个购物者都有自己的兴趣点和搜索条件：“鱼”、“罐装食品”、“三明治原料”、“低脂肪”、“折价”、“畅销”、“返校节促销”、“两美元以下”等。

一个有形商店不可能随时随地地根据每一个顾客的独特兴趣重新布置商品。一瓶瓶葡萄酒不可能根据某次搜索结果魔术般地重新排列。就算下一个货架旁的某个顾客买了陈年豪达奶酪和黑橄榄，所以很有可能也会喜欢比诺葡萄酒，比诺葡萄酒也不可能突然跳到那一个货架上。在这方面，原子是很顽固的。

你把什么东西放到购物车中，商店在你结账之前不会知道。而等你来到收银台的时候，商店已经来不及做出什么反应，除了免费送你一张折扣券之外再无其他高招。在某些地方，零售科学家寄希望于使用智能购物车来解决这个问题，据说这样的购物车能通过无线射频识别标签来侦测车中的商品，然后据此发出推荐信息。但即使是这些科学家也没有隔空移物的本事，也没法轻松地根据推荐信息采取行动。在物理世界中，移动的是购物者，不是产品。

地理限制

有形货架还有一个劣势：它们会受制于地理位置。只有能接近货架的人才能拿到货架上的东西。当然，这也是货架的一个优点：你附近的商店对你来说很方便，你可以马上把你购买的东西带回家。不管我们在网上花了多长的时间，我们毕竟还是生活在物理世界中的。

“砖头和水泥”零售业的主要限制之一就是地理因素：它们必须吸引当地的消费者。无论我们谈论的是电影、CD 还是其他任何产品，“砖头和水泥”零售商都只会经营能够保本的产品，也就是能从有限的当地人口中引来最多注意（和美元）的产品。

在美国，有 20% 的人口居住在离最近一家书店 10 英里以外的地方，有 8% 的人口离最近的书店有 32 英里以上的距离。音乐商店、电影院和音像租赁店的距离也大抵如此。就算每一人都想去实体商店买东西，他们中的很多人也往往办不到。

别忘了，在物理空间的专制统治下，消费者太过分散就等于没有消费者。因此，本地需求必须足够集中，足以弥补有形分销的高昂成本。换种更直白的说法，没有足够的本地需求就没有商店。

这对各种产品来说都是成立的。气候炎热的地区之所以很少有滑雪商店，内陆地区之所以很少有潜水用品店（尽管这两种地方的人经常飞到其他地区去滑雪和潜水），就是例证。这些产品也有本地需求，但我们说过，任何一个商店都必须有足够多的本地需求。整个计算逻辑有点像下面这个公式：

销售额等于

潜在顾客占总人口的比例

减去

距离商店 10 英里以上的人口比例

减去

从未光顾的人口比例

减去

没在货架上看到所需产品的人口比例

……

我们也可以换一种方式来看。从某种意义上说，你可以认为市场上存在一条顾客长尾，就像产品长尾一样。曲线横轴是各个城镇，纵轴是某种产品在每一个城镇中的潜在顾客数量。一个传统零售商可以把重点放在曲线头部，也就是顾客最为集中的地方。但我们已经知道，大部分顾客都在尾部，散布在多个不同城镇。这是传统零售业的一个不可告人的秘密。商店之所以会放弃一些生意，只是因为它们的经济法则不允许它们涉足这样的生意。

简单地说，这样的生意属于在线零售商。由于他们可以高效地接触到所有高密度或低密度的城镇，他们有能力开发那条分散化需求的长尾。这就是一个世纪前的西尔斯－罗巴克公司用邮寄目录做到的事：开发美国中心地区对多种产品的分散化需求。今天的网上零售商也是这样做的，只不过，他们的速度更快，成本更低，品种也更加丰富了。

匮乏的天空

对大规模市场来说，广播的情势是无可匹敌的：它们允许你接触到上百万顾客，而成本与接触一个顾客一样低。尽管发射机和许可证的成本是固定的，广告收入却是可变的。你接触到的人越多，你赚到的钱就越多。在大热门的“短头”市场中，事情就是这么简单。

在广播电视技术于20世纪中期诞生后，我们突然有办法把同一个节目传送到每一个家庭了，也突然有办法在每一个晚上把一部新闻片传送给每一个人了。与亲自跑到一家剧院或是电影院相比，广播电视是一种不可思议的普及力量，它已经以空前绝后的效率把音频和视频新闻娱乐节目的观众群体扩展到了长尾深处。

但我们还是不能忘记，广播电视技术也有它的局限性，那就是物理规律：现有的波段只能容纳这么多的广播台，同轴电缆只能容纳这么多的电视频道。最明显的是，一天之内至多只能播24个小时的节目。

如果你是一家电视台或广播台的管理者，这些限制对你来说是非常现实的。每一个频率和每一个频道都是有成本的：有时候是广播执照和电缆使用成本，还有时候是招揽广告商的成本。无论是哪一种情况，只有用一种方法能够赢利（至少是收支平衡）：吸引足够多的观众，最大限度地利用宝贵的传播渠道。

传统的解决办法就是聚焦于大热门。热门节目不仅能聚合和集中观众群，高效地利用匮乏的传播资源，还能获益于营销上的网络效应，也就是人们所说的口头传播效应。一旦广告宣传让热门节目获得了一定的流行程度，口头传播效应就能发挥作用，有效地将它们带到一个新的高度，直至变成无人不晓的大热门——如果它们真的能引起大众共鸣的话。

但怎样才能制造出一个大热门呢？这么说吧，有两种基本方法可供选择：第一，四处撒网，寻找难得一见的天才；第二，使用流行产品制造公式来推出某种很容易卖掉的东西。猜猜看哪一种方法最为常见？

答案是后一种方法，而它的工具是在20世纪下半叶大行其道的热门中心主义媒体和娱乐文化。它的基本特征是：

- 拼命地寻找适合所有人的大众化产品
- 试图预测需求
- 将“失败者”撤出市场
- 有限选择

乌玛尔·哈克（Umair Haque）在写到数字媒体经济学的时候从“消费者注意力”的角度探讨了这种文化。一个迎合大众品位（就算是浅薄品位）的模式化电视节目总会有人看（连同节目中的商业广告)，而在其他选择寥寥无几的情况下，看这个节目的人会更多——在电视史上的大多数时候，现实正是如此。电影和广播也是同样：

> 过去几百年中的娱乐经济学都信奉这样一个基本原理：内容和传播渠道是匮乏的，消费者的注意力是充裕的。不是每一个人都能制作电影、开办电台或拥有一家媒体。那些有能力这样做的人已经控制了生产方式。这是一个卖方市场，而消费者有浪费注意力的余地。

一个数据（电视上泛滥的广告）就能说明一切。在政府于20世纪80年代中期解除管制后，网络电视的每小时平均广告时间从1982年的6分钟零48秒一路上升到了2001年的12分零4秒（升幅近50%）。为什么？尽管广告内容越来越多，而美国人看电视的时间却越来越长。既然他们在实质性内容越来越少的情况下仍然愿意贡献出他们的注意力，电视台为什么不利用这一点呢？就像哈克所说，从电视网的立场上看："在这个双边市场上，越来越长的广告时间是一项由另一边负担的成本。"无怪乎电视广告如此泛滥。

"大热门主义"的危机

20世纪的稀缺时代给我们留下了不少弊病，根除它们需要很长时间，但我们已经迈出了第一步。第一代与网络共同长大的年轻人就是先锋力量。

2001年，第一代"数字国人"步入了成年。在1995年开始使用网络的12岁少年们跨过了18岁大关（尼尔森公司认为18~34岁年龄段是广告商最为觊觎的群体，这些孩子刚刚进入这个群体）。其中，男孩子对电视的疏远尤其明显。一边是丰富多彩而且很容易避开广告骚扰的网络世界，另一边是传统的广播电视，面对这样的选择，他们开始转向前者——18~34岁群体的收视率数据50年以来第一次下滑了。

尽管这种转移仍不成规模，但它是实实在在的：这个群体正在抛弃广播电视，转向奉行利基市场经济学的互联网。有了更多的选择，他们的注意力也转向了他们最喜欢的东西——事实证明，他们最喜欢的不是那些充斥着商业广告的模式化内容。用哈克的话说，他们正在收回他们的注意力，至少更加珍视自己的注意力了。

娱乐业的教训应该是显而易见的：人们想要什么，就给他们什么。如果他们想要非主流的内容，那就给他们非主流的内容。正如我们正在重新思考大热门和大明星的特殊地位一样，我们也开始意识到：在这个崭新的市场中，产品的性质变了，参与者的性质和动机也变了。

受人类天性的影响，我们习惯于以绝对化和极端化的方式看待事物，一个事物不是黑的就是白的，不是大热门就是失败产品。但这个世界当然是凌乱、多级、符合统计规律的。我们忘记了大多数产品都不会热销，因为我们在货架上看到的产品大多是热销的，至少强于无福登上货架的那些东西。但是，绝大多数产品的流行程度充其量都只是马马虎虎而已，从音乐到服装，几乎任何行业都是如此。大多数产品都通不过热门过滤器的检验，但它们仍能以某种方式存活下去。为什么？因为大热门经济学并不是唯一可行的经济学。大热门只是例外，不是规则，但我们能透过它们的光环看清整个行业。

举个例子，好莱坞经济学与网络视频经济学就不是一回事，麦当娜的经济期望与拍手叫好乐队的也不会一样。但当国会在迪士尼公司的游说下将版权效力又延长了10年时，受益的只是曲线的头部。对迪士尼有利的事情未必对整个美国有利。限制数字文件拷贝或视频传输技术的立法同样如此。长尾没有游说团，所以人们听到的往往只是“短头”市场的呼声。

资源稀缺的假设让我们陷入了许多类似的思想陷阱，以下是其他几个例子：

- 每个人都想成为大明星
- 每个人都是为赚钱而参与的
- 如果它不是大热门，它就是个失败者
- 只有大成功才算成功
- “直转录视频”＝糟糕
- “自我出版”＝糟糕
- “独立”＝“他们拿不到合同”
- 业余＝肤浅
- 低销量＝低质量
- 如果它够好，它一定能流行

最后，还有人认为“太多选择”会让人晕头转向。这种观念太过常见也太过牵强，所以我们有必要用单独一章来谈一谈它。

10 选择的天堂

我们正在进入一个无限选择的时代，而且这是件好事

1978 年，《周六夜现场》上演了一个有关“苏格兰商店”的幽默剧，这个商店位于一家时尚购物中心里，只卖各种各样的苏格兰录音带。门可罗雀的窘境令店主大惑不解——他供应这么多的磁带，总有一种能够吸引人吧，但生意始终冷冷清清。《周六夜现场》的节目不留情面地嘲讽了店主的愚蠢。还能有什么东西比一家专卖苏格兰磁带的商店更荒唐呢？

但在 2004 年，真的有一个名叫“Rice to Riches”的米布丁专卖店在曼哈顿开张了。这个商店出售 20 多种口味的米布丁，但除此之外什么也没有。据说它经营得相当不错，而且正在开发邮购业务。与此同时，一个名叫“白宫”（White House）的只卖白色家居产品的类似连锁商店也大获成功，以至于新增了一个“黑宫”（Black House）品牌。昨天的笑话变成了今天的现实。

我们正身处一个史无前例的丰饶时代。这方面的例子随处可见，但有时候，几个数字更能说明问题。根据 OMD 广告公司所说，星巴克咖啡约有 19 000 种口味。根据 Mintil 国际集团的新产品数据库，单在 2003 年就有 26 893 种新食品和家用产品上市，包括 115 种除臭剂、187 种早餐谷类食品和 303 种女性芳香用品。

回想20世纪60年代的时候，美国每年出售的800万辆汽车里有超过100万辆是雪佛兰的Impala，在总共只有不到40种汽车的美国汽车市场中，Impala占据了近13%的份额。今天，汽车市场的规模是60年代的10倍左右，有250种基本车型可选（如果算上所有的升级版，车型不下1 000种）。但只有不到10种车型的销量能超过40万辆，也就是整个市场的区区1.5%。

这样的品种大爆炸因何而起？全球化浪潮和随之诞生的超高效供应链是一个解释。现在，一个国家的商人可以在全世界的所有商品中做出选择。实际上，美国国家经济研究局（NBER）估计美国进口产品的种类从1972年到2001年之间翻了三番还多。

另一个解释与人口特征有关。就像《商业周刊》最近说的：

> 在20世纪五六十年代，整个美国都是一番千篇一律的景象，不仅种族背景大同小异（大规模的西班牙移民潮还没开始），人们的愿望也大同小异。美国人最大的理想就是向同一层次的人看齐：不仅仅是赶上同层次的人，还要与同层次的人一模一样——拥有同样的汽车、同样的洗碗机、同样的割草机。而产品丰饶度在七八十年代显著上升后，情况彻底改变了。我们从“我想做正常人”转向了“我想与众不同”。当企业开始竞相纵容这样的新渴望时，它们把大规模生产细化成了大规模的定制化。

最终，长尾出现了。iTunes的选择空间是沃尔玛的40倍左右。Netflix的DVD种类是百视达的18倍，如果市面上有更多的DVD，它的存货甚至会更多。亚马逊的藏书量几乎是一家鲍德斯图书大超市的 40 倍之多。若比一比像 eBay 这样的网上零售商和一家普通的百货店，这个倍数是无法估量的，但肯定在四位数以上。

选择过多吗？

任何东西都能买到就是网络时代的惊人现实。网上零售商的产品之丰富在短短 10 年之前还是不可想象的——有数以百万计的产品可供选择，任何一种升级版和组合版都能找到。但人们是否真的需要这么多的选择？面对这番眼花缭乱的景象，我们承受得住吗？

随着网上产品库的扩充，越来越多的人开始问这样的问题。传统观点认为更多的选择是件好事，因为这等于承认了人与人的不同，允许每个人寻找最适合自己的东西。但在 2004 年出版的一部颇有影响力的著作《选择的悖论》（*The Paradox of Choice*）中，巴里 · 施瓦茨（Barry Schwartz）提出了不同的看法：太多的选择不仅会令人迷惑，也会令人不堪重负。

他引用了一篇名为“选择为何令人消极”的文章。该文是对一家超市内的消费者行为的研究成果，现在已经颇有名气。文章细节如下：

> 来自哥伦比亚和斯坦福大学的研究者在一个食品专卖店中摆了一张桌子，让顾客免费品尝一系列不同种类的果酱，然后赠送他们一张 1 美元的优惠券，购买任意一罐果酱均可使用此券。在一半时间里，桌子上的果酱有 6 种口味，另一半时间里有 24 种口味。研究者有意没有加入那些最常见的口味，比如草

莓味（以免顾客简简单单地挑选常见口味），而且也没有考虑像柠檬酱这样的古怪口味。

结果表明：比较过 6 种选择的顾客中有 30% 买了一罐果酱，但比较过 24 种选择的顾客中只有 3% 买了果酱。有趣的是，24 种选择吸引来的品尝者其实比 6 种选择要多——前者是 60% 的顾客，后者是 40%。只是有很多人只尝不买。研究者提供的选择越多，顾客买的就越少，而且购买满意度也越低。

丰富性似乎令顾客迷惑，甚至是压抑——他们凭什么非要成为一个果酱专家才能自信地做出选择？多余的选择让他们脱离了他们所熟悉的圈圈（草莓味、蓝莓味、树莓味等），进入了像波森莓味和大黄味这样的怪异领域。消费者开始犹豫和懊恼。太多的选择突然之间似乎变成了太多的麻烦。

施瓦茨得出了这样的结论：

> 随着选择空间不断扩大，丰富选择的消极面开始显现。随着选择空间继续扩大，消极面会渐渐加大，直到令人不堪重负。到这个时候，选择不再是一种解放，而是一种折磨，甚至可以说是一种压迫。

作为这种现代毒药的一剂解药，施瓦茨建议消费者“满意即可”，用社会科学的行话来说，就是不必苛求利益“最大化”。换句话说，如果他们满足于眼前的选择，而不是贪婪地琢磨是不是还有其他更好的选择，他们会更加快乐。（有人在亚马逊上拿《选择的悖论》开了个玩笑，他说他看到了 20 本同类主题的书，由于拿不定主意，他一本也没买。）

我对这种观点持怀疑态度。你不一定要让人们自行选择，其实可以帮助他们做出选择。过去一个世纪中的零售学已经得到了一个教训：大多数消费者都不喜欢这样的零售学。

当然，广阔的选择空间也未必没有坏处。我们常常被迫问自己“我到底想要什么”，而认识自我并非对所有人来说都是易事。但正确的解决办法不是限制选择，而是有序地组织选择，避免给消费者一种压抑的感觉。施瓦茨自己也承认：“一个初来曼哈顿的小镇居民会被这里的景象唬得天旋地转，但纽约人对此却习以为常，因为他们已经完全适应了这座城市的超级刺激。”

当我偶然在本地的一家超市中看到果酱区时，我第一次对施瓦茨所说的这次果酱消费研究产生了怀疑。这个果酱区有20平方英尺左右。一开始你看到的是草莓味果酱，接下来是树莓味，后面还有五花八门的其他品种——这里我只能列举一二：柠檬酱、金薄荷酱、番茄肉桂丁香酱、肉桂梨酱、无花果梨酱、辣椒果子冻、越橘树莓酱、桃杏酱、樱桃李子酱、草莓大黄酱、欧洲酸樱桃酱、无花果酱、混合浆果酱、黑樱桃酱、西番莲果酱、菠萝酱、菠萝木瓜酱、关岛草莓酱、黑醋栗酱、墨西哥辣椒酱（红辣椒和青辣椒都有）、大黄酱、玫瑰果油、薄荷味苹果酱等等，还有上述许多口味的清淡品种。

这里的果酱既不是6种也不是24种，而是300种以上。整个超市共有42种品牌的果酱，平均每个品牌有8种不同产品。我跟经理聊过之后了解到，自上面所说的那项果酱研究出炉以来，这个超市的果酱品种已经扩充了一倍左右。“可供选择的品种比以前多得多，而人们似乎乐于尝试更奇异的品种。”他对我说。

多样性并非一切

这个发现令人迷惑。要么是学者的研究结果有问题，要么是美国的超市经理严重忽视了消费者的真正需求。这些管理者应该最了解超市中的消费者选择，但他们却对上述研究结论视若无睹。我带着这个疑问给那篇文章的作者发了一封电子邮件，问他们对这个问题是怎么看的。

巧合的是，他们已经有了答案，而且正准备再度发表文章公布他们的看法。在这篇名为“知你所爱与寻你所需：选择目标对决策满意度的影响”的文章中，哥伦比亚大学的教授希娜·因加尔（Sheena Iyengar）和她的同事们是这样说的：

> 尽管过多的选择也有害处，但消费者需要选择，而且需要很多选择。不过，选择的益处并非来自选择本身，而是来自选择的过程。只要让选择者感觉到他们是意志自由的行动主体，已经在选择过程中成功地决定了自己的偏好和最终的选择结果，选择的重要性就会失而复得。想想不久前《福布斯》上的《我喜欢选择》一文是怎么说的：“给顾客丰富的选择，但也要帮助他们搜索。”现在，我们已经知道如何帮助他们搜索。

他们发现，正确的解决办法就是井然有序地组织选择，真正地帮助消费者做出选择。让我们转向一个在线零售商，看看这样的程序是如何运作的。

亚马逊碰巧也卖果酱。不是 6 种，不是 24 种，而是 1 200 种以上，这要归功于它的“市集”工程与无数个小食品专卖商的合作关系。不过，网络世界中的品类展示方法与物理世界是迥然不同的。

在一家“砖头和水泥”商店中，产品就放在一个固定的地方。如果消费者不知道他们想要什么，他们只有两种指导信息可用：第一，印在包装袋上的宣传材料；第二，这样一种粗略的假设——供应量最大的产品也许就是最受欢迎的产品。

但在网上商店中，消费者能得到很多帮助。有近乎无数种技术可以挖掘市场中的潜在信息，让选择过程变得更容易一些。你可以根据价格、等级、日期和流派来分类；你可以阅读用户评论；你可以比较各种产品的价格；如果你愿意，你还可以转向 Google 去寻找有关一种产品的翔实资料。推荐系统会把“像你这样的人”曾经买过的产品呈现在你的面前，令人惊奇的是，这些推荐往往正合你意。即使你对一个品种一无所知，畅销排行也能揭示出最流行的选择，不仅能便利你的选择，也能让后悔错买的可能性最小化。毕竟，如果其他所有人都选择了某一种东西，这种东西就不会太差。

那次果酱试验的问题就在于它的无序性：所有果酱都在同一时间摆上桌面，而消费者只能靠现有的果酱知识和产品标签上的信息来指导自己的决策。这个问题也存在于超市的货架上。你只有三个依靠：第一，你自己的知识；第二，个人经验或产品广告给你留下的品牌印象；第三，包装袋和货架上的宣传信息。

网上零售商用于组织和协助用户选择的信息（流行度、价格比较、用户评论）对超市老板们来说也是可用的。但他们一般不会与消费者分享这些信息，因为他们想不出好的办法，总不能在每一个货架上都装一个迷你显示屏。选择的悖论只是现实世界种种天然限制的产物，正是这些限制让明智决策的信息依据丢失了。

传统观念是对的：更多的选择确实是件好事。但现在我们知道，仅有多样性是不够的，我们还需要有关各个品种和其他消费者决策行为的参考信息。似乎无所不能的Google已经用组织网络纷乱信息的能力向我们展示了这一点。所谓的选择悖论只是缺乏决策助手的结果，并不等于拒绝多样性。秩序错了，选择就是一种折磨；秩序对了，选择就是一种解放。

在消费选择这个问题上，为什么有那么多的学术研究成果与数十年来的商业现实截然矛盾？弗吉尼亚·波斯特莱尔（Virginia Postrel）在评论丰饶经济学的时候是这样解释的：

> 出于科学上的原因，心理学实验必然会系统性地排除消费习惯和商业惯例的因素——正是这些因素让现实生活中的选择（特别是购物决策）变得有章可循。这是因为心理学实验是用来理解人类大脑的，不是用来理解市场的……实际上人们不讨厌选择，即使是让人眼花缭乱的选择。他们对选择有一种复杂的感情。在现实世界中，特别是在现实的市场中，他们在做出选择的时候往往会得到帮助。

波斯特莱尔在这篇《纽约时报》专栏文章中指出，财政决策者、搜索引擎和亚马逊上的推荐系统做的都是同一件事。“他们都对我们有一定的了解，都知道哪些事情是有价值的。他们不会简简单单地减少选择。他们做起事来非常聪明，会考虑到我们最可能需要什么。他们能帮助我们实现愿望。”

正是在这样的趋势下，20 年前才刚刚出现的婚庆行业迅速兴起了。“由于传统约束已经放松，而婚庆公司也提供了婚宴邀请、豪华轿车等各种各样的新服务，婚礼变得更加复杂和个性化了。”波斯特莱尔写道。婚礼顾问协会（Association of Bridal Consultants）的会员已经从 1981 年的区区 27 人剧增到了 2004 年的 4 000 人。

再来听听管理顾问约翰 · 哈格尔（John Hagel）的一段话：“我们的选择越多，我们就越需要知道我们真正想要什么。我们越多地思考我们真正想要什么，我们就越多地（通过顾客定制）参与了产品的创造过程。我们越多地参与产品和服务的创造过程，我们就为自己创造了越多的选择。”

多样性经济学

更多的选择是否能鼓励消费者购买更多的东西？想想我们的所见所闻就会知道，更多的品种和更好的产品搜索方法确实能鼓励人们更多地消费。比如，Napster 网站就让我对探索新音乐重新产生了兴趣，有了 Rhapsody，这种热情更轻松（也更合法）地保持了下去，说不定已经让我的音乐消费量翻了一番。另外，我的家人越来越爱看 DVD 当然也与 Netflix 有关。

相比 iPod 诞生之前的那个时代，现在每天带着白色耳机的纽约人当然欣赏到了更多的音乐，大大扩展了二三十年前由随身听创造的流行效应。但他们是否也购买了更多的音乐呢？遗憾的是，我们没法从硬数据中得出确切的结论。截至 2007 年春苹果公司已经销售了 2 500 万部 iPod 播放器和 iTunes 上的 10 亿首曲目，平均每部

iPod 播放器 25 首曲目（相当于不到两张 CD）。那时候 iTunes 已经经营了大约 6 年，这个成绩普普通通。

自从 iPod 横空出世以来，CD 销量已经下滑了将近 20%。那么消费者是怎样把他们的巨大硬盘和闪存芯片填满的呢？你猜得没错：从朋友那里索要 CD，从对等网络上免费下载（尽管屡遭法律制裁，这些服务器上的流量仍在攀升），通过校园内的宿舍局域网相互交流。

事实上，尽管人们普遍认为更多的选择会带来更大的销量，但能够证明这个假设的统计研究仍寥寥无几，特别是涵盖大量产品的大范围研究。但小范围的消费者心理研究确实已经证明，如果新选择是有意义的，那么选择越多越好——有了更多的选择，你就更有可能找到你真正想要的东西，至少更有可能找到符合你的兴趣爱好的东西。

有几项研究实际观察了品种变化的影响，比如，一些研究者发现把酸奶酪的口味增加几种确实能够促进销售。在这类“越多越好”的研究项目中，一篇题为“选择的诱惑”的文章是较为知名的成果之一。该文分析了银行、夜总会和赌场中的行为试验，认为消费者在选择更多的情况下更容易消费。消费者更喜欢放映厅比较多的影院，也更喜欢桌子比较多的赌场。给他们的选择越多，他们就越不容易感觉到错误消费的风险。

马尔科姆·格拉德威尔（Malcolm Gladwell）也讲述了一个类似的案例：意大利面调味汁的生产商终于意识到他们不必拼命地研发不切实际的完美产品，而是应该推进产品的多样化（含果粒的、家庭自制的、辛辣的等等），通过新增另类口味和市场的细分化来扩展整个市场。多样性上的进步对消费者的刺激连他们自己都意想不到，意大利面调味汁之所以成为调料市场上的六大成长领域之一，这就是原因之一。

在研究出版业问题的作者弗朗西斯·哈米特（Francis Hamit）看来，最好把多样性和消费量之间的关系看作基础经济学中所说的那种权衡：

> 我的旧经济学课本上的一幅图就是个经典的例子，它反映的是制造远程炸弹和建造新校舍之间的权衡关系。在那幅图里，钱是限制条件。对现在的问题来说，限制条件是时间。找到你想要的东西需要时间，大多数人都会在发现目标的时候马上购买它，而不是继续寻找更便宜的选择。
>
> 这就是零售店总是把那些小玩意儿放在收银台旁边的原因。可获得性和便捷性就等于更高的销量。正因如此，像7-11这样的所谓“便利店”主要是靠牛奶、面包、啤酒和软饮料赚钱的，在这类商店里，这些产品的价格远高于当地的超市。与其说它们卖的是产品，不如说它们卖的是方便性——即刻购物的方便性。

数字媒介对这样的模式有两种影响。第一，它拓宽了潜在顾客的视野；第二，它缩短了搜索的时间。长期来看，这应该能提高销量，扩大整个市场。正如我们在第7章中所说，更长的尾巴也能变得更厚。

11 利基文化

长尾世界是怎样的？

长尾的意义无非就是无限的选择。充足、廉价的传播渠道意味着丰富、廉价和无穷无尽的品种——也就意味着消费者的兴趣可能会像产品种类一样分散。从主流媒体和娱乐业的角度看，这就像是传统媒体和互联网之间的一场战争。但问题是，一旦人们把注意力转移到了网上，他们就不会再简简单单地从某一个媒体跳到另一个媒体，而是会四散而去。这样一来，无限的选择就等于市场的终极细分。

媒体分析家文·克罗斯比（Vin Crosbie）在网上杂志《Corante》上解释了其中的原因：

> 每一个听众、观众或读者都是共同兴趣和特殊兴趣的一个独特的混合体，现在是，过去也一直是。或许有许多人有某种共同的兴趣，比如对天气的偏好，但大多数人都有着截然不同的特殊兴趣。直到大约30年前，普通的美国人还没法接触到任何能满足他们特殊兴趣的媒体。他们只有大众传媒——一种能够成功满足许多共同兴趣（也就是“大众”兴趣）的媒体。
>
> 随着媒体技术的进步，特殊兴趣开始得到满足。在20世纪

70年代，胶印技术的发展掀起了满足特殊兴趣的杂志的热潮：报摊上的杂志不再是寥寥一二十种，而是达数百种之多，大多是针对某种特殊主题的。随后，模拟有线电视和数字有线电视先后在80年代和90年代后期兴起，美国人能够收看的电视台从4家上升到了数百家，大多都是满足特殊兴趣的频道（家居和园艺频道、高尔夫频道、军事频道等等）。最后，互联网在90年代普及开来，普通人很快就有数以百万计的网站可以选择了，同样，这些网站大多都有一个非常特殊的主题。

过去，人们只用（共同的）大众媒体，因为这是唯一的媒体。现在，越来越多的人开始转向这些特殊的出版物、频道和网站，而不是继续依附于大众传媒的出版物、频道和网站。越来越多的人对大众传媒越来越不感兴趣，而且这个群体很快就会成为多数派。单个来看，消费者并没有变，他们的兴趣一直是不尽相同的。变化的是他们使用媒体的习惯。他们只是在满足自己的特殊兴趣罢了。世界上有多少人，就有多少个兴趣领域。过去是如此，以后也是如此。

从共同兴趣转向特殊兴趣的趋势并不意味着传统力量结构的终结，并不意味着我们正在全面转向纯业余性的电脑文化。事实上，这只是等式的重新平衡，只是“或”时代向“和”时代的演变：过去我们只能选择畅销的或非畅销的产品（主流文化对亚文化），现在我们可以同时选择畅销的和非畅销的产品。今天，我们的文化越来越像是头部和尾部的混合，机构和个人的混合，职业者和业余者的混合。大众文化并没有陨落，只是不再那么大众化了。另一边，利基文化也不再那么默默无闻了。

我们已经在音乐业中看到了这样的效应。在 CD 世界里，古典音乐的市场份额只有 6%，在沃尔玛的货架上只能委屈在一个小格子里。但在 iTunes 上，货架空间无穷无尽，古典音乐的市场份额达到了 12%。纪录片很少在电影院上映，但它是 Netflix 上最受欢迎的影片类别之一——在《抓住弗雷德曼一家》（*Capturing the Friedmans*）和《轮椅上的竞技》（*Murderball*）这类优秀纪录片的美国市场中，Netflix 占据了近半壁江山。

大规模平行文化的兴起

2005 年 7 月，时任博客技术公司 SixApart 高管的阿尼尔 · 达什（Anil Dash）的一张大胆的照片"侵入"了《纽约时报》，在这张专为一篇文章拍摄的照片里，达什穿着一件印有"GOATSE"字样的 T 恤衫——这篇文章谈的是改变 Google 上的群体观点有多么难，本来是无伤大雅的。就在我对他的疯狂举动大惑不解的时候，我惊奇地发现我的同事们几乎没有一个知道 GOATSE 是什么意思（显然，《纽约时报》的编辑们也不知道）。我不得不告诉大家，GOATSE 是指网上的恶作剧者诱骗别人点击观看的一种骇人的图片，他们会谎称这是一张不可不看的美图，比如演员娜塔莉 · 波特曼（Natalie Portman）的照片。这些图片与其说色情，不如说极端粗俗下流。但我有许多电脑圈的朋友曾在他们的文章里提到这个词，权当是圈内人的一个玩笑。

我以为每个人都知道 GOATSE，但我错了。事实上，我发现只有我在网上认识的某些人知道这个词的意思。我从没意识到我是一个亚文化部落的一分子，但我显然是。而且知道 GOATSE 的含义似乎是这个部落的秘密会员标识之一——当阿尼尔厚颜无耻地穿着那件 T 恤衫为《纽约时报》拍照时，他就是在展示这个标识。

于是我决定检验一下其他的文化信号，看看它们是否像我想象的那样大众化。我首先试了试我的网上朋友们经常挂在嘴边的其他一些口头禅："All Your Base Are Belong To Us"；"More Cowbell!"；"I for one welcome our new (fill in the blank) overlords"①，等等。结果我发现，这些我原以为无人不知的文化语言实际上鲜有人知，甚至在我的办公室中也是如此。一次，我在一个公共关系研讨会上发言时现场做了一次非正式调查，结果发现这三句俗语中的每一句都只有大约 10% 的听众听说过——而且三句全都听说过的人寥寥无几。

如果你在维基百科上查一查有关互联网现象的内容，你会找到数百个这一类的病毒"迷米"(meme)。以下 10 个都是最著名的例子（尽管有些已经略显过时），你听说过几个？

- 埃伦 · 费斯 (Ellen Feiss)
- 星战少年 (The Star Wars Kid)
- 跳舞宝贝 (Dancing baby)
- 邪恶的伯特 (Bert is Evil)
- 盆景猫 (Bonsai Kitten)
- 旅游人 (Tourist Guy)

① 以上口头禅可理解为英语网络语言，其组合在特定的网络媒介传播中表达特殊的意思。——编者注

• MC 霍金（MC Hawking，一支乐队）

• 1337

• 小鸡侍者（Subservient Chicken）

• 第一帖（First post）

这说明了什么？这说明我的部落未必就是你的部落，即使我们在一起工作，一起玩乐，一起生活。这就叫“同床异梦”。

长尾力量和技术不仅引发了品种和选择的大爆炸，也很容易把我们卷进这样的部落旋涡。大众文化已经四分五裂，但并没有重新组合成另一种大众文化。相反，它转化成了无数种小众文化，它们正在以一种变幻莫测的排列方式同生共息，相互影响。

所以，现在的文化不是一张巨大的毯子，而是由许多条细线交织缠绕而成的，每一条线都可以独立编址，都同时连接着多个不同的群体。

简言之，我们正在目睹大众文化向一种广而杂的平行文化转移。不管我们是不是这样想的，我们每一个人都同时属于多个不同的部落，这些部落常常相互重叠（比如极客文化[①]和乐高文化[②]），也常常迥然不同（比如网球和朋克—疯克音乐）。我们与同事们有某些共同爱好，与家人也有某些共同爱好，但我们也会有自己的特殊爱好。在这个网络时代，我们开始越来越多地接触与我们志趣相

① 极客文化：极客一词本来略带贬义，是指智力超群但却孤僻离群的知识分子。但在网络时代，极客演化成了计算机技术人才的代名词，极客文化便是指这类现代精英群体的网络行为文化。

② 乐高文化：乐高是一个著名玩具品牌，乐高文化的概念便引申自创造性的积木游戏，意指利用丰富的网络素材来展现独特的创意和构想。

投的人，其中的许多人我们从未谋面，甚至也从未意识到他们也是一个个独立的个体（比如博客上的作者或播放列表的编制者）。

实际上，我们每一个人都是某个方面的极端另类者，不管我们以为自己有多么主流。以我自己为例：我在电影方面非常主流，在音乐方面不那么主流，在阅读方面就是一个十足的另类了，因为我阅读的东西似乎大多都与当今的网络经济学有关（都是为了这本书）。另外，在我们另类兴趣的领域中，我们的投入之深往往远超过其他领域，任由我们的热情将我们带入这些小众文化的深层世界，比如酒文化或古典珠宝文化——因为我们能够做到这一点，别忘了，我们有数之不尽的选择。

弗吉尼亚·波斯特莱尔认为，品种的剧增只是人口特征内在多样性的一种必然反映。

> 从体格、身材、肤色到性倾向和才智天赋，人类特征的每一个方面都有相当大的变化范围。对大多数统计分布曲线来说，大多数人都集中在中部区域。但钟形曲线也有很多，而几乎每一个人都在至少一条钟形曲线中位于尾部区域。我们也许会收藏离奇的纪念品，怀有与众不同的宗教信仰，穿着古怪尺码的鞋子，患上罕见的疾病，或是喜欢不知名的电影。

这一直是真理，但我们直到现在才有能力按这个真理行事。小众文化的最终崛起会重塑社会的景象。人们正在分散到成千上万的文化部落中，部落之间的主要纽带已经不再是地理位置的邻近和工作场所的闲谈，而是共同的兴趣爱好。过去，大多数人都在收听、观看和阅读着同样的内容，而且这些相对匮乏的内容大多是大热门的领地。现在，我们正在离开这个饮水机时代，进入一个百花齐放的小众文化时代。

1958 年的时候，马克思主义社会学家雷蒙德 · 威廉斯（Raymond Williams）在《文化与社会》（*Culture and Society*）一书中写道："并不存在大众，只存在把人们看作大众的方法。"

这话有多么正确，恐怕连他自己都想象不到。

"适合刊登"的新闻

这种利基文化会是一副什么样子？我们可以在媒体的变化中寻找启示。新闻业是第一个真正感受到互联网影响的行业，现在，在网络时代长大的一整代人都希望能随时随地地免费获得有关任何主题的新闻。这对新闻迷来说或许是件好事，但对新闻业来说却是一场灾难。报纸的发行量已经比 20 世纪 80 年代的巅峰时期下降了 1/3 以上，说到长尾对传统高壁垒行业的冲击，报纸的衰落就是最现实的例子。

过去，报纸的力量来自它们对生产工具的垄断。就像那句老话所说："永远不要向一个成桶买墨水的人挑战。"但从 20 世纪 90 年代早期开始，新闻渠道扩展到了显示屏上，不再只是一张张印满油墨的纸。突然之间，任何一个有电脑和网络接口的人都能掌握媒体的力量了。

实际上，最先利用这种变化的正是报纸和其他传统的媒体企业。但随着越来越多的人建起了网站，开通了博客，专业新闻和业余报道之间的区别也越来越模糊了。许多博客在他们自己的兴趣圈内同样大名鼎鼎，不亚于那些专业记者。相比专业者，他们的写作水平毫不逊色，写作速度更是快得多。有时候，他们获得信息的能力甚至比记者还要强，因为他们不光是事件的观察者，还是参与者。

杰出的法官和法学家理查德·波斯纳（Richard Posner）认为，这是一种百年难遇的巨变。他在《纽约时报》上的一篇书评中写道（在传统媒体上发表这样的评论或许正是一种讽刺），在成本几乎为零的情况下，每一个博客的读者定位都可以极端精确，远胜于一家报纸或一个电视新闻频道。事实上，博客正在抢走主流媒体的顾客，因为相比这些大众化的老媒体来说，直接面向利基的博客更有吸引力。

> 博客可以专注于某些特殊的主题，这样的专业化程度，媒体企业的记者没几个能做得到。因为记者越专业化，公司要雇用的记者就越多，这样它们才能覆盖所有的领域。一家报纸不会因为一个人通晓旧打字机使用知识就把他聘为记者，但在博客世界中，有许多人是这个利基的专家，而且正是他们把丹·拉瑟[①]赶下了台。
>
> 真正令传统记者寝食难安的是，尽管单个博客并不能保证信息的准确性，但整个博客世界的纠错机制却强于传统媒体。博客快速收集和筛选庞杂信息的能力也令传统媒体自惭形秽。我们不仅有数百万个博客和成千上万的专业化博客，在博客上

① 丹·拉瑟：原哥伦比亚广播公司《60分钟时事杂志》节目的老牌主播和节目监制，因在2005年的总统大选中不负责任地播出有关布什兵役舞弊事件的假新闻而下台。他所得到的假内部文件中有许多明显的漏洞，包括与20世纪70年代的旧打印机功能有关的输入伪造痕迹。

发表评论的读者也是一股强大的力量，而且就像博客本身一样，这些评论中的信息正在以电子流的速度围绕博客天地飞快流传。

博客世界在信息审查和平衡性上均强于传统媒体，只是形式有所不同罢了。它的模式就是哈耶克的经典理论：经济市场能够有效地集合大量的信息，尽管它有分散化特征，缺少一个总协调人或调节人，而且每一个参与者的知识都相当有限。事实上，博客圈就是一个集体制企业——不是1 200万个独立企业，而是一个有1 200万个记者、特写作者和社论作者的企业，而且是个几乎没有成本的企业。要明白其中的意义，想象一下这样一番景象就可以了：美联社或路透社都有数百万个记者，其中有许多是专家，而且他们都在无偿地为从不刊登广告的免费报纸工作着。

克里斯托弗·希钦斯（Christopher Hitchens）在《致一位“愤青”的信》（*Letters to a Young Contrarian*）一书中写道，当他在每个清晨醒来，翻开《纽约时报》的头版寻找重大消息时：“我总会看到那句口号——‘刊登一切适合刊登的新闻’。这句话已经喊了几十年，天天不变。我猜大多数读者早已不再注意这个惊天动地的大字号精神标语。我每天都会看它一眼，只是为了试试看它是否仍然让我恼怒。为什么他们要这样侮辱我？他们把我当成了什么东西？除了给人一种自鸣得意、自以为是、吹毛求疵的感觉，这句话到底还能有什么意思？只要我还能压着嗓子骂出这几句话，我就知道我还是个正常人，至少我的脉搏还在跳动。”

这句口号的渊源可以追溯到19世纪末期。1897年的时候，《纽约时报》的新老板阿道夫·奥克斯（Adolph Ochs）发明了这句话。他是想借此痛击纽约市的竞争对手们，因为在当时，这些小报的歪曲夸大作风已经出了名。但到今天，这个口号的本意已经不再为人所知，听起来只有一种傲慢自大和盛气凌人的味道。

那么，口号中的承诺是否是事实呢？过去可能不是，现在当然更不是了。就像杰瑞·宋飞（Jerry Seinfeld）所说："如果全世界每天发生的新闻的数量总是恰好和这家报纸的报道数量一样多，那就未免太奇怪了。"

权且抛开口号不谈，事实上，现在的《纽约时报》不仅要同纽约的其他报纸和其他地区的报纸竞争，还要同网上大众的群体智慧和丰富信息竞争。权威全在人们的脑子里，不是这个机构生来就有的。《纽约时报》的记者和编辑们在这样的情况下仍然做得非常出色，仍然能指点江山、引领潮流，这确实值得赞扬。但新闻和信息明显已经不再是专业者的独占领地。

世界上的博客有1 500万个之多，总有一些能提供重要和富有见地的信息，而且这样的博客会越来越多。随着过滤器的进步，我们看到这类博客的概率也会越来越大。从主流媒体的角度来看，这只不过意味着更多的竞争，无所谓竞争来自何方。而且有些读者会更喜欢这样。不管你喜不喜欢，市场分化是不可避免的。

海纳百川

分割化的文化是好还是坏？许多人认为大众文化是一种社会纽

带，有利于保持社会的团结。如果我们一个个都在做自己的事情，这还是一种共同文化吗？我们的兴趣还会与我们的邻居一致吗？

芝加哥大学法学教授卡斯·森斯坦（Cass Sunstein）在《网络共和国》（*Republic.com*）一书中提出，风险确实存在——网络文化确实鼓励了组织分化："随着我们的交流空间越来越个性化，社会面临着分裂的风险，共同社区面临着瓦解的风险。"他再次提到了著名的《每日之我》（*Daily Me*），也就是麻省理工学院媒体实验室的尼古拉斯·尼葛洛庞帝（Nicholas Negroponte）假想的那份终极个人化的报纸。在森斯坦看来，假如世界上的每一个人都在读自己的《每日之我》，"你就不会碰到你不感兴趣的主题和观点。你能轻轻松松地只看你想看到的东西，一点也不多，一点也不少"。

道德规范与公共政策中心（Ethics and Public Policy Center）的高级研究员克里丝汀·罗森（Christine Rosen）也有森斯坦这样的担心。在一篇为《新亚特兰蒂斯》（*The New Atlantis*）杂志撰写的文章中，她说：

> 这些技术是否会促进政治的多极化？它们对艺术、文学和音乐有什么样的影响？我们总希望用最快、最方便、最容易个人化的方式寻找我们想要的东西，在急匆匆地寻找这种方法的过程中，我们创造的究竟是折中主义的个人剧院还是精密复杂的回音室？我们弘扬的究竟是创造性的个人主义还是狭隘的个人主义？我们看到的究竟是选择的膨胀还是品位的退化？

罗森认为，这些技术会导致"个人中心主义"的抬头，也就是对个人品位的一种极端自我、极端狭窄的执着追求。TiVo、iPod 和形形色色的狭隘内容允许我们创造我们自己的文化表述方式。而在罗森眼中，这是件坏事：

> 这些技术给了我们一种幻觉——我们已经完美地控制了一切。它们很可能让我们的生活不再有任何惊喜可言。它们鼓励的不是兴趣的培养，而是个人迷信的麻木重复。可笑的是，当我们被囚禁在我们自己的小小技术世界中时，我们反而越来越难看到真正的个性了。

罗森说得对吗？我怀疑。事实上，我的看法似乎恰好与她相反。一个小众文化世界实际上是个极度丰饶的世界，但推荐系统和其他过滤器的强大指引作用会鼓励人们更多地探索，而不是对纷繁的选择望而却步。我们的 iPod 装满了从朋友那里索要来的音乐，我们的 TiVo 不停地根据其他人的收看习惯向我们推荐影片。Netflix 的例子证明，如果顾客有能力从数万部影片中挑出任何一部，他们不会一头扎进第二次世界大战纪录片的小圈子里面再也不肯出来。相反，他们的兴趣会变得非常广泛：这个月重温经典老片，下个月探索科幻天地。

同时，博客世界可以说是新观念的最佳传播媒介。只要一个观点或信息是有价值的，人们就会与它链接，不管它来自何方，也不管它是专业的还是业余的。这种传统就是一种强大的多样化力量。博客的主要风险在于主题的泛滥，不是主题的贫乏。如果一个正在阅读博客内容的人没有任何的收获，那只能说明一件事：这个人要么不幸误入了博客世界中的一块不毛之地，要么需要上一上补习班，重新理解一下超链接的意思。

既然网络内容没有什么是权威的，你完全可以独立地参考足够多的资源，独立地做出自己的决定。这将结束正统机构高高在上、不容挑战的特权时代，开启一个海纳百川的新时代，这样的时代需要探索精神，也鼓励探索精神。20世纪60年代让我们学会了质疑权威，但并没有提供质疑权威的工具。现在我们掌握了这些工具。今天的问题只是如何最有效地使用工具，如何避免被纷繁世界中的不确定性击败。

根本上说，一个能够提出问题、回答问题的社会要优于一个只知道接受专家教诲的社会。如果专业地位不再是权威性的代名词，我们必须设定我们自己的质量标准。这会鼓励我们独立思考。举个例子：维基百科只是探索一个问题的起点，不是最终的定论。

这也是"电视懒汉"时代的终结。在电视网的巅峰时期，我们收看的或许是同样的节目，但我们往往是独自收看节目的——在黄金时段"一个人打保龄球"。在今天的网络时代，每个人都在做不同的事情，但却更有可能接触到其他人了——或者阅读他们的文章，或者与他们在线交谈，或者只是以他们为行为榜样。共同文化的损失已经被更多的交流弥补了。

今天，与其说我们正在四分五裂，不如说我们正在沿着不同的维度重新组织。还是那句话：我们的饮水机越来越有实质意义，有许多不同的饮水机，而且聚在每一个饮水机旁的人都是自发加入的。我们不再依靠浅薄的大众共同文化与其他人松散相连，我们已经有能力凭借对利基文化的共同兴趣与同样多的人（甚至更多的人）结成更紧密的纽带。

尽管主流文化机构的衰落可能驱使某些人转向志同道合者的小

圈子，但我相信，假以时日，人类的好奇心和无限信息的共同作用将把大多数人变得更加开放，绝不会更加狭隘。

我们已经看到，看似自然的大热门时代实际上主要是由 20 世纪后期的广播技术决定的。在那之前，大多数文化都是地方性的；在未来，我们的文化将是以兴趣纽带为基础的广而杂的平行文化。我们的文化仍会与其他人相同，但不会与所有人相同。

12 无限的荧屏
电视之后的视频

“电视又粗俗、又下流、又愚蠢，并不是因为电视观众又粗俗、又下流、又愚蠢。电视之所以是这副样子，只是因为人们在那些粗俗、下流、愚蠢的兴趣爱好上极端地相似，但在那些优雅、美好、高尚的兴趣爱好上却又大相径庭。”

——戴维·福斯特·华莱士

没人认为未来的电视也会是这副样子。2006年1月19日，Google揭开了Google视频的神秘面纱。可以说，Google视频就是活动影像的终极长尾市场。苹果iTunes上的视频商店里或许有更多的电视网内容，但Google允许任何人免费上传他们的视频文件，自己设定价格，包括免费共享。

混乱的局面是意料之中的：从禁播的商业广告到婴儿录像，Google视频中的视频文件五花八门，近乎无奇不有。但这也是一个无限多样性世界的写照，在这样的世界里，商业制作的内容和业余水平的内容同台竞争……而且，获胜的常常是业余内容。

Google视频主页的上半部分都是些缩略图格式的商业内容：《犯罪现场调查》、《星际迷航》、篮球比赛，以及像《阴阳魔界》（*The*

Twilight Zone）这样的经典电视节目，还有每期收费 0.99 美元的《查理 · 罗斯》（*Charlie Rose*）谈话节目。排在它们下面的是一些最受欢迎的免费视频：可爱笨狗的剪辑短片、有趣的商业广告，还有一只章鱼吞吃一条鲨鱼的镜头（顺便说一句，这段录像太棒了）。再往下是"随意"内容：单板滑雪的失误镜头、某人用 TiVo 拍摄的乔恩 · 斯图尔特（Jon Stewart）、正在玩视频游戏的人等等。

广播电视网可以把 Google 视频当成其库存节目的网上店面，也可以在这里宣传即将上映的新片。现在，Google 视频已经成了美国印度裔群体的一个乐园，他们可以在这里找到只在印度国内播出的印地语节目（合法性有疑问）。独立制片人也可以在这里检验一下人们是否愿意花 12 美元（或每天 3 美元的通行证）来欣赏他们的作品。没有名气的电影再也不能以缺乏传播渠道为借口了。

与此同时，微软、雅虎、美国在线和诸多其他企业也创建了自己的网上视频市场。其中的某些最大的网站已经可以和主流电视媒体相抗衡。雅虎音乐视频的收视率不亚于 MTV，也与 VH1 音乐电视频道相差无几。乔恩 · 斯图尔特综艺节目的网上观众比现场观众还要多。像 Tiki Bar TV 这样的热门网上电视节目每天都有数十万人收看，这样的收视率已经与相当多的有线电视节目旗鼓相当。

在我写到这里的时候，平均每天有 21.5 万个家庭收看微软全国广播公司（MSNBC）的《艾布拉姆报告》（*The Abrams Report*）——一个由数十人的制作团队用数百万美元的预算制作出的节目。同一时期内，网上节目 Rocketboom 平均每天有 20 万个家庭收看，但这个风格类似乔恩 · 斯图尔特综艺节目的网上滑稽新闻节目只是由两个人制作的，而且成本不过是几盒录像带、两盏灯和一张纸板地图。现在，这个节目正在出售广告时段，头一个星期内的 5 段 30 秒的插播广告就卖了 4 万美元。这个收益水平或许比不上电视网，但这样的利润水平会让电视网羡慕得发疯。

我们早在十几年前就在盼望这一天的到来，但直到网络宽带成为主流媒介之一，这一天才真的到来。新一代美国人都是在网上长大的，他们的媒体消费习惯都是在大学宿舍的宽带天堂中养成的，所以在电脑屏幕上欣赏视频对他们来说是家常便饭。不过，电脑屏幕并非是他们的唯一选择。家庭网络化大潮正在将宽带引入起居室，网络 TiVo、其他数字录像设备和 Xbox 360 这样的联网视频游戏主机正在将网络内容输送到普通的电视中。

你很可能会说 Google 视频上的那些乱七八糟的垃圾不会对《黑道家族》这样的主流电视大片形成什么威胁。毕竟，传播渠道并不是进入电视业的唯一门槛：生产成本也是一座难以逾越的大山。光靠一部数字摄像机是拍不出《犯罪现场调查》的，只有主流媒体经济才能支撑起像《迷失》这样的精品杰作。但是请不要忘记，网络节目的制作成本可能只是传统电视节目的一个零头，而且它们也有自己的观众群。不要只考虑《美国家庭滑稽录像》，也请想想那些地方体育比赛和特殊兴趣，想想你爱看的那些精彩的商业广告和某些会议上的精彩发言。

看看博客托马斯 · 霍克（Thomas Hawk）的一段话：

> 如果我今天会看《犯罪现场调查：迈阿密篇》，周末的时候会出去玩悬挂式滑翔，而且我是个超级悬挂式滑翔迷，那么当加利福尼亚悬挂滑翔锦标赛在某个微内容平台上转播时，我

肯定会看比赛转播而不是《犯罪现场调查》。

电视是我每天会看的，但我更喜欢读亨特·S·汤普森（Hunter S. Thompson）的书，如果某个微内容平台上要播出汤普森在怀俄明大学的一段讲话，那么我肯定会看他的讲话而不是《犯罪现场调查》。

如果我16岁，而且我最喜欢的音乐不是那些上榜大热门，而是最新的滑板朋克（skate punk）之类的东西，那么对我来说，可以轻松地制作并传送到我的微内容平台上的定制滑板朋克乐比《美国偶像》要有趣得多。

今天，最令广告商垂涎欲滴的18~34岁男性消费者对电视的兴趣已经盛极而衰，更具互动魅力的互联网和视频游戏正在赢得眼球争夺战。总体来看，电视观众人数仍处在历史高点，所以广播电视界还没到惶惶不可终日的时候。但是，互联网真正对电视形成威胁的日子已经为时不远，问题只是如何应对这一挑战。

渠道长尾

当你按着遥控器随意浏览数百个数字有线频道时，你绝对看不出电视有什么局限性。但它确实有。电视内容看起来精彩纷呈，但实际上只是视频世界的一个很小的部分。现有的频道结构支持的主要是主题化的节目编排，这决定节目必须有足够的深度，才能保证一个24小时不间断的频道在每一天都有节目可播。所以DIY频道和西班牙语历史频道是合格的，但“光环2物理学探秘”和“绝妙机器人”这样的频道是不合格的。如果你认为这是可以接受的损失，那么请问，如果你的 DVR 录像机为节省空间而覆盖掉了 Bravo 电视台的上一季《天桥骄子》(*Project Runway*)，或者干脆没有录过这个节目，你会有什么感受？

今天，电视频道的核心地位和电视节目的天生短命都是由有线广播技术的传播瓶颈决定的。电视仍然停留在有限货架的时代，而长尾市场给我们的启示是：产品越多越好几乎是个不变的真理。有线渠道的容量在过去的十几年中确实扩大了，但相比视频创作在同一时期内的大发展和各类利基内容的迅速兴起，有线渠道仍然是相当有限的。TiVo 或许有所贡献，因为它至少推翻了时间因素对节目的专制，但我们离跨时空自由下载的 iTunes 模式还差得很远。

在所有的传统媒体业中，电视业是最有可能被长尾力量彻底改变的一个。原因如下：

- **电视业创作出的内容比其他任何媒体和娱乐业都要多。**据估计，每年的原创电视节目时长达 3 100 万小时。尽管这个数字还比不上广播业，但大多数广播内容都是随意闲谈或在其他地方也能得到的录制音乐，所以广播和电视不具可比性。另外，个人摄像机上使用的数字录像每年能卖出 1.15 亿盒。每年的视频制作量大得惊人，但是……
- **你只能看到其中的一小部分。**首先，一个普通美国家庭大约能收到 100 个电视频道。这听起来不是个小数，毕竟它意味着这些频道每年要向这个家庭播出 87.6 万个小时的节目，但实际上，这些节目仍然不到美国电视节目总量的 10%（如果算上高容量卫星和数字网上的400个全国频道和全国各地的地方节目）。更糟糕的是，除非这个家庭有一台DVR录像机（只有大约15%的美国家庭有DVR），而且某个人肯花去大量的空闲时间给它编排节目，否则全家人会错过大多数的电视节目。而电视节目一旦错过，就会永远错过。只有极少数的电视节目会出售给独立电视台，做成DVD的节目就更少了。

- **因此，电视业的内容创作量与可获得量之比超过其他任何行业。**其他行业或许能创作出更多的内容（比如出版业），但消费者能获得的内容也多得多（借助Google）。只有电视业会把它的高质量内容当成一次性产品。没错，有很多电视节目确实没有重复使用的价值。但并非所有的节目都是如此，在那些刚刚亮相即被抛弃的节目中，有许多是不该抛弃的。

也有不少聪明人在考虑如何利用被尘封在角落的电视节目，但这并非易事。首先，大多数电视台都是内容的租用者，不是拥有者，所以他们往往无法使用库存的内容。

即使对内容的拥有者来说，以计划外的方式发行电视节目也会碰到相当大的困难。权利问题本就棘手，地区独家发行协议（与互联网的全球性特征有冲突）和联合使用权的问题甚至让情况更加复杂了。知道你为什么看不到DVD版的老片《辛辛那提的WKRP》（*WKRP in Cincinnati*）吗？因为这部系列喜剧讲的是一个广播台的故事，所以背景音乐中有很多经典摇滚乐。获得这些音乐的使用权要花很多钱，而且非常困难。（事实上，这部片子被视为最难处理版权问题的流行电视节目之一，其他所有版权难题都以它为参考依据。）还有一些经典节目的 DVD 版被迫使用了不同于原版的音乐，比如《拖家带口》（*Married... with Children*），这令电视剧迷大为光火。

更短、更快、更小

观察一下 Google 视频或 Barrio305 上的内容，你几乎完全看不到精雕细琢的作品，除此之外，最引人注意的就是内容的短小：大多数视频都在三分钟以下。电视一般以半小时为单位（剔除商业广告的话就是 22 分钟），不太会有这么短的节目。事实上，这样的迷你视频是一种新事物——一种介于消极的收看电视和互动式的网上冲浪之间的新媒体。

一想便知，以半小时为单位并没有什么玄妙之处，这不过是一种分割节目表的简单方式——只要采用这样的方式，各个节目必定是从整点开始，在整点结束。在电视节目表之外（即通过其他渠道观看节目），娱乐和新闻节目可长可短，既有 30 秒的剪辑片断，也有 3 小时的音乐会实况，30 分钟的节目并没有什么内在优势。

就像其他许多渐渐成为公认文化规范的传统一样，以 30 分钟为单位制作节目的传统实际上也是低效传播渠道的产物。这个传统也许会在某一天褪色，被该长则长、该短则短的自然编排方法取代——这样的方法反映的是人类注意广度和节目类型的多样性，不是节目编排的方便性和广告商的喜好。

这既是传播资源从稀缺转向丰饶的又一个希望，也反映了对稀缺的担心在我们的文化中是多么的根深蒂固。当我们转向宽带视频，摆脱固定化的节目安排，节目平均时长就会缩短。突然之间，最重要的变成了消费者的意愿，不再是传播渠道的意愿。

同样，随着视频 iPod 和带有视频功能的移动电话开启了移动视频的时代，短小内容将会随之兴起，我们可以抽时间欣赏它们——乘车的时候、等人的时候、工作休息的时候。体育是一个典型的例子：我们可以从体育节目中节选出任意长度——全场比赛、精彩镜头、关键性的一节或一局、最后两分钟等等。

我认为 30 分钟的电视节目就像是传统的报纸一样——一种诞生于稀缺时代的模式，现在已经度过了它的巅峰时期。追求方便性和娱乐性的观众会转向更短小的内容，追求充实感和满足感的消费者会转向更长的内容，而不长不短的僵化模式则不再有市场了。

把好莱坞搬回家

另一种将被长尾世界的力量彻底改变的视频内容就是电影。说到电影，我们已经见识过划时代的巨变。电影世界也经历过从大众化转向小众化的过程，最伟大的转变之一发生在 20 世纪 80 年代早期，这要归功于新传播工具的普及——首先是录像机，更重要的是影碟租赁店。在这之前，一个中产阶级美国人每天晚上没有几部电影可选，无非就是电视上的三四部片子和当地影院里的那些东西。

影碟租赁业的出现等于让每一个晚上的每一个起居室都有了数千部可以选择的影片。于是，“强迫”媒体（强迫你打开电视或走进本地的影院）变成了“诱惑”媒体。消费者突然可以随心所欲地挑选影片了，这样的自由度和随意性，恐怕连当年的沃尔特·迪士尼都想象不到。

这种选择大爆炸也带来了电影欣赏成本的巨变。此前，一个人一张票是标准；而现在，花一点钱就可以让许多人看到一部片子，只要你能在一间屋里塞进这么多的人。面对这种转变，好莱坞利益集团先是厌恶和抵制，后来勉强地接受，最后则欣欣然敞开了欢迎的怀抱。（回想一下早期将电影碟片的零售价定在 70~80 美元的尝试——这个定价是基于一个五口之家去电影院把他们最喜欢的影片看上 2~3 次所花费的钱而计算出来的。）

早期数字音乐服务网站 Listen.com 的创始人罗布·里德解释了这种转变的经济意义：

> 在 20 世纪 80 年代早期，新技术把电影消费的基本单位从电影院中的一夜变成了家中的一夜——在这种情况下，电影市场急需“发行”多种多样的新选择来满足这个新的需求领域。在家中度过一个电影之夜的成本更低，但这样的夜晚何其之多。
>
> 最初，好莱坞认为一个五口之家只花不到 20 美元就能欣赏一部自选的电影几乎有悖美国的传统（自选的电影跟哥伦比亚广播公司选择的电影可不一样，收看电视上的电影当然是没有成本的——如果你认为忍受三四十分钟的商业广告不算一种精神成本的话）。因此，电影公司相信（事实证明，它们想错了）一个消费者的支出必须跟一定的媒体使用量相匹配，这个微观层次的价格和利润水平必须根据这样的匹配原理来制定——而不是这个消费者投入到电影产品上的总时间和总花销。

换句话说，当电影公司发现一个花 20 美元观看《ET 外星人》的五口之家（不是四口之家——别忘了这是 80 年代）租一盒《ET 外星人》肯定花不了 20 美元时，他们吓坏了。他们忽视了两个因素：最明显的是，如果这个家庭能看到他们想看的任何电影，而不是局限于当月正在推广的寥寥几部新片，那么他们投入到电影中的总时间和总花销将有爆发之势；再者，如果《ET 外星人》能被数百万人看到，而且他们无须花上 20 美元之多（比如说，他们可以花 2.95 美元租一盒），那么这部片子的总赢利也有剧增的可能。

录像机和租赁店的出现预示了无限选择时代的到来。这些租赁店把每一个星期六之夜的电影选择空间都扩大了上百倍。有线电视也把电视选择空间扩大了上百倍。今天，Netflix 把选择空间扩大了上千倍，互联网则会把选择空间扩大无数倍。

不管是录像机还是互联网，每当一种新技术带来了更多的选择，消费者都会对它趋之若鹜。我们的愿望就是有更多的选择，而且很明显，这一直是我们的愿望。

13 娱乐业之外
长尾触角能伸多远？

在这一章里，我将讨论媒体和娱乐业之外的 5 个长尾领域。它们包括制造业和服务业，长尾原理将扩展到工业世界——全球经济的中流砥柱。

eBay

只有不到 10 年[①]历史的 eBay 最初只是作为一个实验项目而创立的：试试看在网上出售旧货是否强于现场兜售。考虑到这一点，eBay 无愧为一个奇迹。eBay 的活跃用户达 6 000 万之多，任意一天都能买卖超过 3 000 万件物品，这让 eBay 成了全世界最大的零售商——每天的成交额超过 1 亿美元。沃尔玛的销量大致也是这个水平，但 eBay 与沃尔玛有很大的不同。eBay 所销售的物品大多都不会出现在传统零售商的货架上，而且销售这些物品的人也大多不是传统零售商。

相反，eBay 既是产品的长尾，也是交易者的长尾。它是一个典

① eBay 公司成立于 1995 年，距 2004 年《长尾理论》发表于《连线》杂志，不到 10 年。——编者注

型的用户自创市场，eBay 本身只是一个协调人而已。它已经用遍了几乎所有的长尾策略，把多样性提高到了互联网时代之前无法想象的程度。就像亚马逊的“市集”工程一样，eBay 是围绕分散化存货的概念运转的：它只是提供了一个网站，让买家和卖家在这个网站上自行接触，自行商议价格（大约有一半的成交价是通过 eBay 首创的拍卖程序确定的，另一半是“现在就买”式的一口价）。所以它的存货成本是零。虽不敢说 eBay 只需打开电脑就能看着钞票滚滚而来，但也离此不远了。

eBay 也是一种自我服务模式——卖家创建自己的产品列表，自己处理包装和邮递事宜。所以 eBay 的生意虽然做得很大，拿薪水的员工却少得惊人。eBay 公司的人均创收额是 500 万美元，几乎是沃尔玛的 30 倍。最后，eBay 还提供了帮助买家寻找产品的过滤器，主要是搜索引擎和多级分类结构。

所有人都没想到 eBay 模式竟然适用于那么多的产品。eBay 的功能远不只旧货处理那么简单。它是美国最大的二手车经销商和汽车零部件销售商，也是最大的体育设备和电脑经销商之一。在收购了 Half.com（多余存货的交易网站）和 Shopping.com（出售新产品的网上大超市）之后，eBay 的业务已经从头部拓展到了尾部，既供应最新的热门产品，也供应最特殊的小众市场产品和一次性物品。

根据尼尔森公司 2005 年的一项调查，有 72.4 万个美国人反映说 eBay 是他们的第一或第二收入来源。在英国，尼尔森公司发现有超过 6.8 万个小型产业严重依赖于 eBay 上的交易。从 CD 工厂到雕刻家，这些商家的销售收入至少有 1/4 来自 eBay。平均算来，每一个以 eBay 为依靠的企业会雇用 9 名员工，而且几乎有一半的这类企业在 eBay 上的成交额超过了它们总收入的 3/4。eBay 就是最高境界的小生意集合器。

不过，eBay 还算不上一个完美的长尾市场，我和一个由来自斯坦福商学院的学生组成的研究小组在研究 eBay 案例的时候发现了它的不足。我们提出了一个问题：eBay 为什么没有亚马逊那样的推荐系统、产品评论、价格和等级排名以及其他形式的高效过滤器？答案令人吃惊：eBay 往往不知道什么产品正在它的网站上买卖。

它知道哪些用户在买，哪些用户在卖，但由于产品列表都是卖家自己编制的，而且每一个卖家描述产品的方式都与众不同，eBay 没办法使用大多数零售商都会使用的标准货架单位（shelf-keeping unit，或者 SKU）编号（每一种产品的独特编号）一类的识别系统。（CD 和汽车等产品是例外，eBay 鼓励卖家在这类产品的列表中使用标准化的类目和术语。）没有这种产品信息，eBay 就没法使用令其他长尾零售商获益匪浅的强大的过滤技术，比如推荐系统。而且，由于卖家展示产品的方式大相径庭，包括拼写上的错误，买家甚至很难知道他们是否已经看到了所有的选择。

对其他方面都很出众的 eBay 来说，这是一个明显的缺陷。eBay 的交易主力军不是出售旧豆豆娃的老太太，而是世界各地的将近 40 万个中小型商家。他们都把 eBay 当作一个店面，但他们大多也有自己的网站，而 Google 的 Froogle、雅虎购物和其他一些类似的集合器正在用越来越聪明的办法从这些商家中提取出有价值的信息，创造一个虚拟的市场。这个市场有产品比较功能，而 eBay 没有。这就是 eBay 所面临的挑战：要想应对竞争，它也必须提供这样的功能，用更好的过滤器帮助顾客找到产品并信心十足地购买——不光是对卖者的信心，还有对产品本身的信心。

KitchenAid

你或许想不到厨房搅拌机市场也有一条长尾，但确实有，而且奥妙就在产品颜色的不同。KitchenAid 品牌以其厨房设备的一流品质而著称，但这些产品的色彩多样性甚至比品质还要出名。事实上，KitchenAid 被视为产品色彩方面的世界领潮者之一。

如果你来到一家像 Target 这样的零售店铺，你一般会看到三种颜色的 KitchenAid 搅拌机：白色、黑色和另外一种颜色。这另外一种颜色通常是 KitchenAid 与这个零售商协商确定的一种独家特供的颜色，比如钴蓝色。由于上架的搅拌机是三种而不是两种，这种独家特供实际上是对零售商提供额外展示空间的回报。这个小小的多样化特色不仅能将 KitchenAid 搅拌机与其他品牌区别开来，提高它的整体销量，还有另外一种神奇的作用：KitchenAid 发现，增加第三种颜色能提高白色搅拌机的销量。KitchenAid 认为，生动的色彩能把顾客吸引到家用设备区中的 KitchenAid 区来，色彩的多样性则能彰显一个品牌的特殊性，而顾客欣赏与众不同的品牌。不过，一旦被丰富的色彩吸引到了货架旁，许多顾客就会在左思右想后意识到，他们还是最喜欢经典、不朽的白色。这就是他们最后购买了白色搅拌机的原因。

这样来看，一切都还不错。但是，一个零售商应该挑选什么样的独家颜色？ KitchenAid 应该供应什么样的独家颜色呢？有一帮配色师和其他专家负责做出决策，但就像其他“事前过滤器”一样，这里面也有主观猜测的成分。一旦做出了决定，一旦产品被摆上了货架，它们为什么卖得好或卖得不好就很难判断了，因为销售成绩与许多因素有关，比如展台条件和竞争对手的产品等等。就在不久之前，这种策略几乎已经失去了意义：KitchenAid 能向零售商提供任意多种颜色，但每一年，零售商实际选择的颜色只有六七种。

但在 2001~2003 年，KitchenAid 开始用一个网上系统供应所有颜色的产品——各种型号一般都有 50 种以上的颜色可选。如果你到亚马逊或 KitchenAid.com 上购买搅拌机，你可以在一个下拉菜单中选择任意一种颜色。其中既有普通的颜色，也有网上独有的罕见色彩：淡黄绿色、橘红色、青紫色、水晶蓝、赭色、柠檬色等。

有趣的是，当顾客有机会从全部 50 种色彩中做出选择时，他们不再简简单单地满足于传统零售商提供的那六七种选择。相反，一条长尾出现了。当然，黑色与白色仍然是最畅销的，常见于普通商场的那几种颜色也很受欢迎。但其他所有颜色同样有人问津——每一种都有。而且每一年都有一种另类颜色出人意料地进入十大畅销色彩之列。

在 2005 年，这个异军突起的另类颜色是橘红色。没有一个传统零售商选择这种颜色，而且坦率地说，连 KitchenAid 也不知道这种颜色为什么如此流行。可能影响色彩选择的因素有很多：比如在热门电视节目的场景中看到的颜色，玛莎 · 斯图尔特（Martha Stewart）这类有影响力的时尚先锋使用的颜色，或者只是随机性的季节潮流。但有一点是肯定的：在 KitchenAid 建立起一个允许顾客自由选择各种色彩的网络渠道之前，它不可能知道市场上还存在一种它从未开发过的潜在需求。

乐高

如果你只在孩子们的生日晚会或玩具店的货架上了解过乐高公司，那么你只了解了这个公司的一半。另一半乐高面向的是狂热的乐高迷，既包括不满足于普通玩具的小孩子，也包括把积木当成终极原创工具的成年人。

一切都是从邮购业务开始的。乐高的邮购业务最初以传统的“家中购物”目录为主，现在渐渐开始以公司的网站为轴心。一家典型玩具店中可能有几十种乐高产品。但乐高的网上商店几乎有上千种产品，既包括袋装的瓦片，也包括一种 300 美元的“死星”(Deathstar）玩具。如果你想知道这个在线市场与传统的乐高零售市场有多大的不同，看一看它的畅销榜就行了。在这些热销产品中，只有寥寥几种能在传统商店中找到，比如一种 140 美元的《星球大战》沙地战车和 43 美元一大袋的迷你人物模型。

说到这儿，我们有必要稍作暂停，首先思考一下这个网上市场的长尾价值。至少有 90% 的乐高产品不会进入传统的零售店面，你只能在邮购目录和网站上找到它们——因为这两个渠道远比传统渠道更亲近小众市场产品。总体算来，这些非传统零售产品在乐高 11 亿美元的年销售额中占据了 10%~15% 的份额。但它们的利润水平要高于通过玩具反斗城出售的那些玩具，因为乐高无须把一部分收益分给零售商。而且，由于虚拟商店可以为老老少少的所有乐高迷提供产品（而不是局限于 9 岁大的男孩这个主要顾客群体），网上产品的价格区间也远大于传统零售商，既有 1 美元的积木，也有 300 美元的《星球大战》玩具。

更热心的乐高迷还可以加入年费40美元的积木大师（Brickmaster）俱乐部。入会之后，你可以得到一本DIY主题的大杂志、5种会员独享的馈赠玩具和进入乐高乐园（LEGOland）的门票。乐高是在用这样的方法区分不同忠诚度的顾客，超越单调划一的货架零售模式。

接下来就是发挥创造力的时候了。在网上提供各种工具，借此鼓励模型的交流和其他方式的协同生产是乐高多年来的传统。在2000年，乐高的“我自己的作品”（My Own Creation）板块引发了一场最佳用户自创模型的大赛。获胜者是一个铁匠铺模型，乐高还得到了创作者的许可，一度把它当成一个商业玩具来销售。后来，乐高又推出了乐高马赛克（LEGO Mosaic）系统，用户可以上传图像，然后，这些图像会被转换成二维的乐高积木图样，供所有人自由下载。

2005年，乐高推出了迄今为止最具野心的协同生产计划——乐高工厂（LEGO Factory）。这个虚拟实验室允许你下载软件，设计你自己的模型，然后把它们上传到乐高的网站。大约一个星期之后，你会收到一个盒子，里面装着你亲自设计的玩具，所有自定义的积木块和其他部件一应俱全，盒子正面还贴着这个自创模型的图像。尤其令人兴奋的是，其他人也能购买你的作品。而且，可供选择的用户自创模型相当多。有不下10万个模型是用这种方式设计出的，其中的某些最好的作品已经成了乐高的正式产品。乐高甚至会向创作者支付一小笔版税。

不过，乐高工厂的潜力并没有完全发挥出来。大规模定制化确实很酷，但如果说用户有7 000种零部件和75种颜色可选（这意味着 50 多万种选择），供应五花八门的用户自创模型有多么难是可想而知的。所以，乐高用两种方法限制了用户的选择：第一，一种模型只能使用同一类别的积木块，比如“汽车零件”；第二，所有零件都是预先包装好的，而且每一包中的零件数量都是固定的，所以你购买的零件可能多于所需。一不小心，一种零售价不到 10 美元的汽车模型就可能在乐高工厂中耗去你 100 美元，仅仅是因为要低效率地使用这些成包的零件。

幸运的是，这个问题是有办法解决的。乐高迷们建立了一个数据库，记录了每一类零件包的详情，还设计了软件帮助设计者更有效地使用这些零件包，免去了为得到一个积木块而被迫买下整个零件包的烦恼。值得赞赏的是，乐高也鼓励这样做。但这个系统对大多数人来说（包括我）仍然难度太大，限制太多，所以乐高正在考虑如何从更易使用的设计软件入手改善用户的体验。

我曾问过乐高的高级品牌关系经理迈克尔·麦克纳利（Michael McNally）这样一个问题：是否还有其他公司能像乐高这样迎合小众市场的需求，鼓励协同生产？有趣的是，他认为苹果的 iTunes 可与乐高相比。iTunes 允许你下载单个曲目，不一定是整张唱片。你还可以编制自己的播放表，与其他人分享它们，这有点像使用标准部件自创模型的乐高模式。“iTunes 用在音乐上的方法，乐高工厂用在了设计爱好者的身上。”麦克纳利说。欢迎来到塑料积木的长尾世界。

Salesforce.com

2005 年伊始，马克·贝尼奥夫（Mark Benioff）发现自己陷入了尴尬的处境。他的公司 Salesforce.com 已经把一种革新性的方法用在了原本枯燥乏味的营销软件销售领域中。公司开发了一套联系人管理软件，但并没有像其他公司那样把软件安装在用户的电脑上，而是在自己的服务器上运行软件。用户只需交纳一笔注册费，就可以通过标准的网络浏览器使用这个软件。实际上，贝尼奥夫已经把软件变成了一项服务，有时候，这种方式对中小企业特别有吸引力，因为它们不愿意费心费力地自己维护这种软件。但贝尼奥夫的创意似乎过于成功了：到 2005 年的时候，Salesforce.com 的飞速成长已经引起了甲骨文和 SAP 等大软件公司的警惕，它们开始针锋相对地与它较量，大有击垮它的势头。

常见的应对方法就是变大变强，给 Salesforce.com 的服务加入越来越多的功能，紧跟这些强大竞争对手的步伐。起初，贝尼奥夫正是这么做的。但后来，他突然发现他可以采用另外一种方法。他的在线软件供应模式也可以允许诸多小开发商接触到他的顾客，其中包括许多来自印度这类低成本地区的开发商。一般来说，企业不愿意与小开发商合作，因为它们担心自己的软件会因此而 bug 成灾，支持不力，停滞不前。但贝尼奥夫不仅为顾客免去了安装和维护软件的麻烦，开创了通过网络浏览器远程供应软件的新方法，也为其他人提供了一个效仿他的平台。

事实上，他是把长尾理论用在了软件业中，而且效果非常好。就像其他行业一样，软件业也有头有尾，领头羊是微软，尾部则是数以百万计的独立程序员，包括许多印度人和中国人。介于两者之间的则是大量小开发团队，他们大多都没有广泛接触全球顾客的好办法。但这仍是个头重脚轻的分布曲线：微软的半垄断地位就代表着一个最典型的大热门市场。

但正如媒体和娱乐业一样，有三种力量正在改变软件业的经济学。编程的成本已经随着电脑的普及而显著下降，在互联网把数百万廉价而又才华横溢的程序员介绍给全世界之后，成本下降得更快了。随着只读光盘存储器让位于网上下载，软件的供应成本也在下降。最后，寻找合意软件的成本也从来不曾像现在这样低，这是四海相连的网上用户团体的功劳，他们的集体推荐（和支持）比大多数漫天要价的顾问都要好。当我们有能力通过一个网络浏览器供应远程运行软件，为用户的电脑免去一切风险时，以上所有成本都会进一步地降低——既包括实际成本，也包括精神上的成本。

小软件一直是有市场的，网上共享软件和试用性的软件就是代表。但这不是个大市场，主要原因就是常见的风险、复杂性和标准问题——如果软件必须在电脑上运行，必须与操作系统兼容，这些问题就是不可避免的。而远程主机运行软件恰恰提供了打破这些限制的机会，因为在这样的模式下，大多数复杂细节都是由专家处理的，网络浏览器则同时扮演了统一用户界面和操作系统防护盾的角色。

2005 年年末，Salesforce 成了第一个在自己的平台上建立长尾软件市场的公司。第三方开发商可以编写某个指定的小应用程序（比如工作评价或人员招聘程序），这个程序会在 Salesforce.com 的服务器上运行，与 Salesforce.com 的其他软件合为一体。Salesforce.com 希望成百上千的小开发商能满足顾客的各种特殊的需求，这样的话，Salesforce.com 就可以把精力集中在更常见的需求上了。换句话说，尾部将支持头部。到 2006 年年初，已经有超过 200 个应用软件在 Salesforce.com 的网上市场出售，贝尼奥夫也证实，销售曲线的形状与预料中的完全一致。“连我自己也吓了一跳，”他说，“这是一条完美的长尾。教科书一样的长尾！”

看到这一切，SAP 很快就用自己的网上平台策略做出了回应，还有几个较小的公司也推出了类似的系统。这些公司把小众市场软件集合到了自己的平台上，还提供了各种各样的过滤机制（比如同类软件畅销榜和用户评论）。这有助于用户沿着长尾向下探索小应用软件，与市场上那些垄断性大众软件相比，这些小软件可能更符合他们的需求。这种模式巧妙地在头部和尾部之间搭建了一座桥梁。

评价这些新软件市场运行得怎么样还为时尚早，但可以肯定的是，它们又一次向我们展示了降低接触小众市场的成本会有什么样的效果。就像 JotSpot（另一家试图采用这种策略的软件公司）的首席执行官乔·克劳斯（Joe Kraus）所说：“迄今为止，受重视的一直是那几十个百万人的大众市场，而不是几百万个数十人的小众市场。”像其他许多人一样，他把希望寄托在了后一种市场上。

Google

传统的广告业就是个典型的热门中心主义行业，高昂的成本决定了大卖家和大买家的核心地位。这个行业依靠的是那些有广告预算的大商家，比如通用汽车公司。通用汽车公司会聘请某个广告公司制作一些广告，然后让某个媒体营销商把这些广告放到电视、广播、平面媒体和网络上。

另一方面，这些靠广告生存的媒体也有自己的销售队伍。他们要对做广告的企业和他们的媒体营销商推销自己的广告武器。如果一切顺利，他们能拉到上百万美元的大生意。这种事完全是劳动密集型的，如果一种广告缺乏可信的效果衡量标准，推销术和私人关系更是争夺生意的关键，这样一来，代价不菲的公关活动甚至会让拉广告的成本进一步水涨船高。

不管是黄页广告还是橄榄球超级碗大赛中的广告，大多数广告生意都是用一个接一个的电话和一次又一次的上门拜访积极争取到的。客户主动找你做广告的事少之又少。现在的推销员不光要拉拢客户，还要充当广告顾问，或者告诉客户如何最有效地使用某个特定的媒体，或者想出某些创造性的方法去传达客户的广告信息。效果是不错，但由于代价太高，它带来了一个不易觉察的潜在成本：只有最大和最有钱的客户才会得到重视。换句话说，这个系统偏向广告曲线的头部。

就像我们观察过的其他任何市场一样，头部只是广告市场的一小部分。但由于用传统方法拉广告的成本实在太高，比较小的潜在客户只能自己想办法了——大多只能拿起电话来定一个分类广告，或是把自己制作的某个广告发给当地的报纸。

在过去的一个世纪中，广告业基本上就是这样运行的。但在2001年，刚刚成立两年的Google，也就是全球成长最快的搜索引擎，开始探索正确的商业模式了。而且，正是因为它的搜索机制不同于老前辈们，它也决定用不同的方式经营广告。借鉴Overture公司创始人比尔·格罗斯（Bill Gross）几年前首创的模式，Google最终成功地创造了历史上最高效的长尾广告机器。

Google意识到，只要它能将卖广告和买广告的成本削减大半，它就能大大扩充潜在的卖家和买家群体。软件几乎可以独力完成这个任务，有效地降低经济门槛，接触到远比从前要广阔的市场。

Google 的广告模式有三个重要的长尾特征。**首先，它的基础是搜索关键词，而不是条幅图像，而且我们知道，词和词汇组合的长尾几乎是无限长的。**搜索词的工作原理与关键词相同，图 13–1 是 Excite 搜索引擎创始人之一乔·克劳斯提供的一个搜索词统计图（2001 年前后）：

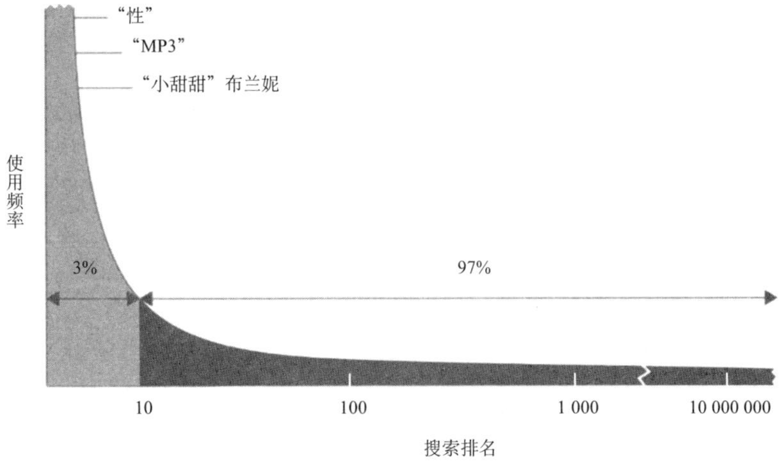

图 13–1　Excite 的搜索分布

资料来源：乔·克劳斯

排在前 10 位的搜索词只占全部搜索的 3%，其余搜索则分散在数千万个其他关键词上。Google 意识到，每一个独一无二的搜索词都是一个同样独一无二的广告机会：数千万个搜索词就等于兴趣和意愿的数千万次表达，如果广告设置完全是由网页级别算法（也就是决定 Google 搜索结果的那些算法）决定的，那么这每一次表达都可以转化成一个高度针对性的广告机会。

但如何才能卖掉数千万个独一无二的广告呢？办法只有一个：使用软件。**这就是 Google 的第二种长尾技巧——大幅降低接触市场的成本。**这种技巧是以一个简单而且非常廉价的自我服务模式为基础的。只要在一种自动拍卖程序中购买一个关键词，任何人都可以变成一个 Google 广告商，而拍卖的报价可能低至每次点击 0.05 美元。

这种自我服务模式不仅同时降低了 Google 和广告商的成本，也加强了广告的效果。**Google 提供了广告自定义和检验工具，旨在帮助用户实现最高的"点进"（是指一个消费者点击了广告，来到了广告者的网站）率。**经常有广告者不厌其烦地调整关键词和广告文案，直到得到满意的效果。毕竟，谁能比他们更了解他们的企业呢？

这种模式已经把 Google 的广告业务扩展到了长尾深处，在这一点上，没有其他公司可与 Google 媲美。今天，Google 上有数千个从未在其他地方做过广告的小广告商。自我服务模式、可衡量的效果、低进入成本和不断改进广告内容的能力，把成千上万的广告商吸引到了这个新市场中。他们不必拉拢客户，Google 的人也根本不必与他们接触。效果是可想而知的：一是更精干的员工队伍，二是一种在头部和尾部都很有效的新模式。

最终，Google 也为出版商做了同样的事情。传统上，想靠广告赚钱的网上出版商只有两种主要方法可用：要么组建自己的广告队伍，像广告商一样招揽生意；要么加入某个广告网络，以低到极点的价格承揽别人安排的任何广告。但 Google 却认识到，既然相关性技术可以把一次关键词索引和合适的广告相匹配，那么同样的技术也可以把合适的广告放到第三方内容网站上。

今天，无论你是《纽约时报》的人还是博客，只要你把一组HTML编码放在你的网站上，你的广告信息就会出现在Google上——而且直接指向你正在提供的任何内容。同样，这也是一种自我服务模式：无须求得许可，也无须电话推销。每当有人点击一则广告，做广告的人就会付钱给Google，Google则会相应地将一部分收益转交给你。

Google不关心你是职业的还是业余的，也不关心你的内容是广还是狭。如果广告的效果不佳，Google会自动用其他广告取而代之，试试看它们是否更加有效。由于网页（“详细目录”）对Google来说毫无成本，它大可以奢侈地刊登一个没有人点击的广告——失去潜在收益的“机会成本”是由第三方出版商承担的。这种绝妙的方式可以把广告市场拓展到包括数十万博客在内的出版长尾中。

在Google的第一次股东大会上，时任首席执行官的埃里克·施密特详细解释了他为什么把“服务于长尾”当作Google的使命。

他首先用幻灯片展示了一幅幂律分布图，纵轴是美元，横轴是人。沃尔玛位于最前端，长尾末端是“60亿”这个数字。施密特说：

> 去年，我们研究了一下我们的市场，然后问自己：“我们做得怎么样？”如果观察一下广告商，就会发现这个市场从头至尾涵盖各种规模的客户，上至全世界最大的公司，也就是沃尔玛这样的公司，下至全世界最小的公司，也就是单个人。我们把这称为长尾。有很多人正在讨论它——这是一个非常有趣的概念。

我们看着这条长尾说:"到目前为止，我们在中部区域做得确实不错——也就是管理有方的中等规模企业，在这方面，聪明人解决了有趣的问题。但那些最大的客户呢？他们的问题，我们解决得怎么样？"于是我们在去年为大广告客户推出了一整套工具，他们可以在自己的所有部门使用我们的服务，创造非常可观的收益，因为在我们的模式下，广告可以带来可预见性，可以带来革新，等等。

那么个人客户呢？小企业呢？乔或鲍勃兼做首席执行官、首席信息官、首席财务官、职员和后勤的小公司呢？一句话，我们怎么为只有一个人、两个人、三个人的公司服务呢？我们也为他们设计了一整套小小的自我服务工具，他们几乎可以自动化地使用这种服务。

所以我们是兼顾两个方向的。用自我服务模式进入底部，我们就能接触到被传统广告拒之门外的小客户。一路迈进头部，我们就能赢得过去没有得到周到服务的大客户，赢得一个从未体验过这种在线服务的全新领域。

后来，施密特又向我解释了这样一个道理：这些数以百万计的中小客户就代表着一个庞大的新长尾广告市场。

这条长尾竟然有这么长，竟然有这么多的企业从未得到传统广告的服务，这实在令人吃惊。像Google广告这样的市场呈现出帕累托分布的形状，这种认识有多么深刻的意义，似乎没有一个人意识到。科学家早就知道了这个原理，但它从未得到任何注意。当我们审视我们的市场，我们发现我们的模式在曲线中部特别有效。在读了你的文章后（《连线》杂志上关于长尾理论的文章），我们看了看长尾，然后问自己：“面对这个机会，我们做得怎么样？”

来看看一条按收入排名的世界商业帕累托曲线。排第一的是沃尔玛。排在最后的是谁？是在印度的大街上提着篮子出售自制产品的某个人。整条曲线下方的区域包括大约10亿人，实际上相当于全世界的GDP（国内生产总值）。让我们从底部开始，沿着曲线向上看，直到找到能上网的人。他们接受过良好的教育，他们拥有一家小企业，而且他们想推广他们的产品。我们问自己：“我们的模式能为他们提高收益提供哪些帮助？”答案是：如果我们提供条件，帮助他们走到他们的村庄之外做生意，他们就会接触到更大的市场，得到更多的供应商，拥有更大的价格优势等等。

这一切不会太快实现，原因有很多，大多都与基础设施有关。那么让我们退一步来讲，就算我们不去注意后90%的人，我们仍有1亿的潜在顾客。整个数字实在太大，就算你砍掉一大块儿，剩下的仍是一个庞大的市场。

现在，Google的收入已经达到了每年50亿美元以上，而且每过9个月就会翻一番。尽管它的大多数收入都来自曲线头部，但它的大多数顾客都在曲线尾部，这意味着这条尾巴将是它未来的主要成长动力。而且，Google才刚刚在长尾世界中起步。

有趣的是，Google在用很多种方式玩长尾游戏。如上所述，它是一个广告集合器，在它所创造的市场中，广告商长尾能接触到以广告为依托的出版商长尾。但 Google 的信息集合威力甚至更为出名，在这方面，它已经在远离统一化模式的探索之路中展示了一些有趣的技术。

苹果的 iTunes 音乐集合器有一个问题：在展示流派大相径庭的不同音乐时，它的方式是有缺陷的。同样的挑战也存在于信息搜索中——所有搜索也许都是从关键词开始的，但搜索背景可能千差万别。Google 认识到，不同的背景需要不同的展示方式。如果你在寻找一个地区，你想看的也许是一张地图；如果你在寻找一个图像，你也许想要图形界面；如果你在搜索视频，你也许想要视频界面。还是那句话，没有万能的模式——即使对信息搜索来说也是如此。Google 现在提供多种不同方式的“垂直搜索”（仅在某一范畴内搜索）：Google Local、Google 学者（学术论文）、Google 地图、Google 产品搜索、Google 新闻、Google 图书搜索、Google 视频等等。

现在，雅虎、微软和其他一些企业已经加入了 Google 的阵营。为最好地满足不同需求而分割集合器是一种趋势，“垂直搜索”市场的兴起只是一个例子而已。Google 的每一个搜索结果都有一种独一无二的展示方式，都来自信息世界的某个子集——能给出最合适、最有用的搜索结果的子集。换句话说，Google 用一种对每一个特定媒介都有意义的方式把搜索结果的展示定制化了。

其中的意义不言而喻：如果你知道你在寻找些什么，如果你使用了一种精确定位的主题化集合器而不是统一化的集合器，你就能得到更好的结果。而结果越好，人们就越有可能继续挖掘，继续探索长尾世界。

14 长尾法则

怎样创造一个消费天堂？

The Long Tail ● Why the Future of Business Is Selling Less of More ●

我们可以把创造一个繁荣长尾市场的秘诀归结为两句话：

1. 提供所有产品。

2. 帮我找到它。

第一条说起来容易做起来难。每一年，参加圣丹斯电影节的6 000部影片里只有不到十几部能被选中发行，其余影片大多都不能在电影节之外合法地放映，因为它们的音乐版权问题还没有解决。电视网的库存电视节目大多也是如此：要想制作DVD或在网上播映，必须付出高昂的代价处理音乐使用权的问题。

类似的版权问题也让许多经典音乐和视频游戏无奈地被贴上了封条。在我们想办法彻底、自动地在全行业范围内清除所有老作品的版权绊脚石之前，法律限制将始终是长尾市场最大的成长障碍。

第二条比较容易实现。从协同过滤器到用户打分，聪明的集合器正在用推荐技术将需求推向长尾。这就是被动与主动的区别，也是大众品位与个人品位的区别。长尾企业真正把消费者看作有血有肉的人，有了它们的大规模定制化系统，消费者就不必再屈就于千篇一律的大众化产品。

对娱乐业来说，推荐系统是一种非常高效的营销方式，可以帮助小电影和不太主流的音乐找到自己的顾客群。对消费者来说，遵从一个好的建议意味着选择的简单化，这会鼓励探索，重新唤起对电影和音乐的热情，有可能创造一个远远大于从前的娱乐市场。(Netflix 的用户平均每月租 7 张 DVD，3 倍于传统租赁店的顾客。）这种同步并行的文化带来了多样性的大发展，逆转了一个匮乏时代的均一化趋势，结束了热门产品的专制时代。

现在你已经领略了长尾世界的全貌，我们可以总结一下成功长尾集合器的九大法则了。

降低成本

法则一：让存货集中或分散

西尔斯是这方面的先驱。它凭借大型集中化仓库在邮购业务上的优势实现了效率的第一次飞跃。今天，沃尔玛、Best Buy、Target 和其他许多零售商的网上平台正在利用它们的现有仓储网络开拓在线市场。它们的网上产品的种类远多于传统店面，因为相比把产品放在数百家商场的货架上，集中化仓储的效率要高得多。

为了在多样性上更上一层楼，亚马逊等公司已经向“虚拟存货”模式扩展——产品放在合作伙伴们的仓库中，但在亚马逊的网站上展示和出售。今天，亚马逊的存货和产品分散在网络的各个角落，由数千个小商家分别持有，“市集”工程则是所有这些产品和存货的集合器。对亚马逊来说，成本等于零。

数字存货（想想 iTunes）是成本最低的存货。我们已经看到了从塑料碟片到网上流量的转变对音乐业的影响；很快，同样的事情也将发生在电影、视频游戏和电视领域中。新闻已经告别了纸面时代，播客正在挑战广播台，再顺便说一句，说不定你就是在电脑屏幕上读这本书的。消灭原子或无线电广播频谱的限制是降低成本的有力方法，做到了这一点，新的利基市场就会水到渠成地出现。

法则二：让顾客参与生产

"协同生产"缔造了 eBay、维基百科、Craigslist 和 MySpace，也让 Netflix 拥有了数十万条影评。凭借自我服务模式，Google 可以按每次点击 5 美分的价格出售广告，Skype 在两年半的时间里吸引了 6 000 万用户。两者都是用户参与热情的好例子：企业原本需要花钱雇人做的事，用户却很高兴免费去做。这不是外包，这叫"众包"(crowdsourcing)。

众包的优势不仅在于提高经济效率，有时候，顾客的作品更加出色。用户的评论往往睿智深刻，妙语连珠，最重要的是，其他用户相信这些评论。加在一起，顾客的时间和精力几乎是无穷无尽的，而且唯有协同生产有能力伴随长尾无限延伸。在自我服务的例子中，参与生产的人就是最关心生产的人，而且，他们也最了解自己的需求。

考虑利基市场

法则三：一种传播途径并不适合所有人

有些顾客想去商店购物；有些顾客想在网上购物；有些顾客

想先在网上研究一番，然后再去商店购物；有些顾客想先去商店逛上一圈，然后再去网上购物；有些人想马上就买，有些人可以等等看；有些人住在商店附近，其他人分散在四面八方。有些产品的需求是集中化的，其他产品的需求是分散化的。如果你只注意其中的一类顾客，你就有失去其他顾客的风险。

这听起来或许有点形而上学的味道，但最好的长尾市场确实是跨时空的。它们不会受制于任何地理障碍，也不会去猜测人们什么时候会需要什么样的产品。iTunes 的优势主要在于丰富的品种和方便的下载方式，而全天候开放也是一个锦上添花之处。

今天，你可以通过电视网、视频点播、iTunes 下载、DVD（或买或租）和 TiVo 季节通行证的途径得到《犯罪现场调查》，然后在等离子屏幕、索尼 PSP 或其他任何设备上欣赏它。公共广播节目同样如此，你可以用多种方法收听它们，有陆地广播（实时或延时）、卫星广播、网络点播、播客——如果你喜欢，还有 E-mail 传送的转录文件。要想接触到最大的潜在市场，多重传播渠道是唯一的方法。

法则四：一种产品并不适合所有人

曾有那么一个时期，购买音乐只有通过一种途径：购买 CD 唱盘（CD 单曲的销量实在太小，大多数艺术家都不屑制作单曲）。现在想想看网上有多少种选择：唱片、单首曲目、手机铃声、30 秒免费样本、音乐视频、混音作品、其他某个人的混音样本、点播、下载等，而且文件格式和取样频率也是多种多样。

乌玛尔 · 哈克把这称为“微块化”（microchunking）。渐渐地，分割和混合成了制胜策略：或者把一种内容分割成不同成分（“微块”），以便所有人都能用自己喜欢的方式消费它；或者把它与其他内容相混合，创造一种新的内容。报纸被分割成了一篇篇文章，更专项化的网站则会链接这些文章，用来自多个源头的内容创造出一种往往更加主题化的新产品——博客就像音响调音师一样，可以把不同的新闻混合成新的信息。

我们已经在细分化的产品和品牌市场中看到了这种趋势——我们有十几种独特风味的意大利面调味汁。现在，这种趋势已经扩展到了一切事物上，既包括视频游戏的角色和等级（混合你自己的游戏），也包括每次只卖一道菜谱的食谱销售生意。每一个新组合都会利用不同的传播网络，接触到不同的顾客群。一种产品适合一种人，多种产品才适合多种人。

法则五：一种价格并不适合所有人

最容易理解的微观经济学原理之一就是价格弹性的力量。不同的人可能愿意接受不同的价格，原因多种多样，可能与他们的收入有关，也可能与他们的时间有关。但正如单一版本的产品往往能在传统市场上找到位置一样，单一价格也常常能找到位置，至少同一时间的单一价格能被人接受。但在一个空间无限的丰饶市场上，可变价格可能成为一个强大的工具，有助于产品价值和市场规模的最大化。

比如，eBay 的交易有拍卖（价格一般较低，但麻烦更多，不确定性更大）和“现在就买”（价格较高）两种形式。就连为简化流程而坚持每曲 0.99 美元的 iTunes 也有变通余地，如果你购买的是某个专辑中的曲目，iTunes 会给你更低的价格。Rhapsody 甚至更加灵活，它已经尝试过 0.79~0.49 美元不等的曲目价格，而且它发现，把价格削减一半大约能让销量翻上两番。

无论是音乐还是其他任何产品，只要边际生产和销售成本接近于零，可变价格就是自然而然的模式。最流行的产品可以卖更高的价格，不太流行的产品可以卖低价。为什么现在市场并非如此？因为唱片公司通常会索要每曲 0.70 美元左右的固定批发价，主要是为了避免与 CD 产生“渠道冲突”，因为 CD 仍然是音乐业的主要收入来源。早晚有一天，唱片公司会醒悟，定价策略将变得更加灵活，进而允许零售商用更低的价格把消费者引入长尾中。

摆脱控制

法则六：分享信息

这一边，看起来大同小异的产品堆满货架，让你无所适从；另一边，“按畅销度排名”的功能简明清晰，让你一目了然。两者的区别在哪里？在于信息。在前一个例子中，商家知道什么产品最畅销，只是没有告诉它的顾客。在后一个例子中，顾客得到了这个信息。“按价格排名”、“按评论排名”、“按生产商分类”等等也是同样。这些数据已经存在了，问题只是怎样与顾客分享它们。更多的信息是好事，但前提是，信息提供方式必须有助于顾客的选择，而不是把选择过程弄得更加混乱。

同样，如果能转化成推荐信息，有关消费方式的信息可以成为强大的营销工具。从用户评论到详细规格，产品的翔实信息可以回答消费者的问题，避免他们在疑虑之下放弃一次消费。解释清楚推荐信息的来源能让系统赢得消费者的信任，帮助他们更好地使用系统。透明度可以建立信任，而且毫无成本。

法则七：考虑“和”，不要考虑“或”

稀缺时代的症状之一就是把市场当成一个零和游戏——也就是说，任何事情都是一种“这个或那个”的选择。或者发行这个版本，或者发行那个版本。或者选择这种颜色，或者选择那种颜色。对商场的货架或广播频道来说，这是很自然的：一个位置确实只能容纳一种产品。但在容量无限的市场中，供应全部的产品几乎永远是正确的策略。

产品选择存在一个问题：它需要区分优劣，而这个区分过程需要时间、资源和主观猜测。某个人可能根据某种标准判定一种产品应该强于另一种产品。从宏观层面上说，他可能是对的，但这样的决策在微观层面上几乎总是错的。以 DVD 影片的“另类结局”现象为例，就算大多数人都最喜欢标准式结局，总有某些人更喜欢另类结局。现在，两种结局都可以看到了。也可以把这个原理扩展到 DVD 的其他选项，比如外语的选择，标准银幕和宽银幕的选择，甚至是符合不同评级（PG 级、PG-13 级、R 级、未审查）的不同剪辑版本——每一个选择都有自己的顾客群，即使不像主流顾客群那样大。

DVD 的充足容量为所有这些“额外”选择提供了空间，导演完全可以用更丰富的内容去“浪费”容量，这样的内容，他们是不可能放到那些匮乏的传统媒体中的，比如电影院的银幕或老式的录像带。所有的网上数字市场也都是如此——随着价格的下降和存储量的上升，近乎免费地使用容量只是一个时间问题，不管你需要多么大的容量。存储量和传播渠道越丰富，你就越不需要斤斤计较地区分它们的使用方法。相比“或”的决策，“和”的决策要容易得多。

法则八：让市场替你做事

在稀缺市场中，你必须猜测一下什么东西能够畅销。在丰饶市场中，你只需把产品扔在那里，让市场自己去筛选它们。“事前过滤器”和“事后过滤器”的区别就在于“预测”和“评测”的区别，而后者总是比前者更加准确。网上市场的最大优势就是群体智慧的评测能力。由于它们蕴藏着无穷无尽的信息，人们更容易比较产品的优和劣，传播他们的喜和恶。

比如，协同过滤器就是一种以市场为基础的产品推广方式。流行度排名也是市场的一种声音，而且会被口头传播效应的积极反馈环成倍放大。用户评分则是集体观念的反映，可以得到量化，让产品的比较和分类更加容易。这些工具都可以将纷繁复杂的品类组织得井井有条，帮助消费者做出选择，而且无须某个零售商绞尽脑汁地猜测什么样的产品有人买。一句话：不要去预测，要去评测，要去反映。

法则九：理解免费的力量

“免费”这个词的名声不太好，总让人想起盗版或诸如此类的价值蒸发现象。但数字市场最不容忽视的特征之一就是免费的可能性：由于成本几乎为零，价格也可以是零。实际上，有一种免费策略已经成了最常用的网络商业模式之一：首先用免费服务吸引大批用户，然后说服其中的某些人升级为付费的“高级”用户，换来更高的质量和更好的性能。Skype 和雅虎邮件就是两个例子。由于数字服务的成本寥寥无几，免费的代价也寥寥无几，只要有一小部分用户转变成付费用户，商家就可以弥补全部成本。

从 30 秒音乐剪辑到视频预览，免费样品之所以出现，是因为在宽带上传输字节的成本非常低。视频游戏制作商通常会发行几个免费的演示版本，如果你喜欢它们，你还可以花钱开通其他版本。2005 年，环球电影公司在网上发行了科幻片《宁静》的前 9 分钟——免费而且未加删减的前 9 分钟。为什么？因为它有能力这样做。把一部影片的 10% 在线传输给有兴趣的观众几乎没有成本，与巨大的营销价值完全不成比例——一旦被这个片断吸引到了情节之中，却还有扣人心弦的悬念尚未解开，心痒难耐的观众只能花钱去一趟电影院。

多数电视节目已经是免费供应，全靠广告支撑。但在网上，电视节目仍在想方设法地收费，即使播映收益已经弥补了生产成本，而且网上传输成本微不足道。网上的电视节目为什么就不能免费呢？毕竟，你可以加入首尾广告（而不是插播广告），植入广告也会有更多的观众——别忘了，植入广告是既不可剔除也不可按一下快进键跳过不看的。说到底，在一个竞争激烈的丰饶市场中，价格倾向于随成本而变；而在数字经济学的统治下，成本只会越来越低。

15 营销长尾

如何在滞销市场中推销产品

The Long Tail ● Why the Future of Business Is Selling Less of More ●

2006年早春，在位于沃伦市底特律郊区的坎贝尔－埃瓦尔德广告代理公司（Campbell-Ewald advertising agency）里，一组策划人正在看汉堡王公司（Burger King）的交互式网站“小鸡侍者”[①]，这是一个很滑稽（而且是滑稽得达到了预期的目的）的交互式广告，他们边看边思考着应该为汽车做些什么宣传才能达到同样好的效果。近10年来，只有雪佛兰系列中的太浩运动型多功能车一直在给汽车制造总公司即美国通用汽车公司带来好运气。然而现在，这款车却狼狈地撞上了油价的飙升，每加仑汽油竟然高达3美元。

自从坎贝尔先生和埃瓦尔德先生在1914年见过路易斯·雪佛兰以后，坎贝尔－埃瓦尔德广告公司一直都在负责雪佛兰公司的广告业务。该公司急切地表明，它们既没有陶醉于过去所取得的成绩，也没有忘记它们必须遵循的传统。但有一点很明确，那就是在那个时候，常规的解决方案——一个过于精心录制的电视汽车广

① 汉堡王公司建立了“小鸡侍者”网站，上网者可以输入指令，向网上身着怪异的红色吊带袜的小母鸡发送命令，让这只小鸡做任何事情——清洁家具或者演奏吉他模仿秀，此举为汉堡王公司解决了尤其针对14~25岁之间的客户群时“缺乏相关性”的难题。

告——是达不到预期效果的。一方面，电视广告本来就达不到它们以往的效果。据麦肯锡咨询公司预计，到 2010 年，可能只有 1/3 的广播电视广告能达到 1990 年广告一播出就轰动的效果，原因是制作广告的成本在上升，收视率在下降，垃圾广告在激增，还有，由于 TiVo 具备了自动暂停和跳过节目的功能，拥有 TiVo 的电视观众可以轻松地跳过电视台插播的广告。另一方面，由于出现了伊拉克战争、气候变化以及席卷全国的绿色意识浪潮这些麻烦事，所有这一切都使得推销保护石油消费者权益的巨型滚动式展示牌变成了一个比以往更为复杂的计划。

坎贝尔 – 埃瓦尔德公司的策划小组希望能在网络上找到提升太浩汽车广告效果的方法。不仅仅是因为网络营销活动是交互式的，以这种方式做广告可能会比一个观众被动观看的电视广告更具有吸引力，还因为它可以波及那些根本不看电视广告的消费者。对所有美国人来说，广播电视网是令人满意的好代理的时代已经一去不复返了。最受关注的 18~34 岁之间的上网玩视频游戏的男性人数日益增长，或者从另一方面说，这些男性对广播电视节目播出时间表感到厌恶，因而转向了网络。同龄的女性也紧随其后。你的钱越多，你就越有可能使用数字视频录像设备，如 TiVo 或者有线电视机顶盒，把电视节目录制下来过后再看——这样你就可以跳过插播的商业广告了。

坎贝尔 – 埃瓦尔德公司的策划人是这样想的：雪佛兰的品牌标语是“一次美国革命”，好，那么我们就来做具有创新性的事吧。基本交互式网络广告——用鼠标为汽车导航——是不够的，我们要把这件事做得出色一些——现在举办一个网上竞赛，看看谁能给新款太浩汽车创意出最佳的电视广告。雪佛兰公司会提供视频剪辑和音乐——标准的场景通常是太浩汽车行驶在没有行人车辆、令人愉快的景色中，然后停靠在耸立的悬崖边；要不然就是在美丽的崇山峻岭中，太浩汽车飞驰在崎岖不平的山路上。用户可以把这些素材合成在一起，然后自己加上字幕。这就是30秒电视广告的维基化（wikification）过程——还有比这更具有革命性的吗？

从2006年3月份开始，竞赛持续进行了4个星期时间。在特别节目《学徒》时段电视广告中，观众被鼓励登录一个新建的小型网站Chevyapprentice.com，然后观众可以使用网站提供的视频素材和简单的编辑工具自己做广告创意设计并参加竞赛。竞赛吸引了30 000多位参赛者，其中绝大多数参赛者都是在忠实地宣传这款车的很多优点——可伸缩座椅、动力提升门，相对而言——特别强调的是“相对”——油耗比较低。但同时也有一些不怀好意的参赛者，他们的创意设计推翻了太浩汽车的电视广告的主旨思想，他们谈到了全球变暖、缺乏社会责任、伊拉克战争以及这款大型汽车暗示的心理内涵。令人恼火的是，他们也是一些最聪明的人。“喜欢夏天吗？已经习惯了。”“石油峰值已经出现了，也许你应该步行。”当然还有“耶稣会开什么样的车呢”之类的话语频繁出现在网站上。现在，太浩汽车正在自己的网站上承受着人们的各种谴责，被人说得一无是处，比如说车型极其古板，或者较多地消耗自然资源危害人类。

更糟糕的是，其中一些最具破坏性、最有趣的广告当时正在YouTube视频网站传播，在那里它们赢得了无数网民的关注——比它们在自己的雪佛兰网站上的点击率还要高。坎贝尔–埃瓦尔德公司达到了他们预期的目的，获得了他们想要的东西——像“小鸡侍者”一样的病毒性网络点击率——不过，这些又增添了否定太浩汽车的理由。一群愤怒的网民联合起来搞了一场抵制该产品的活动，当时主流电视频道所拥有的众多观众兴高采烈地围着一堆为摧毁一个卓越的美国品牌而点燃的篝火载歌载舞。

没过多久，博主和记者们就意识到 Chevyapprentice.com 网站上正发生着一些令人匪夷所思的事情。开始的时候，每个人都以为这只不过是一家大公司“不了解”互联网情况的另一起案例而已。接着，当那些负面的广告没有被立即淘汰的时候，他们认为雪佛兰公司太无能了，甚至没有注意到他们网站上正在发生着什么样的事情。渐渐地，人们才明白了，雪佛兰公司根本就没有清除这些攻击性广告的意思。

实际上，坎贝尔－埃瓦尔德公司策划组自始至终都认为，他们已经得到了一些否定的回应，而且他们断定，如果他们现在制止其中的任何一个负面广告，那么就会失去所有的信誉。雪佛兰公司总经理埃德·佩普尔在发表在通用汽车公司的博客 FastLane 上的一篇文章中指出：太浩汽车可以用乙醇做燃料，耗油量比其他大型运动型多功能车还低，不过对雪佛兰公司来说，事情本来就是这么简单。

广告业内部的顾问们兴奋地观看着这场骚乱，并安慰他们的客户说：这证明你们不能把自己的品牌交给无知的人去掌控。但客观地说，你不得不承认太浩汽车的这次“学徒”活动是成功的。截至2006年4月底宣布竞赛获胜者是来自安娜堡的迈克尔·斯瑞姆斯时，这个小网站已经吸引了 62.9 万名访客。这些访客在该网站上的停留时间平均超过了 9 分钟，其中将近有 2/3 的人还访问过 Chevy.com 网站；Chevyapprentice.com 网站运行了 3 个星期，它给雪佛兰网站输送的访客人数比 Google 或雅虎输送的人数都多。曾经在那里，许多访问者请求网站给予一些雪佛兰汽车的相关信息或者给零售商网站留下自己的信息。

太浩汽车销售量开始迅速上升了，尽管当时是在春天，而运动型多功能车的采购高峰期通常出现在晚秋。到 2006 年 1 月，也就是推出运动型多功能车后的 9 个月时间，新款太浩汽车的销量占运动型多功能车系列中所有产品销量的 1/4 以上，超过了其最主要的竞争对手福特远征汽车，二者的销售额比例为 2 ∶ 1。3 月份，也就是这次活动开始的那个月，太浩汽车市场份额占了将近 30%。到了 4 月份，据汽车信息服务商埃德蒙兹所说，仅仅 46 天的时间，太浩汽车的平均销售量与一年前相比发生了相当大的变化，当时样品车在零售商的车行苦苦待了长达 4 个月之久。美国杂志《广告时代》（*Advertising Age*）编辑斯科特 · 多纳顿要求在一个专栏里进行投票，来看看有多少人认为这次运动能够证明用户创意的内容具有危险性，之后喝倒彩的声音就渐渐消失了。“啊，没错，”他写道，“有相当多的人是反对的——你们都自由了，实际上，营销业务不再需要你们的服务了。我们已经准备好了一个铁路玩具礼品包，送给你们作为美好的临别礼物吧。”

多纳顿瞄准的是“辉煌年代”的大众传媒营销的重要信条，即通过控制广告主题，麦迪逊大道（Madison Avenue）能够以某种方式控制人们对产品的看法。“当你推动一个消费者自发的运动时，你就会得到一些消极的回应。”一位坎贝尔 – 埃瓦尔德公司的主管埃德·迪尔沃斯说："不过，你该怎么选择呢——继续闭关自守？那种做法是不会有前途的。另外，你以为消费者以前就没有谈论过太浩汽车吗？"他们当然谈论过，只不过所不同的是，在YouTube时代已经不能再持续控制幻觉了。"你要么留在掩体里，要么跳出来想办法去参与，"他说，"不参与就说不过去了。"

尽管太浩汽车的广告一直受到仇视者的猛烈攻击，但效果非同凡响，为什么呢？首先，运动型多功能车本身就不是拯救环境的好工具，这一事实对潜在购买者来说已经不是什么新闻了。庞大的汽车让涉世不深的年轻人爱得要命，这对一些热衷于太浩汽车的人来说，也许是其诱惑力的一部分，实际上这种情况并非是不可能的。其次还有一个原因，就是雪佛兰公司一开始就举办了一场竞赛，之后又没有把那些负面广告去掉，雪佛兰公司这样做看起来非常酷。而且对于一款笨重的美国品牌汽车来说，那几乎是把不可能的事情胜利完成了。

但是，正如太浩汽车的例子所表明的那样，所有这一切都是要付出代价的。控制网络对话的人不是营销人员，而是用户，他们从来没有像应邀去畅谈自己的想法时那样积极主动，所以寻求公众参与和在线互动经常会导致局势失控。品牌管理人在完善电视广告上已经耗费了他们职业生涯中的大部分时间，可现在广告已经不再是他们要创作和拥有的东西了，这种想法对他们来说，既有点儿邪教的意味，又有点儿可怕的感觉。

然而却没有人阻止过这件事，越来越多的消费者正在独自做着这类东西。YouTube视频网站里充满了主动提供的雪佛兰"广告"，远比太浩汽车"学徒"活动制作的任何东西都更高雅。这些广告既有正面的也有负面的。其中，“雪佛兰低底盘车商业广告”中的镜头画面是一辆高档雪佛兰车轿车沿着大街跳跃；“Chevy Ridin 广告”是把特装雪佛兰的放映幻灯片制成了匪帮说唱（Gangsta Rap），变成了成功的流行歌曲 *Chevy Ridin's High*；甚至还有这样的“广告”——“雪佛兰太浩记忆”（Chevy Tahoe Memorial）：这是一段简洁的视频，演的是一位年轻人正在驾驶着一辆太浩汽车，汽车跳跃着、左右漂移着，最后撞毁了他深爱的运动型多功能车。

消费者的自制广告导致了一些严重颠倒的行为。那些曾经冲着我们大声叫喊的品牌，现在却在请求我们必须说点什么。他们不再满足于只确认我们的身份，如盖普童人（GapKids）、万宝路人（Marlboro），还要求我们帮助精确地解释自己的身份。不过，这样你可以悠闲地坐在那里，让人们来谈论他们对某种产品的看法，达到销售该产品的目的。如果做到这一点，就不会有人比你更像门外汉了。每一个人都说自己想听到消费者的意见，那好吧，不过你得小心结果：他们会说个没完没了。

这就是消费者长尾的崛起。随着市场的细分，出现了营销碎片化的情况。媒体上播放的大众化广告对那些非媒体受众或对信息毫无反应的消费者已经产生不了任何影响了，实际上这些广告的对象也不是这些消费者。随着用户驱动的网络的崛起，情况发生了逆转——值得信赖的个人多了，值得信赖的机构少了——最有效的广告来自同龄人。没有什么能比口碑更有效，正如我们亲眼所见的，网络是世界上前所未有的最佳的口碑放大器。

细分市场以及个性化消费者的难题在于太多不同需求消费群的存在。没有哪家公司能够创作出足够多的有针对性的广告，以便适合对他们所销售的商品可能有需求的每一个潜在的利基市场。要想差不多做到满足不同消费群的需求，最好的方法就是Google放置在相关内容旁边的有针对性的文字，但这种方法仅仅局限于文字，而且广告还要屈尊于“赞助商链接”的标题下。

相反，向长尾消费者推销的最佳方式是要弄清楚是谁在影响着他们，然后把你的精力集中到那里，一开始要少做多听。

幸运的是，从来都没有出现过比网络更好的倾听工具。网络不但是有史以来最好的口碑媒介，还是一个最易于衡量的媒体。有许多免费的在线工具可以告诉你，人们对你的品牌发表过什么看法以及哪些人最有影响力。这些工具包括：

- **Technorati博客搜索引擎或Google Alerts（谷歌快讯）**：你可以设定这些工具，让它们随时告诉你有关任意一个博客以及链接到你指定的一个网址上的其他站点情况，而这个网址(URL)使用的是你定义的一个词条。通过发送电子邮件或发布一个RSS文件（你可以订阅，并且可以在任何一款RSS新闻阅读器里阅读信息流，如Bloglines新闻阅读器，或者是你电脑上的“我的雅虎网页”），如果你不仔细设定你的过滤条件，这些信息就会铺天盖地而来，让你难以招架。不过，如果你能腾出时间来密切跟踪它们（或把这作为某个人的一部分工作），就会发现这些都是与判断网络世界可能会发生什么最密切相关的东西。
- **Google趋势**：这个在线工具能让你看到一个短语或一种产品多长时间被搜索一次，并且显示了随着时间的推移以及相对于其他词条，该短语或产品被搜索的频率是如何变化的。不仅如此，它还列出了用这个词条经常搜索到的一些网站和地理区域。为了追求刺激，你可以尝试着搜索一些大品牌，比较“×× 品牌令人厌恶”与“×× 品牌令人震惊”的搜索结果。如果你碰巧为那个大品牌工作，记得首先要让自己振作起来。

- **社会网络**：就像 MySpace 和 Facebook 网站一样，你可以通过品牌名称或者产品介绍来搜索它们，这是网站最强大的功能之一。然后对搜到的这些结果进行分析：哪些人在讨论该产品，他们对该产品有什么看法，他们对哪些人产生了影响。这没有包含一点儿科学，但却有助于建立潜在的“最重要的消费者”的抽样调查档案，这些消费者能够带来更大的生意或引导消费潮流。

在参观一些公司的时候，我给他们提出这样的问题：如果他或者她像普通消费者一样，开始都是用 Google 搜索自己想要了解的任何一家公司，那么他们想要找到什么样的相关内容？你会惊奇地发现，好多公司并不知道答案。这些公司没有人用 Google 去搜索过他们自己的公司，问题还不仅仅只是他们自己的网站显示搜索的结果在什么位置，而且还包括在同一页面上还显示有其他的什么跟公司相关的内容，有时候，这些内容的点击率更高。

在有关这家公司的搜索结果中，很多情况下显示在顶端的是维基百科的词条。该词条是由一些可靠的人编写的，他们都是对这家公司感兴趣的人——往往既是该公司最狂热的粉丝又是该公司最强劲的敌人，这二者并不能相互抵消。他们对该公司给出一个中立的

(但希望是准确的) 评价，维基百科的协定是提供一个评论的空间，通常是在一个围绕着该公司公开辩论的专栏里进行辩论。这里对所有公司都有一些公开的辩论，对这些评论家来说，没有他们不批评的事。通常情况下，这一词条是不允许批评占主导地位的，否则某种平衡就会被打破了。然而在我看来，有趣的是竟然没有几家公司注意到自己公司的词条编辑情况是怎样的。

把所有的变化都输入一个维基百科的词条，并且指定某个人负责监督，这是一件琐碎的麻烦事。当有真正不公平的事情出现的时候，要做的就是另外一件麻烦事了——公司编辑自己的词条是一种失礼的行为，因为把更改词条内容的人的IP地址和在阻止列表中分配给公司的IP地址进行对比是一件很容易的事情，所以公开曝光那些美化自己公司词条的案件日益增多。应急方案包括诸如在家里或者在公共互联网场所编辑公司的词条（技术上是有效的，但却是一种道德败坏的行为）这类鬼鬼祟祟的事情，或者在每一条词条相对应的论坛板块请中立的志愿者纠正错误或有偏见的段落。

理论上，回复博主是件更容易的事，但实际上仍然需要慎重处理，而且需要耗费时间。另一方面，起初要倾听人们的声音（指派某个人监听输入信号），然后弄明白什么时候回复以及如何做出回复。如果一位博主赞美了一家公司或者一种产品，一封致谢的电子邮件经常会备受青睐，（"他们看我的博客了！"）同时可以给公司带来一个长久的正面宣传员。

对评论文章的回复需要更多的技巧。同样的道理，多多少少回复一些要比不回复好，部分是因为回复评论表达了对博主的尊重，这对缓和局势大有帮助。博客的公约是把事情公开化，所以在评论处的回复每一个人都可以看到，通常会带来比私人电子邮件更大的好处。理想情况下，应该是由除了公关人员以外的某个人来做出回复。就像我们自己一样，博主想引起人们的注意，那么这个人回复的内容越贴近评论文章的实际题目越好。所以，举例来说，一个产品经理的回复要比一个做客户支持的人回复效果要好，因为这首先意味着负责制造产品的人在倾听人们对该产品的评论，并且给予了认真的考虑。

然而从根本上来说，在控制舆论方面你只能做这么多。长尾营销策略致力在有影响力的顾客中间激励人们口耳相传，结果充其量也不过是让人们知道某种产品罢了。如果产品本身不好的话，再多的电子邮件也不能保护它不受攻击或者保证它不被忽略。

实际上有一种行业在不断地发售着质量很差的产品，直到最近才借助极好的营销手段侥幸获得了成功，这就是好莱坞电影工业。我并不是在有意贬低好莱坞公映的大部分电影，但是，资助和制作电影的方式的本质就是必须在剧本和剧组身上投下巨大的赌注，而且是早在完全清楚他们的影片能否达到他们所承诺的效果之前。影片往往是达不到制片方所承诺的效果的，在这一点上，好莱坞电影制片厂和风险投资者之间存在着一定的差异。风险投资者会终止向那些看起来不可能让世界为之热血沸腾的公司的投资，而电影制片厂无论如何都会公映新电影，只要有效的市场营销活动能够让足够多的人走进影院收回成本。

这种假设越来越难以成立了。问题是口碑传播的速度是如此之快，并且是如此有效，以至于劣质电影几乎会马上暴露出来。以前好莱坞的营销模式是可以要些伎俩、做很多广告，并且在数以千计的屏幕上“公开放映”的，至少在公众理解并意识到电影预告片比电影本身要精彩很多之前，这些措施应该能保证为人们提供几个充满向往的周末。

但是今天，公映已经达不到这样的效果了。20 年前，从第一个周末到第二个周末，电影的票房收入平均下降将近 30%。而今天，这一数字却达到了 50% 以上。劣质电影早在公开放映之前就被鉴定出来了［这要归功于执着的影迷网站，如烂番茄影评网（Rotten Tomatoes）和 Ain’t It Cool News 网站］，观众对影片早期的观摩测试的反应过去是无法公开的，但现在却在影片观摩结束几分钟之内就被公布到博客里了。

实际上，到了电影公开放映、接受主要媒体评论的时候，对一部电影能否会成功的内部评论早已在到处传播了，远远超出了好莱坞内部知情人的圈子，而过去这类评论只是在这个小团体内大家悄悄地聊一聊。从这一点来看，营销所能做的也只有这么多了。

第二个周末的票房收入下降如此之快的原因并不是由于电影质量在变差，新影片中总是将一些高质量的、糟糕的以及很多二流的影片混合在一起，而我们却很快就能知道哪些是糟糕的和二流的影片。我们可以看到更多的评论——既有正面的评论也有负面的评论，既有专业的评论也有业余的评论，听听观众（包括影片观摩者）他们都是怎么想的。这有利于好的影片，但却打击了劣质影片。网络口碑是矫正好莱坞营销的好方法，二流影片在评论数量减少的时候，一流影片的评论正在攀升。遗憾的是，在这方面好莱坞能做的并不是很多。秘密被泄露了，消费者控制了局势。

当公司不听从那些消费者的意见时，会发生什么情况呢？我们来细想一下关于杰夫·贾维斯和他那台糟糕的计算机的这个发人深省的故事吧。

2005 年 6 月，纽约市出版策划人杰夫·贾维斯（当时我和他都在同一家控股公司工作，不过是在不同的部门）的戴尔笔记本电脑出了问题，像大多数遇到这种情况的人一样，他打电话给戴尔公司的技术支持部门。令人遗憾的是，又像其他大多数人一样，他得到的只是含糊其辞的答复。几个星期过去了，杰夫·贾维斯失去了信心。他买了一个次品！戴尔公司客户服务糟糕透了！戴尔公司是不应该逃脱这种责任的！

在这个时候，人们通常的选择是向朋友抱怨，永远不再买戴尔电脑，或者，可以给迈克尔·戴尔本人写封信。然而，杰夫·贾维斯是一位新潮的消费者，他有一个相当出色的博客，名为 BuzzMachine，这个博客主要是评论出版物的（随便举个例子来说吧，比如评论《美国偶像》）。因为博客就是一头饥饿的野兽，而且杰夫·贾维斯录入文字的速度比大多数人说话都还要快，所以他决定在博客上写下他和戴尔公司之间的这段令人沮丧的经历，并且描写得非常详细。

他把这台电脑称为“戴尔地狱”，这是一个令戴尔公司臭名远扬的名字。在多篇文章里，他痛骂着戴尔公司及其产品和客户服务。不仅仅是质量管理差，更糟糕的是，他们根本不去倾听消费者的声音——这是在网络时代发生的一件最大的蠢事。他这样写道：“我收到了来自戴尔公司的电子邮件，很显然写信的人并没有专心地写信。他们在一封信里这样写道：‘亲爱的兰利先生。’我纠正了他们的错误，并告诉他们说我的名字是贾维斯，可得到的回复是：

'亲爱的科拉尔女士。'"

如果贾维斯的经历很罕见的话，那么他的博客文章应该有几位访客读过之后就被遗忘了。不过碰巧的是，贾维斯的经历并不罕见。戴尔公司实际上存在着质量管理危机，而公司内部并没有意识到这一点。公司太大了，并且承受着巨大的源自华尔街削减开支的压力。自从该公司的那位有远见的创始人决定提前退休那时开始，公司就渐渐地发生了变化，结果无数愤怒的消费者涌现出来了。贾维斯在第一篇文章的页面上点击"发表"的那一刻，就像是在氧气仓中点燃一根火柴一样威力无穷。

骚乱始于人们对贾维斯的第一篇文章的回复，随后是电子邮件和将近 2 500 条跟帖，这促使他又发表了十来篇文章，以至于这件事最后发展成了一场运动。在 3 个星期之内，贾维斯的文章竟然有数以千计的链接，而且短语"戴尔地狱"也成了网络流行语。主流媒体开始关注这件事情，从《纽约时报》到微软全国广播公司，随处都可以看到贾维斯和他的那台令人崩溃的电脑的报道。

直到那个时候，戴尔公司才发现公司门口已经被一帮愤怒的人包围了。公司迅速地做了所有通常应该做的事情：向贾维斯道歉，更换他的电脑，承诺改革公司的规程等。不过，太迟了，公司的品牌已经留下了污点。用 Google 搜索"戴尔"的时候，贾维斯的帖子总是显示在第一页，并且在维基百科关于戴尔公司的条目中也讨论了公司的这次惨败。

现在，要说那次经历改变了这家公司的命运其实也不过分。迈克尔 · 戴尔回来了，宣誓要让公司回到以顾客为中心的根基上。他推翻了把国内大部分技术性支持外包给印度的计划。（注意，这样的外包未必是件坏事，只不过是一直没有做好罢了，而且还变成了戴尔公司把利润置于服务之上的象征。）戴尔公司改进了生产线，不但大大提高了产品质量，而且在改进过程中还成功地研发了时髦高雅、设计新颖的款式。（这些话是写给新款戴尔电脑的，鉴于我长期以来对 ThinkPad 的忠诚，这种结果令我相当惊异。不过，现在我对戴尔公司的看法已经改变了……）

今天，如果你在 Google 趋势中输入“戴尔真烂”（Dell Sucks）这个关键词，你就能了解到两件事情。首先，这次事件有三次高潮——贾维斯的原始博客文章，一个月以后他发起的骚乱点燃了主流媒体热情的那一刻，以及一年以后某些戴尔笔记本电脑着火事件（是索尼电池惹的祸，特此补充说明！）。从那以后，这个词条下添加的内容就达到最少了，不过幸好足够了。

其次，搜索这一词条的人中来自得克萨斯州的奥斯汀的最多，那里是戴尔公司总部的所在地，这并不是巧合。没错，正是戴尔公司在搜索“戴尔真烂”！它本来就应该这样做的。这就是倾听。

这里有一个很有趣的实验。如果你有一台戴尔电脑，那台电脑存在着一个悬而未决的问题（公正地说，首先要用尽正常办法都无法解决），你有一个博客，写写你自己的问题，然后等等看。根据最近的经验，应该在一个星期内就会有来自戴尔公司的某个人和你联系，来解决这个问题。戴尔公司现在有了一个专门小组来负责跟踪博客，一旦发现问题就在萌芽状态把它们解决了。戴尔公司已经从不关心网络消费者的影响力变成了倾听问题长尾的最佳实践者。

图 15–1 列出了根据网站导入链接排名的前 50 名网站的统计情况，表明了如何量化这一影响力的新形势。排名 51 至排名 800 万

之间的网站情况图中没有显示，主流媒体与业余媒体之间的比例下降了，甚至一直下降到第 200 名，数量惊人的博客超过了传统媒体。我为什么要这样重视网站导入链接并且用以衡量媒体影响力的大小呢？因为网站导入链接是衡量口碑的最佳方法。

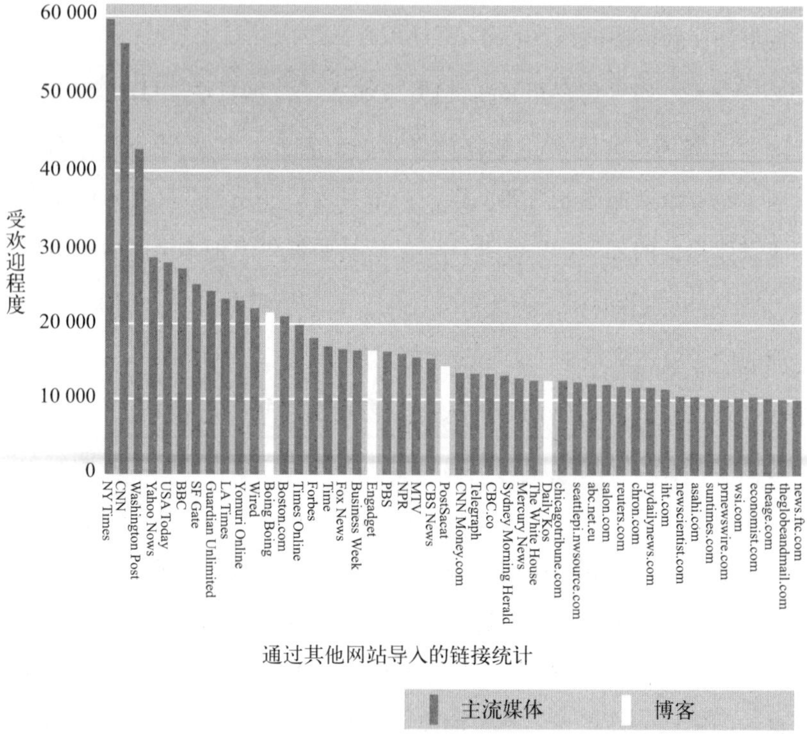

图 15–1　主流媒体与博客在线竞争关注度

数据来源：Technorati 博客搜索引擎

超链接象征着我们在预测影响力方面发生了具有深远意义的变化。衡量媒体影响力的那种传统方法是测量受众的人数，包括读者、听众、电视观众、发行量、订阅单等的数量，主要是基于与媒体能够互动的人数。由于媒体的这种影响力的作用，受众对阅读的内容有什么想法，以及他们在媒体的影响下做了什么，我们永远都不会知道。

要理解为什么这种新方法——计算网站导入链接数量——会这么好，你就必须完全了解超链接的社会契约。像所有十分重要而又激进的思想一样，要完全理解超链接可能需要几十年时间。第一次把超链接在互联网上付诸实施的人是蒂姆·伯纳斯·李，他于1990年发明了万维网。但从概念上来说，还要追溯到泰德·纳尔逊(Ted Nelson)。1960年他设想一个全球网络，是把文件链接到那个虽然完成但还未成功的“世外桃源”(Xanadu）系统上，这种设想甚至被认为是基于1945年范尼瓦·布什（Vannevar Bush）把全球智慧首次链接到一起的那种原始思想。我们现在才开始看到超链接的全部内涵。

当你想起它的时候，超链接就是网络上最慷慨的行为。当某人做一个链接到另一网站时，他所做的就是告诉他的读者请到别处去看看。他在说：“亲爱的读者，在这个时候，如果你想要看更多的东西，我建议你离开我的网页，到别的网站去看看。我认为，这个网站值得你花时间去看看，相信你去过之后肯定会感到高兴的，而且还会高兴地再回到我这里来。当你回来的时候，你会感谢我英明地向你推荐了这个链接。”

同样，当网友设置超链接到你的网站时，有人就会这样说：“我非常尊重你，重视你网站上的内容以及你所主张的一切东西，所以决定通过我对你的超链接，提升你的声誉，这是多年以来我和读者一起赢来的，现在我把它送给你。我会获得读者对我的信任，我会把这种信任转化为你网站的点击量，其中包含着对你的一种偏爱。”

基于这样的第三方链接（或者来自由这些链接决定的简单搜索结果）带来的点击量就是那些更倾向于喜欢、关心并欣赏网站内容的读者的访问量，因为他们听从的是来自自己所信任的人的建议。带有偏爱的点击量这一概念是一种全新的东西。

在旧的媒体模式中，我们知道了观众、听众、读者是谁，但我们并不知道人们心里在想些什么。当时的媒体是没有任何偏见的。一些人喜欢他们自己找到的东西，而另一些人并不喜欢，但是如果不分组进行统计调研，你很难说出他们之间有什么相同和不同。超链接为网站带来的访问量现在相当于网站的一半以上的点击量，由于夹带着推荐者的声誉，使它具有一种约定的内在发展趋势的性质。

导致这一点很重要的原因是因为Google授予了超链接高于一切的特权。Google就是我们把网站货币化的一种途径。

当Google搜索引擎判定什么才是它所需要的相关内容的时候，它的依据并不是基于语义分析，而是基于网站导入链接数量的测定结果。那些网站导入链接就是选票，它们是对信任度的投票结果，是具有相关性的投票结果。它们就是可以精确测量的满意度。

因此，在Google的搜索结果中，链接变成了大量的穿插广告。大量的穿插广告和搜索转变成了点击量，再一次携带了一种偏爱——因为是Google推荐的，这种包含有偏爱的点击量转变成了目的网站的广告收入。从本质上说，这是一种经济交流：Google把声誉转变成了关注（点击量），网站把关注转变成了资金。

这就是今天口碑统治一切的原因。表达意见的那种最古老的方式现如今可以放大一千倍，可以被评估，可以在全球范围内传播，然后可以直接货币化，这就是长尾营销开始吸引网站导入链接的原因。这些网站导入链接带来了可信任的、真实的、自然发展的、自下而上的、基层民众的意见，并最终影响到 21 世纪消费者的行为。

在从机构到个人的权利转移过程中，想想最大的机构：大型跨国公司，意识到大部分品牌价值会受到损失，它们往往最不愿意摒弃那种传统的、组织管理严密的，有指挥有控制的信息传递方式。这就是微软第九频道更令人吃惊的原因。

20 世纪 90 年代后期的大部分时间里，微软一直都被反垄断调查困扰着。到了 2003 年年初，微软似乎已经触及了其公众形象的最低点，依然被人质疑着，它的股价一直持平，而 Google 却摘取了卓越技术公司的皇冠。

微软似乎无法改变它在公众心目中的形象。当你想到这一点的时候，你就不觉得奇怪了。几十年来，一直在公众面前露面的都是比尔 · 盖茨和史蒂夫 · 鲍尔默这两位男士，一想到他们就想到了微软。如果你认为他们是掠夺性的垄断者，那么他们几乎无法改变你的想法。如果你认为他们天生就不能像苹果公司一样创造出可以激起消费者忠诚和喜悦的产品，那就不是广告或者新闻稿件能解决的问题了。

这是莱恩 · 普赖尔（Len Pryor）参加了微软的一个软件开发者会议回来之后一直萦绕在他脑海里的想法。他是负责“平台推广”的一位微软公司的主管，不过境况一年比一年艰难。程序员开始就预见到了一种对在 Linux 和苹果机上运行的应用程序的需求正在日益增长，像雅虎和 Google 这样的公司正在网络上做着这类十分令人感兴趣的事情。Web 2.0（第二代互联网）行动的出现，意味着编写在网页浏览器上而不是在个人电脑上运行的软件所用到的工具价格非常便宜、功能非常强大，使得他们发布了数千个应用程序，其中大多数应用程序根本就不需要微软公司的软件支持。

2003 年年末，在召开软件开发者会议期间，普赖尔尝试开通了一个博客，点击率极高。但是，当会议结束的时候，博客也就关闭了。怎样才能把微软的这种沟通方式在时间上延长到全年，并且把参与范围扩大到参加这种会议的核心开发人员以外的人员呢？

碰巧的是，普赖尔过去害怕飞行。20 世纪 90 年代初，他的一位很亲密的朋友在一次飞机失事中幸存下来了，这深深地影响到了普赖尔：一想到把自己的生命交到不认识的两位飞行员手里，他就感到恐慌。登机前，他经常犯胃病。在每次飞行的旅途中，大部分时间他不是在沉思，就是害怕地抓住扶手。于是，他会见了美国达美航空公司的一位飞行员。普赖尔询问了关于飞行客机的每一个细节，如他们有多少后援系统，采取什么方式让飞机降落。这种方法很有效，亲耳听到了这位飞行员的解释，他开始明白飞行实际上是很安全的。

我们把这称为程序透明度——你对一个系统的工作原理了解得越多，你对它就越有信心。

美国联合航空公司决定让乘客收听飞行中的音频节目——第九频道——播放的航班驾驶室与机场指挥塔之间的对话，运用的也是同样的道理。如果飞机颠簸得很剧烈，你却可以听到飞行员和空中交通管制之间关于飞行计划的无关紧要的谈话，他们极其平常的谈论会让你感到很平静。

普赖尔想知道同样的方法是否有助于人们更好地了解微软公司。如果他能让外界的程序员逐渐了解公司内部工程师的这一过程变得更容易一些——让公司程序开发变得更透明一些——他们就不会提防微软公司了。

2003 年 12 月，普赖尔把自己的想法告诉了负责人力资源开发的总经理维克 · 刚铎（Vic Gundotra）。现在他承认自己当时成功的欲望是有点儿强了。“我建议在每一间会议室里都用摄影机制作真人秀节目，”他告诉《连线》杂志的弗雷德 · 沃格斯坦（Fred Voglestein）说，“我想给我们的软件制作详细的说明书——给人们提供一个开放的资料来源。维克 · 刚铎告诉我，不要急于求成，不过他喜欢我的这个想法。”维克 · 刚铎给了普赖尔两个月时间，还给了他两万美元作为启动资金。普赖尔组建了一个包括他自己在内的 5 人团队，每一个人都配有一台便携式摄像机。这些人可以随意采访公司内部的工程师，询问他们有关工作和产品的问题。他们的目的很明确，就是将这些未经审核和剪辑的采访片断放到网站上去，供公司内部或外部的人们观看和评论。

从表面上看，这有悖于常理。普赖尔怎么能不顾微软的律师、公关人员、主管和营销人员的想法呢？如果第九频道的摄像机意外地拍摄到了有关知识产权的信息怎么办？如果被采访者在摄像机面前由于慌乱而说出了他不应该说的话怎么办？该如何对待那些看起来像个衣衫不整的傻子，但实际上却是位出色的工程师的人呢？

2004 年 4 月 6 日，第九频道开通了，有两件事情立即清楚了：实际上，那些律师、营销人员以及公关顾问所担忧的事情并没有变成事实——而且他们的这种担忧对公司也并没有多大好处。在第九频道上播放的第一批视频中，有一个是采访研究人员比尔·希尔（Bill Hill）的视频，那就是一个完美的例子。比尔·希尔的头发没梳，胡子也没理。同时，他的题目《Windows 不是一个最重要的操作系统》又偏离了主题思想。他的观点直接指向了程序设计者们：人，而非软件，才是操作系统的核心运行机制。这次采访有些反常，不过却是经过缜密考虑的，很显然它不是公关人员能够接受的东西，更不用说去制作它了。不过，这个视频的点击率极高，至今仍然是网上比较受欢迎的视频之一。

一位 Windows 分部的营销经理在邮件中写道："谁告诉你要这样做的？我要与你们副总面谈。"一位律师也牢骚满腹地说："视频最后的一些信息是假的。你考虑到我们的股东会因为这一点而起诉我们吗？"后来在公司的走廊里又发生过几十起令人难堪的口角：公关部和营销部的一些人员想阻止普赖尔，他们实际上也发出了一连串的责问："你以为你是谁啊？"但普赖尔的老板很支持他，而把那些责问者通通拒之门外。

事实证明，网站深受大众欢迎。第九频道很快便取得了成功，并且赢得了它的目标观众——那些独立的开发人员，确保了它的生命力。就在第一天结束的时候，口碑引来了 10 万观众。仅仅半年时间，网站的月访问量竟然高达 120 万，这是罕见的事情。目前，第九频道每个月差不多都有 450 万位访问者，共发布了 1 500 多个视频。

你可能已经听说过微软博客罗伯特·斯考伯（Robert Scoble）的故事，他成了网络名人。罗伯特·斯考伯发表了有关他的雇主的文章，以令人振奋的坦诚赢得了软件开发人员的支持。（2006 年年末，他离开了博客去做播客。）但是，罗伯特·斯考伯仅仅是第九频道在微软内部激起的透明度大变革中露脸最多的人。实际上，这个拥有 7.1 万雇员的公司现在有 4 500 多位博主，他们发表了关于从应用程序到 SQL 的每一个可以想象得到的电脑技术话题。有一位微软 Xbox LIVE 程序设计主管拉里 · 赫利伯，他每天写两三次网络日志，笔名是梅杰 · 纳尔逊——他的 Xbox LIVE 称呼，他每个星期做一次播客。他的网上活动使得 Xbox 的传统公关工作几乎都被淘汰了。如果你想看看最权威、最及时的微软游戏系统的消息，在梅杰 · 纳尔逊的博客里就可以找到。

今天的微软更不像以两大巨头公司为首的单片机公司，而更像是由无数几乎像我们一样的人组成的一个集合体。不管你使用或者感兴趣的微软产品是什么，都会有一位工程师或者产品经理公开谈论这种产品。没有一个人能像罗伯特 · 斯考伯那样拥有如此多的读者，不过，在他们的本职工作范围之内，对话的质量倒是更好了。

我刚好对微软媒体中心的影音软件感兴趣，便订阅了这个团队的几个博客。其中一篇有代表性的文章记录了公司内部讨论的关于如何在没有封面设计可用的情况下展示专辑的问题：他们应该选用最佳比例的字体，还是应该选用外表稍有逊色但宽度固定、能够把专辑的整体“框架”始终显示出来的一种设置。对大多数微软的顾客来说，这是一件没有价值的琐事，他们也没有兴趣，但我觉得很有意思。当最终版产品发布并采纳了我为之投票的建议时，我对微软的忠诚度和热爱程度都急剧上升。

微软过去是依靠它的庞大的公关活动来管理自己的声誉，现在却把公关工作交给了自己的雇员，那么，这把公关人员置于何处呢？

通常情况下，只要有传统媒体存在，人们就可能会继续把新闻稿投给传统媒体。不过，如果投给媒体长尾，你觉得怎么样？媒体长尾包括从著名博客网站 techcrunch.com 和 gizmodo.do 到个人博客等所有具有影响力的媒体。如果投给像掘客网 digg.com 和 reddit.com 这样(敢于全面披露社会新闻，《连线》杂志也是这样做的）的社会新闻集合器，你以为如何？

它们是最有影响力的一种营销——口碑营销——开始的地方，不过大多数媒体长尾并不想收到公关人员的来信。博客大多涉及真实性和个人声音的信息，因为没有被人收买，报道中没有任何的偏袒。很多博客似乎只是在文化上与那些特别积极的公关专业人士看起来实力悬殊，这些公关专业人士要倒霉了，因为他们被抓住了一个把柄，即他们在没有披露自己是受雇来做这项工作的情况下企图和掘客网进行比赛。

那么，现在来想象一下，假如你是这些公关专业人士中的一位，你该怎么办？继续在你了解的圈子里工作，继续通过电话或者电子邮件把新闻稿发给传统媒体（试图对他们的人员正在减少、影响力正在变弱的情况视而不见）？也抱着乐观的态度开通博客兜售新闻信息？还是像对待传统媒体一样，只是用爱心呵护那些具有强大影响力的博客而忽视其他的博客？

我看见这三种方法都已经被使用了，其中一些人甚至取得了一定程度的成功。尽管文化上相差很远，但只要是以私人邮件或者评论的格式，肯定有大量的博客并不介意收到公关人员的来信，这同时也说明了这些专业公关人士实际上也在阅读博客、了解博客的内容。一些公司，如微软和美国太阳计算机系统公司，现在改变了它们的公关策略，对具有影响力的博客给予了特别的关注，邀请他们阅读内部简报，并且提前让他们看一下新出的产品。

不过，从根本上来看，社会媒体是一种对等结构介质；博客宁愿收到那些时尚工作者的来信，也不愿意和那些受雇为某人工作的销售代表打交道。现在的问题是，这些时尚工作者都很忙，这就是为什么他们首先花钱雇用公关人员去给他们做宣传的原因。

我想知道这个问题的解决方案是不是把公关的职责从对外关系转移到了对内关系，从沟通交流转移到了培训员工如何有效地做好自我宣传。

下面是一个社会媒体的内部培训课程的开始部分：

- 在我们的领域里谁具有影响力（以及我们如何知道谁具有影响力）
- 是什么/是谁影响了他们
- 如何理解掘客网
- 能达到预期效果的博客
- 把β测试（对新产品进行的第二次测试）邀请名单用作营销策略
- 恳求链接的艺术
- 各种特技、竞赛、噱头、笑剧以及其他链接诱饵
- 共享与过度分享；如何知道人们什么时候准备对你正在做的事情进行评论

一位公关专业人员阿比盖尔·约翰逊对这一转变做了最恰当的描述：“从某些方面来说，长尾理论让我们回到了人类沟通交流的最

基本层面：过去曾经是前媒体，然后是大众传播媒介，在这里把任何事情的消息传播出去的唯一途径就是口碑，因为这是一件循序渐进的事情，人们并没有花很多时间试图去炒作，多数情况下，事情的真正本质才刚刚出现在市场。”

到此为止，我所谈论的基本上都是有关网络营销的内容。不过，观察文化多元化和利基化的现象一直都是件令人着迷的事情，它们也详细解释了网络世界对网络以外的真实世界产生了什么样的影响。不久前，我居住在加利福尼亚州伯克利市（尽管我通常反感那些令人想起嬉皮士、20 世纪 60 年代或者桑拿的所有东西），这个名字就是边缘的定义，人们到这里来是为了逃避主流，而不是来描绘它。然而今天，从沃尔玛到黄金时段的电视节目，有机和人造食品运动、混合动力车、绿色消费者以及具有社会意识的企业——所有扎根于反文化的港湾如伯克利市的一切东西都正在改变着消费者群体。

就拿巧克力来说吧。瑞士巧克力和美国好时巧克力为可可豆开拓一个新市场所能做的事情确实也做过了。然而，不久前，谈到其他巧克力豆的时候，比如我们每天早晨花 3 美元购买的星巴克巧克力豆，它们也说了同样的话。在以前什么才能被认同为商品方面，你永远都不要低估发现百万利基网站的力量。

今天，巧克力正在迅速发展成为新品种的咖啡。一些聪明的企业家意识到了长尾的末端存在着巨大的市场空间，除了大众化市场模式，还有一个潜在的市场需求，那里恰好有一些品味另类的富人一直都在等待着有人来满足他们的需求。这样，诸如白酒、啤酒、面包、茶叶或者橄榄油之类的所有商品都被进一步多样化了，具有了与众不同的风格。

我参观过朋友路易斯·罗塞托的新型精工巧克力 TCHO 公司，看到过这样的第一手资料。他们告诉我的第一件事情是关于巧克力长尾的统计信息，结果是令人惊奇的。从整体上来看，美国的巧克力市场基本上是疲软的，并不比人口增长快，也不比通货膨胀快。但是，“优质”巧克力却以每年 16% 的速度增长。“优质”巧克力中甚至有几款增长更快的利基巧克力。有机巧克力每年以 70% 的速度增长，“公平贸易”巧克力估计以每年 2 000% 的速度增长（尽管基础很薄弱）。

新的利基巧克力生产商沿着一条由他们之前的咖啡生产商制定的路线图前进。他们不是去购买散装巧克力，然后像他们这个行业中的大部分生产商那样（新型的精工巧克力生产商嘲笑他们是“再熔炉”）把散装巧克力混合并浇铸成型，而是直接从源头购买可可豆，然后，通过跟踪每一次的装运、发酵、烘干以及磨碎全程掌握其进展情况。当你购买一块 TCHO 巧克力条的时候，上面就有一个密码，你可以用它登录到一个网站，在 Google 地球上观看被做成巧克力的可可豆从田地里生长一直到包装、储运的整个过程。运输途中的每一个站也有录像，你可以在录像里看到所发生的事情以及参与的人们。在每一批巧克力上发生的事都不一样，涉及供应商、中间商和工艺的不同组合。对于关心这些的消费者来说，这非常便利，因为所有这一切都是可以看到的。

如果你能了解其中每一个环节的信息，你就是全球化方面的专家了。

信息具有价值。人们愿意另外花钱了解他们的食品来源，质量是否有保证，以及沿途工人们的福利待遇情况如何。其他的产品也都能具有这样独特的风格吗？

在某种意义上说，有机的、精工的以及类似“手工”的农产品的增长，让我们又回到了早期的农民手工生产以及传统技术时代。那么为什么把这看作是21世纪技术驱动的文化转变的一部分呢？因为它反映了利基的主流，而且，这反过来又是源自一整串关于发达国家文化的现代真理：富裕（利基产品通常成本更高）、日益高雅和见多识广的品位、宽容甚至偏好多样性，以及比以往任何时候更多样化的分销渠道（从全食品公司到星巴克）。

然后，网络出现了。让我们忘记它是产品的市场，而是把它当作意见的市场吧，它是伟大的市场营销校平器，它允许利基产品获得全世界的关注。大多数产品都会在网络以外的真实世界里销售，尽管它们始终都在网络上。不过，在未来几年，越来越多的产品将会在线销售，利用网络方法细化消费者群组。并非所有行业都让自己参与到无限多样化的产品中，不过所有的行业都有无限多样化需求的顾客。这是30秒电视广告的黄昏。

明天的长尾

一台叫作“Desktop Factory 3D（三维）打印机”的家用机器，是一种绝妙的桌面技术设备。尽管仍稍显昂贵，但它的价格已经在快速下调，而且这是一种可以放飞想象力的尖端技术。还记得乐高工厂的故事吗？——你可以设计模型，上传它们，然后在一两个星期之内收到你自己的作品。现在，你可以把等待送货的那一环节去掉了。一台 3D 打印机就是一个家庭工厂，可以生产出多种型号的几乎任何产品。某一天，它们也许会像激光打印机一样常见，价格也不会比激光打印机高出太多。想想看这会有什么样的效果。

今天的 3D 打印机多种多样，但普通的一种就可以用激光将液态聚合物或粉末转化成任何形状的硬塑料。只要给它输入一个三维目标文件，比如一张 CAD 图像或从视频游戏中截屏而得的人物图像，激光就会把它描绘成形。一层层下去，一个完美的塑料模型最终会在你的眼前出现，就像魔术一般。Desktop Factory 3D 打印机可以在你的家中把字节转化成原子。它就是长尾世界的终极生产工具。

当 3D 打印技术从脆弱的塑料扩展到金属、合成纤维等其他各种材料，我们也许可以自己生产零部件、玩具甚至是整台机器，只需从某个虚拟零售商那里下载图形文件即可。对数字产品来说，我们已经有了这样的能力：今天，你可以让亚马逊把一个税务软件在 10 天之内邮递给你，也可以简简单单地下载并立刻运行它。音乐服务商也会提供类似的选择：一张下个星期寄到的 CD 或是一首马上下载的数字歌曲。但在未来的某一天，这种魔力或许也会扩展到有形产品上。今天你可以在家中打印你自己的照片，明天你也许可以打印出整个相框。

我们已经看到了一丝迹象。传奇视频游戏设计师威尔·赖特（Will Wright）正在对他的下一款游戏《孢子》（*Spore*）做最后的润色。在这款游戏中，你可以培育你自己的生物，给它灌输你自己设计的天性和特征。如果你喜欢自己的作品，你可以把它上传到《孢子》的服务器上。然后，只需花 20 美元左右，它就会被制作成一个真正的三维可动模型——颜色、纹理等全部特征一应俱全。每一个模型都独一无二，而且会在一两个星期内送货上门。你完全可以把这个系统想象成商品化的长尾，想象成未来世界的一个令人兴奋的前兆。

就像其他任何事物一样，明天的长尾事物将被集合起来，以字节的方式高效存储，然后通过光纤传送到你的家中。直到消费环节，它们才会实体化，重新回归原子形式。这听起来像是科学幻想，但就在短短十几年前，在口袋中装入一个庞大的音乐库听起来也像是科学幻想。

在娱乐和信息世界中，我们已经摆脱了货架和频道的容量限制，摆脱了它们的统一化模式。过不了多久，我们也会摆脱大规模生产的容量限制。数字化的神奇效率所引发的品种大爆炸也将拓展到生活中的其他每一个角落。明天的问题不是更多的选择是否更好，而是我们真正想要什么。在无穷无尽的空间里，一切皆有可能。

毫不夸张地说，这本书已经从数千人的帮助和协作中获益，这与相对开放的创作过程是分不开的。它源自一篇广受关注的文章，后来也是以博客的形式公开完成的。正因为如此，我有许多人需要感谢。

首先要感谢的就是除我之外最辛苦的一个人，我的妻子安妮。如果没有一个好帮手，没有人可以完成这样一本书。是她的支持和理解让这一切变得可能，她也为此做出了很大的牺牲。她经常在星期天独自照看孩子，让我安心泡在星巴克里工作，我也忘不了那些错失的良宵、假期、晚餐和其他所有的代价。但她的贡献不只这些，她还是我的宣传者、第一读者、顾问、红颜知己以及永远的勇气和灵感源泉。（我的四个孩子丹尼尔、埃林、托比和伊莎贝尔在这一年里没怎么见过他们的父亲，我感谢他们以优秀的表现泰然面对这个事实，也希望这不会给他们留下永远的创伤。）

在本书的调研和构思阶段，我有幸借用了朋友们的两间漂亮的办公室，它们或许都是世界上最好的工作和思考场所之一。2005 年夏天，路易斯 · 罗塞托和简 · 梅特卡夫（Jane Metcalfe），我的朋友、邻居和《连线》的创始人，慷慨地把他们在伯克利的办公室借给我用了几个月（我感觉单是“常驻学者”这个头衔就让我聪明了不少）。在 Emeryville 市，另一个好朋友彼得 · 施瓦茨（Peter Schwartz）把他的全球商业网（Global Business Network）的办公室借给了我，就是在这里，我和我的杰出写作助手史蒂文 · 莱卡特（Steven Leckart）完成了大部分的后期创意和讨论工作。

《连线》的同事们也是我不可或缺的伙伴，特别是执行编辑鲍勃 · 科恩（Bob Cohn）和助理编辑托马斯 · 戈茨（Thomas Goetz）。他们做起事来游刃有余，既给了我莫大的鼓励，又能在我忙于写作的时候替我分忧。鲍勃也是最初那篇长尾论文的编辑，是他帮助我润色了论据和措辞，这个贡献直到今天还让我受益匪浅。梅拉尼 · 康韦尔（Melanie Cornwell）发现了原稿中的许多流行文化方面的错误，也在其他一些方面完善了它。管理编辑布拉希 · 泽雷加（Blaise Zerega）在我经常缺席的情况下保证了工作的正常运转，我们的研究主任乔安娜 · 皮尔斯汀（Joanna Pearlstein）帮助我整理了许多早期的图形化信息。特别感谢西 · 纽豪斯（Si Newhouse），他不仅把他的伟大理念平台托付给了我，还允许我抽出时间来把其中的一个理念转化成了这样一本书。

许多学者对长尾效应的量化分析和意义剖析做出了重要贡献。麻省理工学院斯隆管理学院的埃里克 · 布赖恩诺夫森和普渡大学克兰纳特管理学院的杰弗里 · 胡（Jeffrey Hu）对亚马逊的长尾进行了一些早期研究，这不仅给我提供了一个基本的分析框架，也让我对长尾理论的前景充满了信心。他们在这个领域中的进展让人着迷，我也非常感谢他们对我研究工作的支持。哈佛商学院的阿妮塔 · 埃尔伯斯（Anita Elberse）对 Netflix 和 DVD 长尾的研究对我有很大的帮助，我期待着她的成果正式发表，也期待着在未来与她继续合作。

在斯坦福商学院的海姆 · 门德尔松（Haim Mendelson）教授的协助下，我为他的一个班级做了一次演讲，还把长尾确立为了一个研究课题。于是我有幸与他的学生安吉 · 谢尔顿（Angie Shelton）、娜塔丽 · 金（Natalie Kim）和贝萨尼 · 普尔（Bethany Poole）合作了一次，是他们撰写了雅虎音乐和 eBay 的案例分析。在研究 eBay 的时候，我们还得到了 Terapeak 公司的帮助，他们提供了有关 eBay 交易者长尾的许多宝贵资料。加州大学伯克利分校的经济学家哈尔 · 瓦里安不仅是一个当之无愧的理念库和大智囊，还鼓励我从新的角度考虑，在严密性上更进一步。

RealNetworks 公司的 Rhapsody 是我最早的资料源之一，也一直是最好的长尾典范之一。罗布 · 格拉泽和马特 · 格雷夫斯（Matt Graves）始终在帮助和鼓励我，我对此感激不尽。Netflix 首席执行官里德 · 黑斯廷斯不光是我的一个支持者和资料源，也是预言我发明的“长尾”一词可能很有生命力的一个人，事实证明他是对的。雅虎的戴夫 · 戈德堡（Dave Goldberg）帮助我认识了音乐行业，DVDStation 的比尔 · 费希尔（Bill Fisher）帮助我认识了变化中的 DVD 经济，既提供了数据，也贡献了他的智慧。曾任 Ecast 首席执行官的罗比 · 范 – 阿迪布值得特别感谢，我就是在他的启发下开始长尾探索之旅的。

在文字或理念上对这本书有所贡献的思想家和作家还包括：乌玛尔 · 哈克，他对 House 音乐那一段帮助匪浅；格伦 · 弗莱希曼（Glenn Fleishman），有关亚马逊的章节少不了他的指导；GBN 的安德鲁·布劳（Andrew Blau），他帮助我从动机角度思考了长尾；罗布·里德，我大段引用了他对娱乐经济变革的精彩评论；凯文·劳斯（Kevin Laws），他很早就认识到了大量小众文化领域的力量，我最初的那篇文章便深受他的影响。

我的代理人约翰·布洛克曼（John Brockman）不仅是我的得力宣传者和顾问，还把我带进了他的那个奇妙的思想家和科学家世界，回想起来，他邀请我参加的那些宴会和会议都是我一生中最有趣的体验之一。Hyperion 的编辑威尔·施瓦布（Will Schwalbe）对这本书的完善功不可没；本书现在的结构很大程度上是在他的高明建议下确定的，本书的完成也离不开他的不变热情和悉心指导。

我还要特别感谢我的父母。我的父亲吉姆·安德森（Jim Anderson）让我懂得了全球视角和学术诚实的重要性。我的母亲卡洛塔·安德森（Carlotta Anderson）用她的严密性和无穷无尽的好奇心鼓舞了我。

对图书业的研究是最难的任务之一，由于我们拿不到最理想的源数据（亚马逊的销售记录），我们只得根据第三方资料反向推论。为此，我要特别感谢莫里斯·罗森塔尔（Morris Rosenthal）和蒂姆·奥赖利。最后，我要感谢《搜》（*The Search*）的作者约翰·巴特利（John Battelle），正是他在博客上公开创作一本书的做法启发我创建了 thelongtail.com。通过这个网站，我得到了我的数千名聪明读者贡献的无数好理念、建议、数据和智慧，最后的衷心谢意献给他们。